1500年にわたる縄文のムラ
─青森県三内丸山遺跡─

盛り土遺構（中期）

三内丸山遺跡全景

三内丸山遺跡は縄文時代前期中葉から中期末葉にわたって長期間継続した巨大集落跡である。集落内での空間利用は明確に規制されており，計画的な村づくりが行なわれていた。また径1mの木柱による大型掘立柱建物は今までの常識を破る発見となった。

成人用土壙墓（中期）

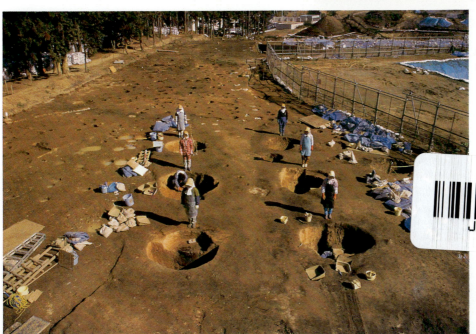

構　成／岡田康博
写真提供／青森県埋蔵文化財
　　　　　調査センター

大型掘立柱建物跡
（中期）

円筒土器文化の巨大な集落である青森市三内丸山遺跡からは土器を中心とするおびただしい遺物や保存状態の極めて良好な泥炭層が発見された。出土遺物はその過剰な量からみて周辺集落への供給のための生産が行なわれた可能性と広範囲での交易の実態を，また泥炭層から発見された動・植物遺体や木製品，骨角器などは当時の縄文人の具体的な生活の様子や環境を再現してくれる。

配列された土壙墓（中期）

漆器の出土状況（前期）

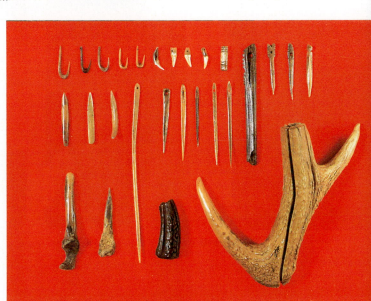

骨角器（前期）

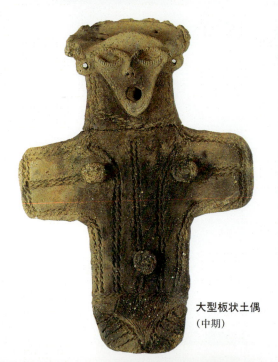

大型板状土偶（中期）

小児用埋設土器（中期）

縄文時代の低地利用例
―長野県栗林遺跡―

構　成／岡村秀雄
写真提供／長野県教育委員会

栗林遺跡は長野盆地の北端にあり，川幅が徐々に狭まりをみせる旧千曲川右岸にある。写真（下）の左側は現在の河道で，写真中央部に旧河道がはっきり見える。中部高地における弥生時代中期の標式遺跡として周知される本遺跡であったが，今回の発見で縄文時代の遺跡としての性格も加わった。貯蔵穴と水さらし場状の遺構は写真中央下の地点で，自然堤防帯（家屋が立ち並ぶ一帯）の背後の谷地形にある。

▲栗林遺跡遠景

▼水さらし場状遺構の検出

水さらし場状遺構は高位段丘面縁裾の湧水点から北西方向に流れる小河川によって開析された小さな谷の付根で発見された（左写真中央やや上）。遺構はこの谷を掘り込んでのち，材が組まれていたことが調査の結果判明している。貯蔵穴，配石などはレベル的に水さらし場状遺構のさらに下，写真では手前側の低地部に広がってみつかった（左側は調査が終了し埋め戻されている）。遺構から得られた堅果類のほとんどはクルミで，トチは若干出土をみたのみであった。このように，乾燥した台地（居住域）と湿地性低地（貯蔵穴・作業場）がセットになって集落を構成していた。

◀ 上空から見た栗林遺跡

▲ 唯一トチが出た第56号貯蔵穴

▲ 石皿が出土した第59号貯蔵穴

▲ 第15号貯蔵穴と隣接して発見された配石

▲ 湧水点から北西方向に流れる小河川に作られた貯蔵穴群

季刊 考古学 第50号

特集 縄文時代の新展開

●口絵(カラー) 1500年にわたる縄文のムラ
　　　　　　　　―青森県三内丸山遺跡
　　　　　　　縄文時代の低地利用例
　　　　　　　　―長野県栗林遺跡
　(モノクロ)　琵琶湖をとりまく縄文集落
　　　　　　　海へ向いた配石遺構
　　　　　　　　―岩手県門前貝塚
　　　　　　　さまざまな人面装飾付土器
　　　　　　　南九州縄文文化の確立

縄文宗教と食料問題――――――――渡辺　誠 *(14)*

日本における栽培植物の出現――――吉崎昌一 *(18)*

縄文集落の再検討
　円筒土器文化の巨大集落―青森県三内丸山遺跡――岡田康博 *(25)*
　縄文時代の漆工―東北地方後・晩期を中心に――――小林和彦 *(31)*
　低地の縄文遺跡―滋賀県を中心に―――――――――植田文雄 *(37)*
　貯蔵穴と水さらし場―長野県栗林遺跡―――――――岡村秀雄 *(43)*

地域文化の再検討
　「縄紋土器起源論」のゆくえ―「正統」と「異端」の相剋―岡本東三 *(49)*
　南九州の初期縄文文化―――――――――――――――新東晃一 *(56)*

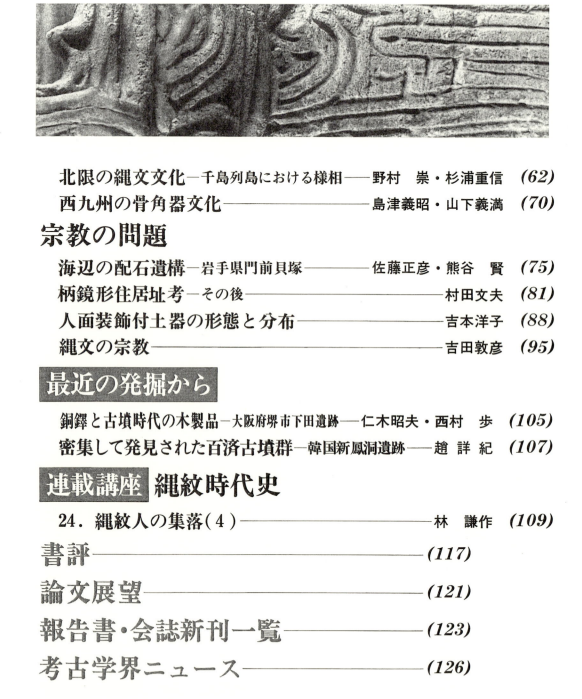

　　北限の縄文文化―千島列島における様相――野村　崇・杉浦重信 *(62)*
　　西九州の骨角器文化――――――――――島津義昭・山下義満 *(70)*

宗教の問題

　　海辺の配石遺構―岩手県門前貝塚―――――佐藤正彦・熊谷　賢 *(75)*
　　柄鏡形住居址考―その後―――――――――――――村田文夫 *(81)*
　　人面装飾付土器の形態と分布―――――――――――吉本洋子 *(88)*
　　縄文の宗教――――――――――――――――――吉田敦彦 *(95)*

最近の発掘から

　　銅鐸と古墳時代の木製品―大阪府堺市下田遺跡――仁木昭夫・西村　歩 *(105)*
　　密集して発見された百済古墳群―韓国新鳳洞遺跡――趙　詳紀 *(107)*

連載講座　縄紋時代史

　　24．縄紋人の集落（4）―――――――――――――林　謙作 *(109)*

書評 ――――――――――――――――――――― *(117)*

論文展望 ――――――――――――――――――― *(121)*

報告書・会誌新刊一覧 ―――――――――――――― *(123)*

考古学界ニュース ―――――――――――――――― *(126)*

「季刊考古学」総目次（創刊号～第50号）―――――― *(129)*

　　　　　　　　　　　　　　　　表紙デザイン・カット／サンクリエイト

筑摩佃遺跡（中期）調査地断面
地表下4m近くで編みカゴが出土した。
（米原町教育委員会提供）

丸木舟・未製品出土状況　松原内湖遺跡（後期）
（滋賀県教育委員会提供）

配石遺構群　小川原遺跡（後期）
（滋賀県教育委員会提供）

琵琶湖をとりまく縄文集落

生産・流通の基盤として琵琶湖の果した役割は大きい。元水茎遺跡・松原内湖遺跡で発見された多数の丸木舟は，湖上を駆けた縄文人の姿を活写させる。さらに近年，やや内陸部の沖積平野で後期の安定的な集落跡の発見が相次いでいる。ハート型土偶・配石遺構群をもつ小川原遺跡，土面・赤色顔料を管理・使用する正楽寺遺跡はいずれも広域圏での交通の上に成立した拠点集落といえる。

構　成／植田文雄

湖東平野中央部の拠点集落　正楽寺遺跡（後期）
土器塚（上）と集石土壙群（右）
（能登川町教育委員会提供）

海へ向いた配石遺構
—岩手県門前貝塚—

陸前高田市の門前貝塚から縄文時代中期後葉の配石遺構群が発見された。帯状,列状,弓矢状,大型礫よりなる配石遺構で,とくに先端を海に向けた弓矢状のものは右翼の線がほぼ冬至の日の出の角度と一致していることから天文に関係し,形から狩猟と採集に関した儀礼の場である可能性が強い。

構　成／佐藤正彦
写真提供／陸前高田市教育委員会

門前貝塚遺構全景

弓矢状配石遺構

出土品（土器,土版,土偶）

さまざまな人面装飾付土器

人面装飾付土器は顔が口縁直下に位置することに始まり(1)、次に口縁部より上に突出し(2)、中期前半には立体化して土器本体を含め大型化し、3～7のように特殊な容貌がみられ最盛期を迎える。縮尺は不同。

構成／吉本洋子・渡辺　誠

1．最古の人面装飾付土器
宮城県柴田町上川名貝塚
（東北大学考古学研究室蔵）

5．のっぺらぼうの顔をもつ土器
埼玉県狭山市宮地遺跡
（狭山市教育委員会蔵）

2．波状縁の内側に向かい合って4個の人面装飾をもつ土器
青森県八戸市風張Ⅰ遺跡
（八戸市教育委員会蔵）

4．前後に赤ん坊が顔を出し出産を表わす土器
山梨県須玉町御所前遺跡（須玉町教育委員会蔵）

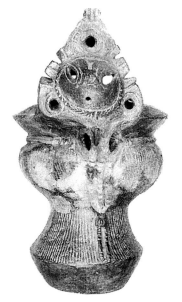

3．外側に把手状の大きな人面装飾をもつ土器
長野県岡谷市海戸遺跡（岡谷市教育委員会蔵）

6．マムシと向かい合う人面装飾付土器
長野県岡谷市榎垣外遺跡
（岡谷市教育委員会蔵）

7．赤ん坊の顔の表現が退化した人面装飾付土器
長野県伊那市月見松遺跡
（伊那市教育委員会蔵）

南九州縄文文化の確立

南九州の細石器時代から縄文草創期，早期の最近の発掘成果は，「遊動」から「定住」という生活パターンの変化が把握されつつある。最古級のおとし穴や，定住化を示す竪穴住居・配石炉・炉穴などの出現，さらに壺形土器など多彩な土器文化の展開などは，南九州の縄文文化の確立と独創性の高さを示している。

構　成／新東晃一
写真提供／鹿児島県立
　　　　　埋蔵文化財センター
　　　　　加世田市教育委員会

細石器時代のおとし穴　仁田屋遺跡

草創期の配石炉
栫ノ原遺跡

草創期の炉穴
栫ノ原遺跡

早期後半の
壺形土器
上野原遺跡

石斧出土状況
上野原遺跡

季刊 考古学

特集

縄文時代の新展開

特集 ● 縄文時代の新展開

縄文宗教と食料問題

名古屋大学教授 渡辺　誠
（わたなべ・まこと）

近年縄文時代研究は大きな展開を迎えた。
具体的な祭りの場が実証的に知られるなど
縄文人の心の世界に一歩近づいたのである

　形質人類学上縄文人が，途中混血があっても現代日本人の直系の祖先であるという認識は，もはや揺るぎのない定説となっている。また生活文化に関しても，ようやく基層文化としての重要性が評価を高めつつある。そしてさらに近年では，精神文化のうえでも急速に同様な評価を獲得しつつある状況である。本号ではそうした観点から多くの方々からのご寄稿を仰いだが，本稿ではできるだけ重複を避けながら，筆者の関心深い問題について述べることにする。

1　死と再生の祭りの場・巨大木柱列

　縄文人の精神世界を垣間見るためのキーワードは，死と再生の観念である。土偶・埋甕や貝塚における埋葬などに，その具体的な証拠が確かめられてきた。しかし近年の動向はいわばそうした遺物ばかりでなく具体的な祭りの場を，想念としてではなく実証的に明らかにしつつある。
　もっとも興味深いのは，滋賀県能登川町正楽寺遺跡である（植田氏論稿参照）。はじめ北陸地方に集中的に発掘された巨大木柱列は，今では青森市三内丸山遺跡や群馬県月夜野町矢瀬遺跡などでも相次いで発掘され，長方形大型家屋址と同様に雪国を代表する重要遺構であることが明確になってきた。そして正楽寺遺跡の場合，柱自体は決して太くはないが，円形でその規模は金沢市チカモリ遺跡と同じである。しかもその中心に大型の炉跡が確認されたことは特筆に値する。
　巨大木柱列は火の祭りの場であったのである。おそらく漆黒の闇のなかで，呪術が行なわれたのであろう。その時木柱の先端は闇の中に溶け込んで，わずかな火明りの空間のみが効果的に演出されたに違いない。そして木柱は視界をも効果的に遮り，そのなかで行なわれる秘儀を一段と神秘的にしたと思われる。その目的は天災や食糧問題などの危機に臨み，問題を死として処理しムラを再生させることにあったと思う。具体的には聖なる性交などがあったはずである。
　また川の斜面に埋葬された人骨は，問題が解決されなかった時秘儀を司った呪術師が殺された可能性が示唆されている。縄文後期の埋葬はすでに土壙墓などに定着しており，こんな場所は異常である。これをもっと明らかにしてくれたのは，弥生時代の例ではあるが，岡山市南方遺跡の場合である。すでに方形周溝墓の段階になっているにもかかわらず，同じように川の斜面に埋葬されているうえに，その首は切り離された状態で胸の上に置かれているのである。ムラのなかにおけるこのような埋葬は，縄文・弥生とを問わず集団の意思として執行されたことは確かである。おそらく土偶も，女神であるとともにその分身としての呪術師であったと考えてよいであろう。
　このように考えてくると巨大木柱列の理解には，あまりにも諏訪大社の御柱の祭りが大きな影響を与え過ぎたように考えられる。巨木を遠方の山から運び出し，時には死傷者を出すほどのこの行事は縄文の場合でも同じであろう。そのことを否定するつもりはない。しかしそれは縄文の祭りにとっては前半分のことではないか。諏訪大社の境内に建てられた場合と，縄文のムラのなかに建

てられた場合とで明らかに違っている。最大の違いは，後者においては特定の構造物になっていることであり，祭りはその後半にクライマックスが想定されることである。

その後半に死と再生の祭りを想定する時に，きわめて示唆的なのは三内丸山遺跡である。ここでは死と再生の観念を示す典型的な資料である，埋甕の集中地区に接して巨大木柱列がある。概報では子供埋葬用の埋設土器とされているが間違いである。不幸にもこの世に生まれることのできなかった死産児が埋葬されたのである。子供はまったく別地点の大人用の土壙墓に埋葬されたとみるべきである。再び母親の体内に宿り再生すべき魂の充満している地区に巨大木柱列のあることを，もっと真剣に見つめるべきである。埋設土器の名称も埋甕とすべきである。

したがってその機能についても異なった解釈の可能性が生じてくる。そもそも正楽寺遺跡の炉跡はその上の構造物を否定するものであるし，そんな物見櫓を頼らなければならない程度であれば，そもそも未だに誰も肉眼で見たことのない海底地形を相手にしたところの，漁業が成り立つ訳はないのである。

2　海への畏怖

祭祀の対象が明確になったという意味で，正楽寺遺跡と同様に後期前葉の岩手県陸前高田市門前貝塚の配石遺構もきわめて興味深い（佐藤・熊谷氏論稿参照）。

これは台地上のムラから斜面下の波打ち際に下りたところに造られていて，上下2層ある。とくに下層の場合は海に向かって弓矢の形をなし，威嚇の対象が海であることを明示している。弓の幅は約6mである。

ここは三陸のリアス式海岸の一角であり，貝塚からは釣針や銛頭，さらにマグロやサメ類の遺体が出土していて，典型的な外洋性漁撈を営んでいたムラである。したがって台風・シケなどによる遭難やサメ類による大きな被害があって，その災いがムラのなかまで侵入しないように祈願したものと考えられる。その災いが繰り返されたため，上層にも海に向かいゆるやかなカーブを描く配石遺構が造られている。しかもそれらを構成する石は下層同様角張った角礫であるうえに，その間には約1,600点にものぼる完形の石鏃がちりばめられているのである。裸足で海から砂浜にあがり，さらにムラのなかに侵入するためには心理的にも大きな抵抗がある。外洋性漁撈村落ならではの祭祀遺構であり，海の男達を失った女達の泣き叫ぶ様が聞こえてくるようである。

このような配石遺構は環境上分布が限定され，普遍性はない。一般的には従来からいわれているように内陸的で，富士山型の山に対する信仰と墓地なのであろう。いわば前者が動的であるのに対し，後者は静的である。しかし数少ない動的資料のなかに，静的資料の惰眠を呼び覚ます何かが姿を現わしつつあるように思われてならない。次に述べる人面装飾付土器は海岸部とは基本的には無縁であり，配石遺構と同様に山の神に関わる資料である。山は多くの幸をもたらす宝庫であり，山の神の住まいでもある。巨大木柱列の巨木もその山からの神降ろしと考えられる。

3　神人共食の器・人面装飾付土器

近年人面装飾付土器を精力的に撮影してまわった[1]。その最大の収穫は，中期前半・勝坂式期などの最盛期の場合，意図的に底部が抜かれているのが一般的であることが一段と明確になったことである。

底部が意図的に抜かれたのか，単なる破損なのかは判断が難しい。土偶についても同じである。しかし人面装飾付土器に関しては決定的な資料が発掘された。長野県下伊那郡松川町北垣外遺跡例である（図1）。ここでは人面装飾付土器の好例が土壙内に安置されたような状態で出土したが，底部は明らかに抜かれていた。発掘した酒井幸則氏のご教示を得た後，各地の資料をみてみると，やはり底部は意図的に抜かれているのは確実である。

そのことをやや別な角度から示しているのが，山梨県北巨摩郡須玉町津金御所前遺跡の場合である。発掘した山路恭之介氏によれば，住居の床面にあたかも叩きつけられたような状態で出土した由であるが，やはりその底部は抜かれている（図2の矢印以下）。そのうえその住居の炉の石はかなり抜かれていて，祭祀が住居廃絶の時点で行なわれたことが明らかである。このような底を抜いた例は他に約20例ある。

この底部損壊の意味を探るためにさらによく人面装飾付土器をみてみると，男女の向かい合う土

図1 長野県北垣外遺跡における人面装飾付土器の出土状態（酒井幸則氏提供）

偶装飾付土器のあることに気づく。そしてそれがマムシと人面，マムシとイノシシ，さらに両者の合体したイノヘビへと変化するのである。すなわちそこに表現されているのは性的結合である。したがってそのなかで煮られて取り出して食べられたものは，新しい命になぞらえられたものであり，日常的な食事のためではなく，祭祀に伴う神人共食のための道具であるとみることができる。

そのためけがれを恐れ再び使用されることがないように底部を抜き，埋設されたのであろう。しかも北垣外遺跡例によく示されているように，全体を損なわずに底部だけが抜かれていることに注目される。こんな上手な抜き方は固いものの上にのせ，なかからコツンコツンとつっつくしかないのである。その道具は石棒であったに違いない。石のフグリを伴わない石棒は，この意味では実用的である。

人面はいうまでもなく女性である。その容貌も耳飾りをつけている点もそのことをよく示している。そして土偶とは異なり鼻は豚鼻で，イノシシを思わせる。そのイノシシはシカとは違って多産型であり，山の神の性格によく似ている。その身を焼かれ死して恵みを人々に与えてくれる女神は，神話のなかのオオゲツヒメなどを経て山の神にその姿を伝えている。そのはじめは豊穣を祈る縄文人によって作り上げられた神なのである。それらについては近年，吉田敦彦氏によって実に興

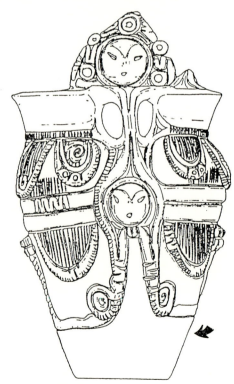

図2 山梨県津金御所前遺跡出土の人面装飾付土器
（報告書より）

味深い論稿が発表されている[2]。

4 円筒土器の機能

縄文土器の起源と発達については，すでにドングリのアク抜きのためであることを論証してい

る[3]。初期の尖底土器はそのアク抜きに伴う激しい煮沸のためにもっとも適合した形態である。そして前期には平底形へと変化するが、これは土器作りの技術が発達したのではなく、製粉技術の出現によってクズ・ワラビ・ウバユリなどの地下茎・球根類からのデンプン取りが盛んになったためで、その沈下量を増やすためには円筒形土器がもっとも効果的である。土器のなかのデンプンを含んだ水を何度も攪拌してそれを沈殿させると、しだいに混じり物の少ない良質のデンプンだけになってくる。それに伴って固くなって取り出しにくくなる。

したがってその塊をきれいにとるためには、土器自体を割るのがベストである。東北北部から北海道にかけて典型的に発達した円筒土器に、二次的焼成が顕著でないのはそのためである。またそのために大量の土器が使用され廃棄されることになる。青森市三内丸山遺跡にみられるような分厚い土器の堆積は、その様子をきわめて典型的に示している。それらが低地を占領すると集落面に進出するようになる。それが栃木県小山市寺野東遺跡などにもみられる土盛り遺構である。馬蹄形貝塚の様相ときわめて類似している。

貝塚には埋葬人骨もみられ、単なるゴミ捨て場ではないことはすでに明らかにされていることである。そして若干内容物が異なるものの土盛り遺構の場合も同じように魂送りの場であると考えられる。そこではすべてのものに神を認めた縄文人の考え方が顕著に反映しているのである。そして湧き水や沢の水を汚さないようにという、現実的な要求もあったに違いない。

5 低地の貯蔵穴

そのような全体像を描いてきた時に、改めて問題になってくるのは貯蔵穴のあり方である。この問題における近年の大きな収穫は、ムラと貯蔵穴群とが一定の距離をおいて発見されるようになったことである。従来それらが別個の遺跡として認定されていた場合もあったほどである。長野県栗林遺跡（岡村氏論稿参照）、石川県ダイラクボウ遺跡や熊本県宇土市曽畑貝塚などがその代表的な例である。

縄文時代の貯蔵法は大きくみて二つの方法がある。第1は乾燥させた長期保存であり、竪穴住居の屋根裏などに保存される場合で、第2は短期の生貯蔵であり、低地に貯蔵穴群を設けて保存される場合である。ドングリやトチの実は乾燥させると皮むきやアク抜きが面倒になるため、その食べる分だけは生で貯蔵する必要があるからである。そしてそれに適した場所として、時にはムラと離れた場所に貯蔵庫群が要求されるのである。

水野正好氏以来の縄文集落の研究が大きな転換期にさしかかっている背景として、これら低地の貯蔵穴と水さらし遺構の発掘が進んでいる状況がある。しかしそこにはアク抜きの実態を知らないことによる混乱が若干みられ惜しまれる。

6 おわりに

着実に予測どおりの展開を示しつつある生活文化の研究に対し、精神文化の研究は立ち遅れている。哲学者・梅原猛氏は縄文人の心の世界に立ち入ることのできるようになるまで、考古学者は遺跡を発掘しない方がよいとまで言っている。正論である。しかし乱開発による大規模発掘の押しつけにも問題がある。しかし愚痴は解決策にはならない。批判を恐れず積極的に見通しを述べ、展望を切り開いてゆかねばならない状況下にある。拙稿がその一助になれば幸いである。

註
1) 吉本洋子・渡辺　誠「人面・土偶装飾付土器の基礎的研究」日本考古学, 1, 27〜85頁, 日本考古学協会・東京, 1994
2) 吉田敦彦『昔話の考古学』中公新書・東京, 1992
3) 渡辺　誠「日韓におけるドングリ食と縄文土器の起源」名古屋大学文学部研究論集, 史学33, 1〜15頁, 名古屋, 1987

特集 ● 縄文時代の新展開

日本における栽培植物の出現

北海道大学教授 吉崎昌一
（よしざき・まさかず）

縄文人は自分たちが有用と考える植物を積極的に利用していた。縄文前期にヒエ属が，中期の西日本ではイネの栽培が開始される

1 日本列島における栽培稲の出現

この10数年来の調査で，日本でも栽培植物の導入や利用の開始が，それほど単純ではなかったことが次々とわかってきた。たとえば，粉川昭平，南木睦彦，松谷暁子氏ら幾多の植物専門分野の研究者が，発掘された大型植物遺体を分析して多くの成果をあげている事は，各地で出版されている発掘報告書を見ても明らかであろう。また，微化石でも藤原宏志氏らによってイネ科植物のプラント・オパール（石英機動細胞珪酸体）の研究と考古学への利用が確立され，水田が発見されなくても稲作の存在が証明可能になった。

1991年頃からは，栽培植物に関する新しい資料が急速に蓄積し始める。まず，古代吉備文化センターの調査班によって，岡山県総社市南溝手遺跡から出土した縄文時代後期後半の土器破片の中から稲籾の圧痕が残っているものが確認される。また，藤原宏志氏によって岡山市津島岡大遺跡の縄文時代後期中葉の土器胎土からもイネのプラント・オパールが検出され，稲作農耕の存在が指摘されるに至った[1]。さらにノートルダム清心女子大学の高橋護氏により岡山県福田貝塚出土の縄文時代後期末葉の土器片からも同様の稲籾圧痕が，引き続き同県美甘村姫笹原遺跡の縄文時代中期中葉の土器胎土中からイネのプラント・オパールが検出された。つまり，局地的かもしれないが，縄文時代中期から稲作の存在について否定できない状況になった。

青森県八戸市でも，縄文時代後期の風張遺跡第32号住居床面の炭化物中からカナダの考古学者キャサリーン・ダンドレア氏が炭化米を7粒検出した[2]。この遺跡は同市教育委員会が1990年に発掘調査したものである。出土した炭化米のうち2粒は，それぞれ1990年と1993年にカナダ・トロント大学のタンデム型 ^{14}C 測定装置により年代が測られた。一般に知られている年代値は1990年測定の最初のものであるが[3]，1993年末にキャサリーン・ダンドレア氏から筆者のもとに届いた連絡では第2回目のコメの測定値は 2810±270 B.P. である。この年代は，すくなくとも日本列島に水稲耕作をもつ，いわゆる弥生文化の開始した時期よりは古い。

風張遺跡においてはプラント・オパールの検出がなされていないので，はたして遺跡の周辺で稲作が行なわれていたのかどうかはまだ決定できない。この米が本州南西部から輸入された可能性も否定できないからである。しかし，前述した事例から考えても，日本列島における稲作の開始は，弥生時代からではない。したがって，これまで言われているように「稲作の伝来をもって弥生文化の開始」と定義することは難しくなったといえる。

これまでの資料では，灌漑システムと区画水田をもつ水稲農耕の技術は，すでに縄文時代晩期中葉以降（これを弥生時代早期と位置づけるかどうかは別として）の段階には確立していた。しかし，これ以前の縄文時代稲作が，弥生時代に見られる水稲農耕技術システムと同一であったかどうかははっきりしない。むしろ古い段階の稲作は，天水田

や湿地利用の直播き田，あるいは焼畑などの存在を考慮した方が良いのかもしれない。

2 栽培植物の検出

稲は別にして，縄文時代から栽培植物が存在していたのではないかという考え方も，けっして新しい発想ではない。日本考古学史をひもとけば，長い研究史と熱を帯びた議論がくり返されていた事はよく知られている[4]。

1970年代後半になると，縄文時代のイネ以外の栽培植物検出が盛んになる。たとえば，福井県教育委員会若狭歴史資料館の森川昌和氏（元）ら関連領域の研究者が協力して発掘した福井県鳥浜貝塚では，縄文時代前期の層準からヒョウタン・マメ・ウリ・エゴマなどの検出が報告された[5]。最初，ヒョウタンは海流で漂着したもので，人間が意図的に持ち込んだものではないという意見もでたが，その後あちらこちらの遺跡から検出され，1990年代になると滋賀県琵琶湖の湖底で発掘された縄文時代早期〜前期の粟津貝塚[6]や最近とみに有名になった青森県三内丸山遺跡の縄文時代前期〜中期の層準からも出土した[7]。こうしてヒョウタンは，人間が意図的に持ち込み栽培した事は間違いないと考えられるようになった。

問題はマメである。粟津遺跡からも検出されたが，前に述べた鳥浜遺跡の縄文時代前期の層準からも見つかっている。そのほか岐阜県のツルネ遺跡など，各地から報告例も多い。だが，出土する炭化したマメ類は，現生標本とは保存状態が大きく異なり観察可能の項目が限定されてしまう。したがって，研究者の間でも同定の基準をどの部位に求めるのがベストであるのか，まだ見解が一致している訳ではない。実際に出土した炭化マメ類を観察してみると，そのヘソの位置や形態でもある程度の分類が可能な場合もあるが，よほど保存状態が良好でない限り，外形だけで同定する事はほとんど不可能といってよい。

筆者のグループが，現生標本と人為的に炭化させた標本を用いて行なった比較実験では，いまのところマメの半割状態で観察できる幼根と初生葉の形態を分類基準とする方法のみが一応の成果をみせ，採用可能であった。この基準（北大基準と呼称している）[8]を用いる事によって，出土する炭化状態のマメ類はおおまかに次の3種類に分けられる。

①リョクトウ（緑豆）・ヤブツルアズキ・クロアズキ・ケツルアズキのグループ
②ツルマメ・ヤブマメ・ダイズ（大豆）のグループ
③アズキ（小豆）のグループ

もちろん，この手法とて，出土するすべてのマメ類について適用が可能な訳ではない。あくまでも保存状態にもよるのである。だが，これ以上の詳しい同定や，その資料が野生種なのか栽培種なのかを決定する事はまだ困難である。つまり，出土した炭化マメ類の分類については，それが前述した3種類のどのタイプに類似するかが判断できるだけで，残念ながら種（species）の同定や，人間との関係でそれがどのレベルにあるのかはわからない。

アズキを例にあげよう。前述の基準を利用して出土した炭化種子のあるものがアズキの仲間と分類できても，その資料がはたして栽培アズキの原始的なものなのか，あるいは雑草型のものなのかを判断する決め手はまだないのである。

しかしながら，われわれが実物資料で検討した若干の例にだけついて言えば，遺跡出土のいわゆるリョクトウ類似の種子は，予想に反してほとんどがアズキの仲間と見られるものであった。いうまでもなく，アズキはアジア産の重要なマメであるが，その栽培の起源についてはまだ明らかになっ

図1 遺跡から出土した炭化マメ類初生葉の形態
上段：福岡県金場遺跡（弥生時代？），下段：
ロシア沿海地方 アナニエフ・ゴロディッシェ

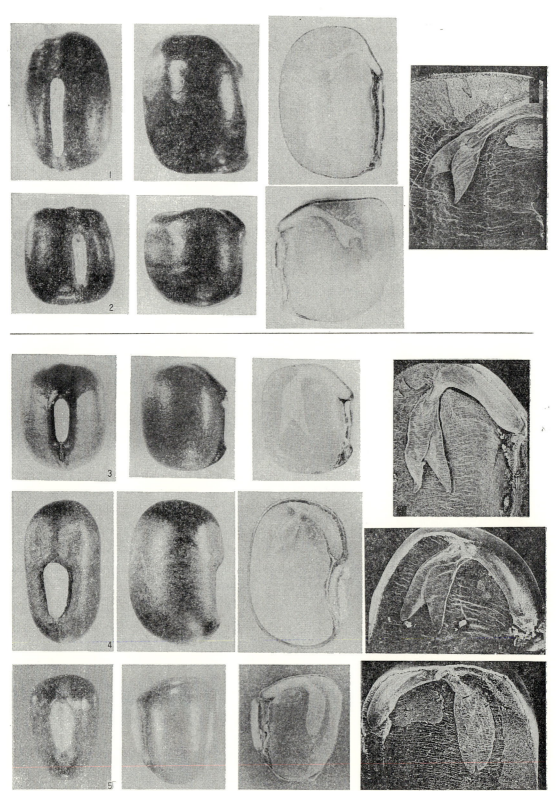

図2 現生のマメで見る形態（それぞれの外形と半割状態で見られる初生葉）
1〜2アズキ，3リョクトウ，4ヤブツルアズキ，5ケツルアズキ

っていない。日本列島内には，栽培型のアズキ以外に野生型と雑草型のタイプも広く分布している。雑草型のアズキは，種子のサイズも大きく，農耕従事者によってノラアズキ・キツネアズキなどいくつかの名称で呼ばれ，食物としても利用されていた事が知られている[9]。したがって，この雑草型のアズキが，古代人にもよく利用されていたと考えるのは当然であろう。一方，リョクトウは明らかな外来種であるから，その伝来がどのような文化現象や栽培植物と共伴しているのかを確認しておく必要がある。後者については，ヒョウタンやエゴマ・ウルシ・ソバなどが有力候補と考えられるが，まだ明確になった訳ではない。マメ類の同定やその考古植物学的意味の解釈は，そう簡単にはいかないのが実情である。

3 発掘調査における植物種子採集の問題点

縄文時代の遺跡発掘で，当初から微小な種子の検出が計画された調査例は，植物質遺物が大量に出土して有名になった福井県鳥浜遺跡や京都府桑飼下遺跡などを除けば，まだあまり多くない。しかもこうした調査が行なわれた遺跡の大部分は，植物遺物のよく残る低湿地の性格を持つものであった。乾燥した縄文時代の遺物包含層から炭化した種子類を意図的に検出しようと計画された調査は，筆者の知るかぎり半ダースにもならないのではないか。こうした調査のあり方が，考古植物用の種子検出の障害や資料の偏りの一因になっている可能性があるように思われてならない。

その上，炭化している種子の回収方法によっても，問題が発生する可能性がある。回収手段が異なれば，得られる結果に大きな相違が生じるので，とくに留意しなくてはならないのである。通常，炭化種子を検出する手段としては，次のような方法がある。

(1)肉眼で種子と判断できるものが固まって出土したり，容器に入って発見された場合
(2)種子・骨片・剝片などの微細遺物検出を目的として土壌が採集され，水洗選別が行なわれる場合。この方法には2種類ある。つまり，土壌を水の入った容器に入れて攪拌し砂泥と水を捨て去って残渣の中から遺物を取り出す場合と，スクリーンの上に土壌を載せ，その上に散水して砂泥を流し去って遺物を回収する方法
(3)いわゆるフローテーション法（浮遊選別法）。ある程度乾燥された土壌を水の入った容器の中で攪拌し，水面に浮遊する炭化物（種子・植物遺体）を 0.425 mm 程度のメッシュのスクリーンで，同時に沈下した遺物は別途水洗選別で回収する方法

異なった3種類の方法で回収されたそれぞれの種子資料は，その組成が大きく異なり，直接比較する事が出来ないことは先にも述べた。とくに(2)の場合は，スクリーン・メッシュのサイズに充分気を付けない限り，アワのような小型の種子を回収する事は困難であろう。通常の発掘報告書に記載されている植物遺体のリストは，堅果類について多く記載されているにもかかわらず，微細な草本の種子が含まれる事が少ない。それは，こうした回収方法の差に起因する場合が，意外に多いのかもしれない。もしそうだとすれば，資料回収の方法そのものが，植物遺体調査上の大きなトラブルを引き起こす原因にもなるであろう。われわれは，こうした懸念があるので，主として(3)の方法を利用して資料の蓄積を行なっている。ここでは，少数ではあるが調査データの一部と作業仮説を紹介しておきたい。

4 ヒエの栽培はあったか？

イネ科雑穀のヒエ属を検討しよう。ヒエはきわめて粗放な農耕に適する栽培植物で，ごく最近まで東北地方の東部山間僻地では重要な作物として利用されてきた。

かつて日本のヒエはインド原産といわれていたが，藪野友三郎氏のゲノム分析を中心とする研究でこれが否定された。そして，ヒエは東北アジアのイヌビエを祖先として栽培化されたものである事が明らかになった[10]。また，阪本寧男氏は，ヒエが栽培化されたのは東日本である可能性を強く指摘している。こうした育種遺伝学上の見解は，考古植物学にとってきわめて示唆的である。

われわれの直接関係したヒエ属種子の検出は，縄文文化前期後半の遺物を出土した渡島半島の南茅部町ハマナス野遺跡第27号竪穴住居のものが最初である。この調査はカナダ・トロント大学人類学部のG・クロフォード教授と地元の南茅部町教育委員会に所属していた小笠原忠久氏（元），筆者のグループによって検出されたものである。出土した炭化ヒエ属種子は基本的には野生のイヌビエ

に類した形態をもつが，現地周辺のイヌビエより種子のサイズが大きく丸くなる傾向がある。隣接する南茅部町臼尻B遺跡の縄文時代中期の竪穴住居からも同じようなタイプのイヌビエ類似の種子が検出されたが，サイズはさらに増大の傾向を示す[11]。われわれは，このタイプのヒエ属種子を<u>縄文ヒエ</u>と仮称している[12]。

　ヒエ属種子に注目したいもう一つの理由は，この種子の出土状況にある。通常，堅果類，ブドウ・キハダなどの種子を除けば，縄文時代の竪穴住居床面土壌の中に含まれる炭化した植物種子としては，ヒエ属種子の出現頻度が高いのである。竪穴住居が使用されていた時には，その周辺にはイネ科を含む多種類の雑草が成育していたはずである。その種子は当然竪穴内に落ちこんだに違いない。にもかかわらず，<u>炭化して検出される種子としてはヒエ属が多く，他の種類は少ない</u>。この現象は，当時の住民が選択的にヒエ属種子を利用した結果なのではないだろうか。つまり，縄文時代前期から認められる炭化したヒエ属種子の出土状況や種子径の増大は，野生のイヌビエに人が特別に関与した結果起きた現象——つまり「栽培」に進む過程のものであると理解できないであろうか。

　最近になって，こうした仮説をさらに補強する可能性のある資料が，青森県埋蔵文化財調査センターの発掘した青森県六ヶ所村富ノ沢（2）遺跡から得られている。ここでは縄文時代中期後半の361号住居の床面から，2,000粒を越す炭化したヒエ属種子が検出された。種子は分析作業が進行中であるが，その中には形態的にみて現生のイヌビエに近いものからいわゆる栽培型のヒエに類似するものまでが含まれているのが注目された[13]。もし，こうした種子のあり方が普遍的であるとすれば，東日本の縄文人はかなり積極的にヒエに関与し，ヒエ栽培がある段階にまで進んでいたことを考慮すべきだと思う。

　ところで，これまでわれわれが扱った東日本の考古植物学的資料の中で，明らかに現生タイプの大きさと形態を持つ栽培型ヒエが多くなるのは，青森県八戸市八幡遺跡の12号住居の例である[14]。この資料は，伴出している土器からみて縄文時代直後のものである。この時期以降については，現生の栽培ヒエに類するタイプが主流になる事は間違いない。北海道においても，時間的に若干遅れて西暦11世紀頃からは同様の経過をたどる。

　残された大きな問題は，大陸側新石器時代の事情である。筆者の知る限られた情報内では，中国黄河以北の新石器時代遺跡からはアワとキビが報告されているだけで，確実なヒエは検出されていないらしい。阪本寧男氏も同様の見解をもたれているが，歴史時代についても『斉民要術』（6世紀中葉）や『本草綱目』（1578年）などの資料に栽培ヒエについての明快な記述がない事に注目され，栽培ヒエの起源の中国東北部説には否定的な見解を示しておられる。さらに，中国東北部地方の東部，朝鮮半島北部の周辺地域ではヒエ栽培が100年ほど前まで行なわれていたのは確かであるが，今のところ資料的に古い時代にまで追跡できるのは日本だけであるという理由で，栽培ヒエの日本原産説を提起されている[15]。

　しかし，最近になってロシア沿海地方の遺跡の一つアナニエフスコイエ・ゴロディシェから集めた資料の中に確実な栽培型のヒエが含まれている事がわかった。Z. V. ヤニシェヴィッチ（З. В. Янушевич）らの報告ではここからアワの出土が報告されていたが，北海道開拓記念館の山田悟郎氏が研究のために標本の一部を持ち帰り同定した結果，その中に典型的な栽培型ヒエの含まれている事が判明した。このアナニエフスコイエ・ゴロディシェ遺跡は，女真時代の後半（12〜13世紀）のものであるという。山田悟郎氏の予備的な観察によれば，どうも女真期以前にはヒエがなさそうだという。この観察結果が確かだとすれば，栽培ヒエの出現はいまのところ日本列島の方がはるかに古くまでさかのぼる事になる。また，北海道の東部・北部に分布し寒冷地適応の進んだ人間集団の残したオホーツク文化（西暦1世紀〜11世紀?）に伴出する栽培植物組成（コンプレクス）のあり方も，この仮説の補強資料になるかもしれない。この文化はヒトの形質，文化要素ともにサハリン南部〜ロシア沿海地方に密接な関連を持つ事が知られているが，フローテーション法による調査の実施された西暦8〜10世紀前半の遺跡出土資料による限り，アワ・キビ・オオムギ・コムギしか検出されておらず，ヒエは認められていないのである[16]。したがって，オホーツク文化以後の段階，あるいは北海道にも確実な栽培型のヒエが急増する西暦11世紀以降の日本列島と大陸側の文化交流の中で栽培ヒエが大陸側に伝播した可能性を考え

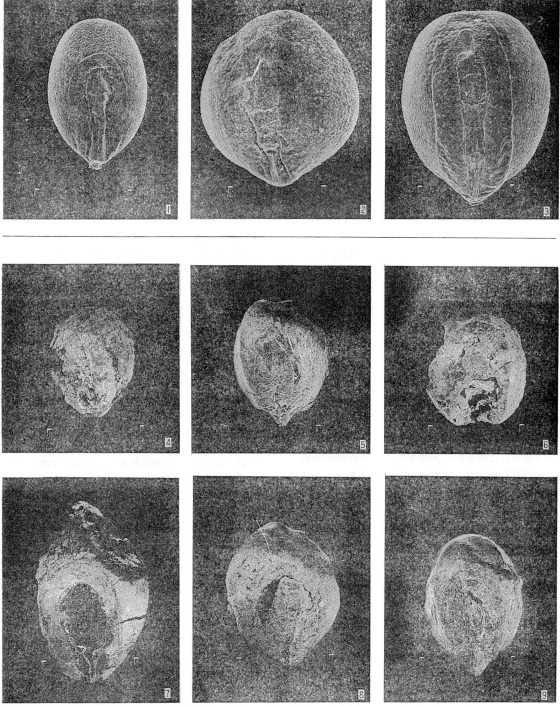

図 3 現生のイヌビエ（1），栽培ヒエ（2），タイヌビエ（3）と縄文時代遺跡から検出されるヒエ属種子（4〜9）
4 北海道八木遺跡，5 ハマナス野遺跡，6 フゴッペ遺跡（ともに縄文時代前期末葉から中期中葉のもの），7〜9 青森県富ノ沢遺跡住居址（縄文時代中期）から検出されたヒエ属種子の変異。野生型のものから栽培型に近いものまでが含まれていた。

る必要がある。朝鮮半島古代遺跡でヒエがいつ頃までさかのぼり得るか，その由来を早急に知りたいものである。

5 再考を要する縄文時代の生業

　諸先学が早くから指摘しているように，縄文時代の人間は自分たちが有用と考える植物を積極的に利用していた。また，その成育にも積極的に手を貸している状態，つまり粗放な農耕が行なわれていた事も確実である。縄文時代前期にはヒエ属の栽培化がはじまり，西日本の縄文時代中期にはイネの栽培が開始される。こうした農耕活動に伴って，各種の栽培植物があらわれるのであろう。オオムギも縄文時代中期あるいは後期に出現する可能性が充分にある。あらゆる地域で農耕活動が行なわれていたかどうかはわからないが，日本列島に居住していた縄文人の生活は，これまで各種のテキストで説明されているほど画一的なものではなく，より複雑な様相を持っていたのが真相であるらしい。ただし，こうした雑穀類を含む栽培植物が縄文時代人の食料の中でどの程度の重要性を占めていたかについては，まだはっきりしていない。何故なら，C_{13} と N_{15} などの同位体を利用する古代人の食性シミュレーションから得られた結果[17]とは，いまのところ整合性が見られないからである。この分析に使用された人骨資料の地域的な偏りも含めて，不整合の原因の再チェックが急務だと思われる[18]。

　また，育種学的にいっても栽培化や馴化の過程にはいろいろの段階があるから，考古植物学的な資料から最終的な結論を得るためには，まだ多くの複雑な手続きが必要であることは言うまでもない[19]。

註

1) 藤原宏志「津島岡大遺跡出土土器に関するプラント・オパール胎土分析」『津島岡大遺跡』4：236-242，岡山大学埋蔵文化財調査センター，1994
2) ANGELA C. D'ANDREA『PALAEOETHNOBOTANY OF LATER JOMON AND YAYOI CULTURES OF NORTHEASTERN JAPAN. NORTHEASTERN AOMORI AND SOUTHWESTERN HOKKAIDO』博士論文
3) T. KUDO & A. C. D'ANDREA「An Accelerateor Radiocarbon Date on Rice from the Kazahari Site」PROJECT SEEDS NEWS, 3, p.5, 1991
4) 能登　健「縄文農耕論」桜井清彦・坂詰秀一編『論争・学説日本の考古学』3：1-29，1987
5) 西田正規「植物遺体」岡本勇監修『鳥浜貝塚』1：158-161，福井県教育委員会，1979
6) 林　謙作「縄紋時代史」季刊考古学，39，95-102，1992
7) 「北のまほろばシンポジュウム」中での村越潔氏発言による。森浩一司会，同シンポジュウム実行委員会・朝日新聞社・青森朝日放送主催，平成6年9月15日開催
8) 吉崎昌一「古代雑穀の検出」考古学ジャーナル，355，2-14，1992
9) YAMAGUCHI H.「WILD AND WEED AZUKI BEANS IN JAPAN」Economic Botany (46) 4：384-394, 1992
10) YABUNO, T「CYTOTAXONOMIC STUDIES ON THE TWO CULTIVATED SPECIES AND THE WILD RELATIVES IN THE GENUS *ECHINOCHLOA*」CYTOLOGIA, 27：296-305, 1962
11) CLAWFOD G. W.「PALAEOETHNOBOTANY OF THE KAMEDA PENINSULA JOMON」ANTHROPOLOGICAL PAPERS, 73, MUSEUM OF ANTHROPOLOGY, UNIVERSITY OF MICHIGAN. 1983
12) 吉崎昌一「フゴッペ貝塚から出土した植物遺体とヒエ属種子についての諸問題」『フゴッペ貝塚』（北海道埋蔵文化財センター調査報告書第72集）535-547，1992
13) 吉崎昌一「青森県富ノ沢（2）遺跡出土の縄文時代中期の炭化植物種子」青森県教育委員会編『富ノ沢（2）遺跡IV発掘報告書（3）』1097-1110，青森県教育委員会，1992
14) 吉崎昌一「青森県八幡遺跡12号住居から検出された雑穀類とコメほかの種子」『八幡遺跡一発掘調査報告書』II：59-73，八戸市埋蔵文化財調査報告書第47集，1992
15) 坂本寧男『雑穀のきた道』（NHKブックス546）日本放送出版協会，1988
16) 吉崎昌一「北海道枝幸郡目梨泊出土オホーツク文化の植物種子」佐藤隆広編著『目梨泊遺跡』335-349，枝幸町教育委員会，1994
17) 南川雅男「人類の食生態」科学，60—7，439-448，1992
18) この手法による内陸部の人骨分析例は少ないが，公表データを見るかぎりC4植物を摂取していた可能性があるのではないか。また，C3植物が堅果類だけとは限らない。本稿で説明したようにイネやソバの存在が明らかになりつつある。
19) ヒエの形態が現生タイプに類するものが多くなり，粒径も若干大型になるのは東北地方の縄文時代中期後半からか……。西日本のイネ出現と絡んで，異なった野生ヒエとの交雑が考えられるかもしれない。

特集 ● 縄文時代の新展開

縄文集落の再検討

最近各地でこれまでの常識をくつがえすような巨大な遺構を伴う集落が発見されている。ここで縄文集落の再検討をしてみよう

円筒土器文化の巨大集落／縄文時代の漆工
／低地の縄文遺跡／貯蔵穴と水さらし場

円筒土器文化の巨大集落
―― 青森県三内丸山遺跡 ――

青森県埋蔵文化財調査センター
岡田康博
（おかだ・やすひろ）

円筒土器文化の巨大な集落である三内丸山遺跡は長期間継続した定住生活の場であり，膨大な出土遺物は具体的な生活を物語っている

　青森市三内丸山遺跡は縄文時代前期中葉の円筒下層a式から中期末葉の大木10式併行にかけて長期間継続した大集落跡である。とくに中期の円筒上層a式から最花式（大木9式併行）の間，集落は巨大化し，しかも集落内での空間利用が明確に規制されており，計画的な村づくりが行なわれていた可能性が高い。円筒土器文化期の巨大な集落構成の実態を解明できる重要な遺跡である。

1　調査の経過

　三内丸山遺跡は青森市中心部から南西方向へ約3kmに位置し，八甲田山系から続く緩やかな丘陵の先端，北を流れる沖館川の河岸段丘上に立地する。標高は約20mである。遺跡は舌状な台地全体に広がると考えられ，約38haほどと推定される。

　本遺跡はすでに江戸時代から知られ，山崎立朴の『永録日記』や菅井真澄の『楢家能山』にも遺物発見の記載が見られる。これまでにも慶応義塾大学や青森市教育委員会により発掘調査が何度か行なわれ，縄文時代中期の住居跡や大量の遺物が発見されている。最近では昭和56年に県総合運動公園整備事業の駐車場建設に伴い青森県教育委員会により発掘調査が行なわれた。調査の結果，縄文時代中期後半の土壙墓が56基検出された。これらの土壙墓は長軸方向が同一で，しかも二列に東西方向に並列して配置されていた。当時の葬法を知る上での良好な資料であった。

　今回の発掘調査は，南側に隣接する県総合運動公園整備事業の新野球場建設に伴うもので，平成4年4月から開始した。調査面積は約5haである。調査は野球場建設工事の優先する地点から進められ，平成4年には内野スタンド建設予定地，平成5年には内・外野スタンド・外野グランド建設予定地，平成6年には内野スタンド・内野グランド建設予定地を主に実施した。また野球場建設に伴う高圧線移設予定地の調査も平成4・5年に行なっている。

　調査の進行とともに，本遺跡は縄文時代，平安時代，中世の複合遺跡であることが判明した。とくに縄文時代前・中期の集落跡はこれまでに例のない巨大なものであり，おびただしい出土遺物や保存状態の極めて良好な泥炭層の発見が相次いだ。平成6年7月に検出された直径約1mの木柱による大型掘立柱建物跡を契機とし，県民の保存を求める意見が沸き上がり，8月1日に県知事が

図1 遺跡の位置と周辺の遺跡
1 三内丸山遺跡（前・中期），2 近野遺跡（中期），3 三内沢部(1)遺跡（前・中期），4 三内沢部(2)遺跡（中期），5 三内遺跡（中期），6 三内霊園遺跡（前・中期），7 熊沢遺跡（前期），8 安田水天宮遺跡（前・中期），9 安田(1)遺跡（前期），10 安田(2)遺跡，11 浪館(1)遺跡（前期），12 浪館(2)遺跡（中期），13 江波遺跡（前期），14 石江遺跡（前期），15 新城平岡(1)遺跡（前・中期）

図2 袋状製品（前期）

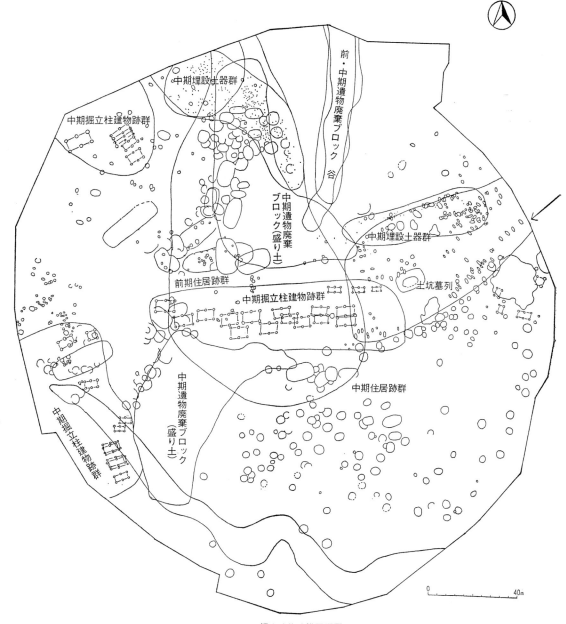

図 3 縄文時代遺構配置図

野球場建設工事の即時中止と遺跡の保存・活用を決定し，表明した。

2 巨大な集落の姿

　保存が決定した時点で，これ以上の精査を行なわないこととしたので，前・中期すべての時代の集落の姿が明らかになったわけではない。例えば中期の盛り土遺構の下には前期の集落が未調査のまま保存されている。また，中期後半では今回の調査区域の外側にさらに集落が延びているので，詳細な範囲も現在のところ未定である。したがって，これまでの調査で明らかとなった点について時代毎に集落の変遷について述べる。

（1）前　期

　前期の集落はその大半が南北の中期盛り土遺構の下に保存されている。調査されたのは，住居跡群・土壙墓・廃棄ブロックなどである。調査区域のほぼ中央に南北に走る谷をはさんで，大きく西側に住居域，東側に墓域が形成される。この空間利用の大原則は中期の最花式期まで大きく変化し

27

図4 前期の大型住居跡

図5 木製品出土状況（前期）

ない。住居は谷の西側に密集して，何度も建て替えられたためか重複が激しい。円筒下層a式では内部に明確な炉はまだ作られていない。ただ床面中央に凹みを持つものがあり，そこから焼土・炭化物が少量検出される場合が多い。平面形は隅丸長方形・長方形・楕円形があり，規模は長軸で5m前後，短軸で3m前後のものが多い。主柱穴は長軸の中軸線上で，炉穴状の凹みをはさんで2個検出される。壁柱穴を巡らすのも大きな特徴である。下層d式期になると床面の中央に地床炉が明確に作られるようになる。住居の形態・規模に以前と比較して大きな変化はないが，主柱穴はすべて4本柱になる。注目されるのは，ここに村が作られる下層a式段階で大型住居跡が1棟以上作られていることである。やはり明確な炉跡は検出されない。

前期で特筆されるのは，大規模な廃棄ブロックの調査である。廃棄ブロックは中央の谷と北側斜面の2カ所検出されている。どちらも下層a・b式期では泥炭層となっているために土器・石器の他に大量の動物遺体・植物遺体・木製品・骨角器などが出土した。現在も一部調査中で，最近中央の谷からは道路と土溜め用の杭列が検出された。

動物遺体では，シカ・イノシシの大型動物は少なく，ウサギ・ムササビなどの小動物や鳥類が多く出土している。魚類は豊富で，タイ・ヒラメ・マグロ・アジ・イワシなどがある。植物ではクリ・クルミの堅果類，ヤマブドウ・キイチゴ・サルナシ・ヤマグワ・ニワトコなどが大量に出土している。木製品では日本最古級の漆器（皿・鉢・櫛）や掘り棒，櫂，建築材，篦の他に樹皮で作られた袋，敷物，組紐などが良好な状態で出土した。また小児と思われる人骨も今年度出土している。平成6年度，宮崎大学藤原宏志教授より泥炭層および土器片の胎土中より野生のヒエ（イヌビエ）のプラントオパールが発見され，野生ヒエの食料利用の問題が提起された。さらに水洗選別によりヒョウタンやマメ類，メロン仲間の種子が発見され，栽培が行なわれていたことが確認された。なお，泥炭層は地点によっては全量を回収し，水洗選別を現在継続中である。

骨角器は針・釣針・銛先・垂飾器・牙玉・刺突具・骨刀などが出土した。いずれも保存状態が非常に良好で，製作時の痕跡や使用痕が明瞭に観察できるものである。

（2） 中 期

中期の集落はその全体像がかなり鮮明になってきた。がしかし，中期後半になると集落は拡大し，今回の調査区域外へ大きく拡がっていることから，集落自体の範囲が不明確である。少なくとも試掘調査の結果から，その範囲は約38 haと推定されている。

中期の集落の構成要素として，住居，大型掘立柱建物，土壙墓（成人用埋葬施設），埋設土器（小児用埋葬施設），盛り土遺構（廃棄ブロック）が挙げられる。注目されるのはこれらの施設が地域を異にして分布している点である。また盛り土遺構や墓は複数の時期にわたって同じ地域に作られており，前期同様に空間利用の規則がかなり厳密に遵守されたと考えられる。なお，谷をはさんだ住居域と墓域の区別は前期から引き継いだものである。

住居は前期と同様に谷の西側と南側斜面に作られる。円筒上層a式の住居には床面にテラス状の施設が全周あるいは一部巡る。炉は地床炉である。主柱穴は4本あるいは5本である。長軸の一端に付属施設と呼ばれる周堤を持つ小ピットが出現する。平面形は楕円形が大半である。円筒上層

b・c式では平面形が円形ないしは楕円形で，地床炉・4本柱が大半である。埋甕炉には台付浅鉢型土器を床面中央に埋設したものと，床面にただ置いたものがある。大型住居と小型住居の大きさの差が顕著になり始める時期である。上層d・e式の住居が最も多く検出されている。比較的他時期に比べて住居は小型である。平面形は円形・楕円形で，炉は地床炉と埋甕炉がある。主柱穴が明確でないのもこの時期の大きな特徴である。長軸の一端に前述した付属施設が多く作られる。榎林式（大木8b式併行）は平面形が楕円形のものが大部分となる。炉は石囲炉・地床炉がある。主柱穴は4～6本となる。この時期には長軸が約30mの巨大な住居が作られている。この住居は集落のほぼ中央に構築され，長軸約30m，短軸9mのロングハウスである。最花式（大木9式併行）は，平面形が楕円形のものが大部分である。長軸の一端に作られる付属施設が張り出した洋梨型を呈するものも少なくない。炉は石囲炉・土器片囲炉が大部分である。主柱穴は4～6本である。大木10式併行期の住居は，ほぼ円形で，地床炉・石囲炉がある。主柱穴は4本柱が大部分である。住居については，各時期を通して，必ず大型住居が存在し，その構築される場所も集落の中心近くに限定されるようである。また各住居とも建て替え・拡張を頻繁に繰り返しており，とくに大型住居には顕著に見られるのが大きな特徴である。

墓は成人用埋葬施設の土壙墓と小児用埋葬施設の埋設土器がある。成人用土壙墓は中央の谷の東側に約100基ほど構築されている。長軸が南北方向を向き，しかも東西に並列して配置される列状（二列）型と，長軸がある1点を向く環状（半月状）型がある。重複関係から前者が古く，後者が新しい。列状型は中央に通路をはさんで向かい合うように配置される。後者は上部に配石遺構を持つものである。副葬品は少なく，ヒスイ製装身具・石冠・異形石器などが少量出土している。土壙墓は楕円形・小判形を呈し，一部は底面に周溝を持つものがある。

小児用埋設土器は完形・ほぼ完形の土器を直立した状態で埋設するものである。現在800基ほど検出されている。埋設土器はその土器の底部の形状に特徴がある。全くの完形のほかに，底部を打ち欠き全くないもの，底部穿孔のもの，埋設後に壊されたものなどがある。また口縁部・底部のないもの，口縁部のないもの，胴部に穿孔されたものなどが若干ある。土壙墓と同じように人骨は全く検出されない。埋設土器の中から，握り掌大の円礫が1～2個出土するものがあり，墓標や埋葬儀礼との関係が考えられる。これら埋設土器群は中央の谷の東側，台地の縁辺部と，谷西側の居住域のすぐ北側に密集して作られていた。とくに西側の密集度は高い。しかしながら埋設土器同士が重複する例はほとんどなく，古い埋設土器を意図的に避けて構築された可能性が高い。また密集度にも濃淡があり，血縁単位，家族単位のまとまりのある可能性もある。

掘立柱建物は集落北西端の台地の縁，集落の中央部，盛り土遺構の南西側からまとまって現在約100棟ほど検出されている。いずれの地点も各時期毎の建物跡が検出されており，これらの地点は時期毎の変遷ではなく，機能・用途別に建てられたことを示している。北西端の掘立柱建物跡はとくに巨大で，直径約1m近くのクリの巨木を柱にした，1間×2間の建物跡である。平成4年・6年の調査で直径 75～95cm の木柱が出土している。柱穴や木柱，全体の規模・構造から木柱列（ウッドサークル）ではなく，建物とするのが妥当である。ただその用途については，物見やぐらのような高層の施設，燈台，祭祀的な施設などが考えられるが，建築学的な検討の他に集落構造を明らかにする必要がある。いずれにせよ当時のこの集落にとっては象徴的な建物であったろう。中央の建物跡は大体同規模の建物が一時期4～5棟同時存在したと考えられる。これらと平行にやや小型の建物も2～3棟建っていた可能性がある。やはり同じ場所に，同じ棟方向で何度も建て替えられたようである。これらは倉庫群と考えられる。盛り土遺構南西側の掘立柱建物は棟方向があ

図6　粘土採掘穴（中期）

る点を向く環状に配置されるらしい。祭祀関連施設の他にやはり倉庫群の可能性がある。掘立柱建物跡と考えられるこれらの遺構は，すべて1間×2間の長方形を呈し，環状のものは全くなく，それぞれ建物が桁行・梁行とも極めて規格性が高いことから，ウッドサークルと呼ばれるような施設ではなく，掘立柱建物と考えるのが妥当である。

粘土採掘穴は中央の谷の東側，土壙墓列の南側から検出されている。平面形は不整であるが，底面はほぼ円形な掘り方が連続し，それぞれがおそらく一回の採掘量を示すと考えられる。どの粘土採掘穴にも共通しているのは上位の砂質に近い火山灰を避け，下部の粒径の細い粘土質に近い火山灰を採取している点である。また壁際は袋状になっていて崩落の痕跡が見られるものが多い。

盛り土は中央の谷の西側と南斜面に構築されている。竪穴住居やその他の遺構の構築の際に出る残土・廃土を連続して廃棄したものである。その時に同時に土器・石器・食物残滓などの生活廃棄物も一緒に棄てている。さらに廃棄した土砂は整地されるようで，長い年月の間，廃棄と整地を繰り返し行ない，結果として大規模な盛り土遺構（マウンド）を形成したものと考えられる。したがって原則として盛り土の中には住居は作られない。が，最近の調査では中に小児用埋葬施設の埋設土器が多数作られていることが判明した。また，ヒスイ製大珠，コハクや土偶も多数出土することからある時期には祭祀的な場所として利用された可能性も出てきた。他に単なる廃棄の場所ではなく，集落の広場や畑の可能性も指摘されており，土壌分析の結果が期待される。

中期で特筆される遺物では，まずその膨大な出土量である。ダンボール箱で4万箱は通常では考えられない量である。その大半は土器であり，一般の遺跡と比較するとひとつの集落で消費されたとするだけでは説明できず，過剰な生産の姿を想定しなければならない。すなわち周辺他集落への供給が行なわれた可能性が浮上してくる。この点については，やはり同様に数百点出土している土偶にも当てはめることができる。出土した土偶の中には完形のものも含まれていることから見ても，この集落で生産された可能性を示唆すること

ができる。あるいは単純に，出土遺物に比例した集落の規模，存続期間を想定するべきなのかもしれない。

また，他地域から持ち込まれたヒスイ，コハク，アスファルト，黒曜石が出土していることから，広範囲に交易が行なわれていたと考えられる。とくにヒスイについては，完成品の大珠の他に，原石や未成品も出土しているので，この地で加工された可能性が出てきた。

3 まとめ

三内丸山遺跡は円筒土器文化の巨大な集落である。そしてその集落は，規制された空間利用の中で計画的な村づくりが長期間にわたって行なわれていた（現在のところ連続する土器型式の中に空白の時期を見い出すことはできない）。それでいながらも全体の構成は決して環状集落とはならない。いずれ行なわれる範囲確認調査とこれまでの整理作業を通して各時期毎の集落の構造や規模・変遷を具体的に提示できるものと確信している。

膨大な出土遺物は，周辺集落への供給のための生産が行なわれた可能性と広範囲での交易の姿を示唆している。また自然遺物は，当時の縄文人の具体的な生活の様子や環境を再現することのできる情報を提供してくれる。

以上の点から三内丸山遺跡は「定住生活」が行なわれた巨大集落である。「定住生活」を送るにあたっての条件は今後の詳細な分析によって徐々に明らかになって行くであろう。その成果をひとつずつ積み重ねることによって円筒土器文化の担い手の実態に迫ることができるのである。

参考文献
青森県教育委員会『近野遺跡・三内丸山(2)遺跡』青埋文報第33集，1977

青森県教育委員会『三内丸山(2)遺跡Ⅲ』青埋文報第166集，1994

岡田康博「青森県内の縄文集落について　前・中期の場合」よねしろ考古，7，1991

岡田康博・阿部美杉・小笠原雅行「三内丸山(2)遺跡」『日本考古学年報』45，1994

岡田康博「三内丸山遺跡の巨木遺構」考古学ジャーナル，377，1994

縄文時代の漆工
―― 東北地方後・晩期を中心に ――

八戸市縄文学習館
■ 小林 和彦
（こばやし・かずひこ）

縄文時代前期には漆工のさまざまな要素がほとんど揃い，後期～晩期には漆工品の発見も増える。漆工は各地に普遍的な技術であった

　漆工はわが国特有の工芸であり，古い伝統とその優れた技術は世界的にも認められている。現在では，各地の縄文遺跡から漆器の出土が報じられ，漆工の起源が縄文時代にまでさかのぼることが明らかになっている。

　漆工の技術は，漆の採取，精製，塗装，乾燥といった一連の工程をはじめ，素地の製作，漆を採取する樹木を管理，場合によっては栽培するといったことまでも包括する。縄文時代に漆工が存在したということは，個々の技術はもちろん，それらを統合して工程を管理する体制があったことを意味する。その内容を明らかにして行くことは，縄文文化の性格を考えるうえで，重要な作業である。

1　縄文の漆工についての認識の広がり

　青森県是川中居遺跡の中に所在する泥炭層の発掘は，地元の泉山岩次郎と義弟の泉山斐次郎とによって，1926年から行なわれた。そこから縄文晩期の土器とともに大量の植物質遺物が発見され，その中にさまざまな漆器が含まれていた。前例のない発見であり，たちまち学界の注目するところとなった[1]。

　1950年には青森県亀ケ岡遺跡の発掘調査が行なわれ，縄文晩期の籃胎漆器や漆塗り土器など是川中居遺跡と同様な漆器が発見され，亀ケ岡文化に漆工の技術が存在することが再確認された[2]。

　1960年代になると青森県八幡崎遺跡[3]，土井Ⅰ号遺跡[4]が発掘調査され，晩期前葉の籃胎漆器や漆塗り土器などが出土した。宮城県山王囲遺跡の発掘調査では大洞 C_2～A 式期の籃胎漆器や漆塗り櫛などが数多く出土した[5]。亀ケ岡文化を特徴づけるさまざまな漆工品を作り出す技術が東北地方各地に展開していた様子が一層明確になった。

　1970年代，滋賀県滋賀里遺跡から晩期の籃胎漆器や漆塗りの櫛などが出土し，西日本でも漆工品の存在が確かめられた[6]。福井県鳥浜貝塚では1975年から行なわれた一連の発掘調査で，前期の漆塗りの櫛，木胎の漆器，漆塗りの土器などがまとまった形で発見された。多様な漆工品が，複雑な線描き文様をもつ漆塗り土器に代表される高度に発達した漆工技術で製作されていることが明らかになった[7]。さらに，埼玉県寿能泥炭層遺跡の調査では，中期から晩期にかけての漆器が出土した[8]。こうした調査によって縄文時代には前期から晩期まで途切れる事なく漆器製作の伝統が受け継がれていることがわかった。

　その後，岩手県萪内遺跡（後期～晩期）[9]，秋田県中山遺跡（後期～晩期）[10]，山形県押出遺跡（前期）[11]，北海道忍路土場遺跡（後期）[12]，埼玉県後谷遺跡（後期～晩期）[13]，滋賀県粟津湖底遺跡（中期）[14]，青森県三内丸山遺跡（前期）[15]など低湿地遺跡の調査が相次いで行なわれ，それぞれ漆工関係の貴重な発見があった。

　現在では，縄文時代の漆工は前期段階にはすでに北海道南部，東北，関東から北陸地方までの広い範囲で確認されており，その後の各時期，それぞれの地域での発見が，縄文文化に漆工技術が定着している様子を示している。

　とくに，東北地方の縄文晩期の遺跡からは質，量ともに優れた漆工品と漆工に関連する資料が出土している。

2　漆の鑑定

　遺跡からの出土品に付着または塗装された状態で残されている漆様のものが実際何なのかについての科学的な鑑定は，古くは分解物のにおいや，漆器の色彩，元素分析，あるいは赤外吸収スペクトルなどが用いられてきた。赤外吸収スペクトル法についても，漆の場合，多くの有機物が長い間に酸化を受け，変化するため鑑定は難しいという[16]。

　現在は，長期にわたる耐久性や肉眼で確認される塗装膜の状況，漆特有の光沢，質感など，これ

まで経験的に得られた「漆塗り」と判断するための観察項目に加えて，資料の層方向断面にみられる構成材料の微視的特徴，あるいは，層構成の様子などを観察することによって，漆であるか否かの識別が行なわれている場合が多い[17]。この方法によって，塗装膜の厚さや塗り重ねの回数，混和材や顔料など，漆工技術についても明らかにすることができるということで，近年，さまざまな分析の成果が蓄積されてきている[18]。

ここで扱う「漆工品および漆工関係資料」には，さまざまな科学的な鑑定が行なわれたものと，肉眼による観察で判断されたものが含まれている。

3 東北地方の漆工品—縄文後期末～晩期

秋田県中山遺跡（後期末～晩期）では，木製容器，籃胎漆器，漆塗り弓，赤色漆塗り櫛，赤色漆塗り土器などがまとまって出土している。籃胎漆器は細かい編み目のカゴに植物質混入物のある漆（木屎漆）で目止めをし，炭漆，漆，べんがら漆と塗り重ねている。赤色漆塗り土器は，黒みの強い漆を塗った後，べんがら漆を塗っている。赤色漆の顔料は晩期初頭の土器に朱（赤色硫化水銀）が使われているもののあるほかは，べんがら（赤色酸化鉄）が使われている[19]。

岩手県萪内遺跡（後期～晩期）では，木製容器，赤色漆塗り弓，赤色漆塗り櫛などが出土している。木製容器は口縁部の破片が多い。縄文土器に見られるような波状口縁のもの，かなり大形の浅鉢で口縁に平行沈線が彫刻されているものなどがある。いずれも赤色漆塗りである。ここではほかに木製の脚付きの皿が出土しているが，こちらは漆が塗られていない。器種によって漆塗りの有無が決められていたらしい。赤色漆塗り櫛は結歯式で，棟が台形で上端の両側に角状の突起が付くもの，棟が高くて上端が丸みをもつもの，高い台形で中央に透かしがあるものなどがある。

青森県是川中居遺跡はもっとも早く縄文時代の漆工品がまとまって発見された遺跡として知られている。木製容器，籃胎漆器，彩文のある樹皮製容器，漆塗り弓，赤色漆塗り櫛，赤色漆塗り耳飾り，漆塗り腕輪，飾り太刀，漆塗りの土器がある。植物質製品は晩期前葉のもので，漆塗り土器はその時期を中心に晩期後葉（～大洞A式）のものまで出土している。

木製容器は，赤色漆塗り鉢，高杯など，それぞれ比較的小形のものが残されている。高杯は2点ある。いずれも透かしのある高台の上に浅い鉢がのるもので，胴部外側に渦巻き文様を彫刻したもの（図4）と，胴部中程に段を持ち，口縁部が外反するものとがある。黒色の下地を施してから厚く赤色漆を塗っている。

籃胎漆器は鉢（図1）と壺がある。鉢では母胎となるカゴは，底部を幅広の材料で網代編みにし，胴部は経，緯とも1mm内外の素材を用いて細かい編み目を作り出している。口唇部は，編み材の始末のため若干肥厚し，1ヵ所なだらかな山形の突起が作り出される。壺は籃胎漆器としては大形のもので，胴部から頸部にかけての破片である。

木製の弓は5張ある。いずれも一本の自然木から作り出された丸木弓であり，1張は白木弓，残りの4張は漆塗りの飾り弓である。漆塗り弓のうち，黒漆塗りの弓は最も保存状態がよく全体の様子がわかる（図6）。長さは128.8cm[20]。側面には浅い一条の溝（樋）が彫られている。全体に黒色漆を塗り，所々に樹皮を巻き，その部分に赤色漆を塗っている。巻かれた樹皮は脱落してその痕跡だけが残されている。赤色漆塗り弓の最も長いものは約130cmと推定される（図5）。細かく破損しているが接合してほぼ完全な形に復元することができる。木地全体が痩せて偏平になり，よじれている。一方の弭はヒョウタン形のこぶを削り出している（本弭と考えられる）。黒色漆で下地をしてから4本1単位で所々に樹皮（サクラの樹皮）を巻き，全体に厚く赤色漆を塗っている。

櫛は6点出土している。いずれも赤色漆塗り結歯式の櫛で，櫛歯は残存しない。棟の形態は山形（半円形），台形で上端両側に角状の突起が付き透かしのあるもの（図10），棟の横に抉り込みのあるものなどがある。櫛歯は付け根部分の断面は円形であるが，棟の骨格となる部分では，表裏から削って偏平にしているものがある。

耳飾りは，植物質の胎に赤色漆を塗ったものが3点ある。円筒形の両端が外反し，片側（正面）に彫刻を施したものもある。

腕輪は，蔓類のような弾力性のある植物を輪にして漆で固めたもの（図9）。下地に黒色漆を塗りその上に赤色漆を塗っている。ほかに土製の素地に漆を塗ったものが1点ある。黒色漆の下地に，赤色漆で半円を連ねた文様を描いている。

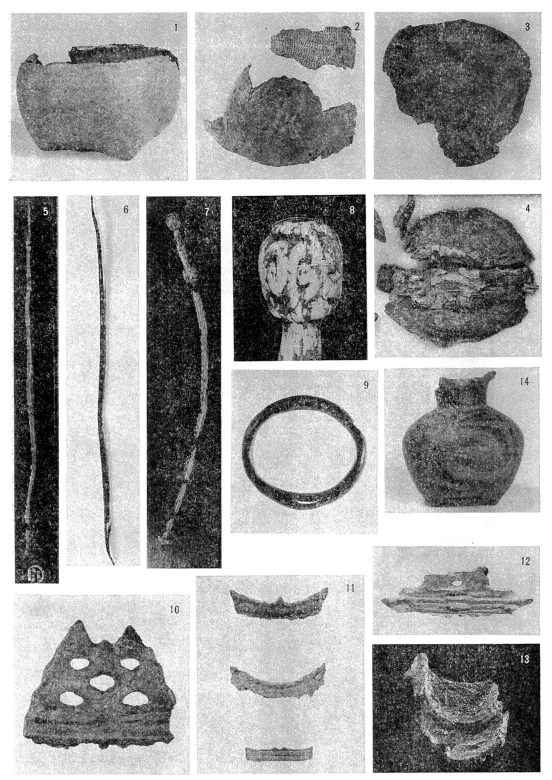

1・4〜11・15〜17・19・20八戸市博物館提供（11は一迫町教育委員会蔵），2・3・12・14・18青森県立郷土館提供
（3は越後谷耕一氏蔵，14は個人蔵，12は青森県立郷土館風韻堂コレクション），13三島町教育委員会提供

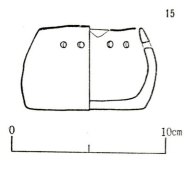

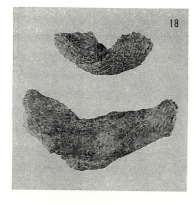

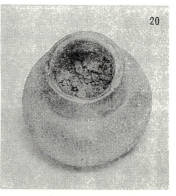

東北地方縄文後・晩期の漆製品

籃胎漆器（1是川中居，2土井Ⅰ号，3亀ヶ岡），高杯（4是川中居），漆塗り弓（5・6是川中居），飾り太刀（7・8是川中居），腕輪（9是川中居），漆塗り櫛（10是川中居，11山王囲，12亀ヶ岡，13福島県荒屋敷），彩文壺形土器（14亀ヶ岡），漆液容器（15丹後谷地，16是川中居），漆塗り貝殻（17山王囲），漆漉し布（18亀ヶ岡），赤色顔料付着石皿（19是川中居），赤色顔料入り土器（20是川中居）

　赤色漆塗り飾り太刀は，鞘に納められた太刀のように作られた木製品（図7・8）。柄の両端を球状に作り，渦巻き風の文様を彫刻している。鞘の部分の両脇と先端には何かが埋め込まれていたような小さい穴が連続して穿けられている。全体に赤色漆を塗っている。

　漆塗りの土器は，壺を中心に，鉢，台付土器，注口土器などに見られる。大形の壺に黒色漆を塗ったものが1点あるほかはすべて赤色漆塗りである。彩文や塗り分けはない。黒色漆を下地に赤色漆を塗ったものと素地に直接赤色漆を塗ったものがある。

　上記の資料のほかに保管されている赤色漆の塗装膜の顔料や，土器に入っていた顔料は分析の結果，14中2例が朱で残りはべんがらであった。朱が使われていたのは籃胎漆器と腕輪と考えられる漆器の破片である[21]。

　青森県土井Ⅰ号遺跡は，晩期前葉（大洞ＢＣ式）の籃胎漆器16点，赤色漆塗りの櫛9点，腕輪などが出土している。籃胎漆器には広口の壺と，頸部が締まって口縁部が外反する徳利のような壺（図2）とがある。素地の編組は，前者が網代編み，後者は莚目編みである。褐色の漆の上に外面だけ明るい色調の赤色漆を塗っている。腕輪は，木質を芯にして厚く塑形材を盛り上げて成形し，赤色漆を塗ったものと考えられる。木質は腐朽して空洞となっている。

　青森県亀ヶ岡遺跡は，籃胎漆器，赤色漆塗りの櫛，土製耳飾り，鹿角製垂飾品，漆塗り土器などがある。出土品の時期は晩期中葉から後葉にかけてのものが多い。籃胎漆器は鉢，浅鉢，皿などの形態のものがある。内外面赤色漆塗りのものと，内面に赤色漆で文様を描いているもの（図3）とがある。櫛は，棟が横長の長方形を呈する，比較的小形のものと，棟の上端に台形状の突起を作り出し，透かし穴をもつもの（図12）とがある[22]。土器の漆塗りは，壺，浅鉢，皿，台付土器，香炉形土器などに認められる。赤色漆塗りのものが多いが，黒色漆塗り，赤色漆による彩文のある土器が含まれる。大洞C_1式以降，浅鉢の内面に雲形

文を描いたもの，無文の壺に籃胎漆器に共通する文様を描いたもの（図14）がある。

宮城県山王囲遺跡では，晩期中葉〜後葉（大洞C₂〜A式）の地層から籃胎漆器36点，赤色漆塗り櫛45点，腕輪などが出土している。籃胎漆器は浅鉢や皿が多い。篠竹類の割り材を使ってカゴを編み，木屎漆を塑形材として編み目を埋め，平滑な面を作り出す。その上に黒目漆を塗ってから全面に赤色漆を塗ったり，赤色漆で文様を描いたりしている[23]。櫛は棟が横長の長方形で，上端に小さな突起が付く小形品と，やや大きくて両端が反り返り角状に突出するもの（図11）がある。棟の上端中央に三角形の突起がつくものもある。棟の成形には塑形材として鉱物質の粒子を混ぜた漆（錆漆）が使われているという[24]。

福島県荒屋敷遺跡では，縄文晩期末〜弥生時代にかけての漆塗り弓，漆塗り櫛，赤色漆塗りの小玉，漆塗り土器などが出土している。櫛は，山王囲遺跡の櫛をさらに反りを強くしたような棟をもつものと，棟の下縁が半円形にふくらみ，両側が反り上がり角状の突起をもつもの（図13）とがある。前者は赤彩塗り，後者は全面赤漆塗りの上に棟の上半部だけ黒色漆を塗り重ねている[25]。

東北地方の籃胎漆器は，晩期前半は是川中居遺跡や土井Ⅰ号遺跡のように鉢や壺が多く全面赤色漆塗りで，後半になると山王囲遺跡のように浅鉢や皿に，赤色漆で彩文が施される例が多くなる。亀ヶ岡遺跡や宮城県根岸遺跡にも彩文のある籃胎漆器がある。籃胎漆器は全国的にも埼玉県後谷遺跡，石川県米泉遺跡[26]，滋賀県滋賀里遺跡などで出土しているが，東北地方の出土数が圧倒的に多く，また弥生時代に出土しない。亀ヶ岡文化を特徴づける漆器といえる。

櫛は，晩期前半までは台形で上端両側に角状の突起がつくもの，さらにそこに透かしがあるものなど，さまざまな形態のものがあるが，後半期になると比較的小形の横長長方形のものと，棟は低く両端が反り返り角状に突出するものとが多い。前者は亀ヶ岡遺跡，青森県上尾駮(1)遺跡[27]，後者は山王囲遺跡，荒屋敷遺跡，秋田県鐙田遺跡[28]などにみられる。また，亀ヶ岡遺跡の，棟の上端に台形状の突起を作り出す特殊な形態の櫛は，新潟県寺地遺跡例に類似する[29]。日本海側に共通するタイプと考えられる。三重県納所遺跡（弥生前期）などの櫛が，荒屋敷遺跡の半円形の櫛に形も作りもきわめて共通しており，西日本の漆工技術が東日本の影響下に成立していたことを示すものとして注目されている[30]。

4 漆工作業に関係する資料

漆の採取，貯蔵，調整，塗装作業など，それぞれの工程で使われたと考えられる容器が各地で出土している。

青森県丹後谷地遺跡出土品の中に内面に漆が付着した鉢形土器がある[31]（図15）。底部径が大きい無文の土器で，口縁部に2個1対の小孔が2組ある。紐をかけて携行の便を図ったもので，漆液の採取作業に使われた可能性があるものである。

是川中居遺跡の漆液容器として使われた土器には，壺，深鉢，鉢，台付鉢などがある。小形の深鉢は無文で胴部にヘラケズリの痕跡を残す簡素な作りの土器。漆液容器として作られたものと考えている。台付鉢は，胴部外面に炭化物が厚く付着しており，煮沸用に使われていた土器を転用したもの（図16）である。内面全体に赤色顔料を混入した漆が付着している。

山王囲遺跡の漆塗り貝殻は，内面の赤色漆が均一でなく，漆をぬぐい取ったような刷毛の動きが残されていることから，漆塗りの作業に使われた容器のひとつと考えられる（図17）。

漆液に含まれる不純物を除去するために使われた漆漉し布は，漆を含んで絞り上げられた状態で固化したもので，亀ヶ岡遺跡（図18），中山遺跡から出土している。

是川中居遺跡や土井Ⅰ号遺跡から赤色顔料を粉砕調整するのに使われたと考えられる，赤色顔料が付着している石皿（図19）が出土している。是川中居遺跡には，べんがらや朱を入れた壺形土器（図20）が出土している。

5 まとめ

縄文時代前期には縄文時代の漆工のさまざまな要素はほとんど揃う。そして縄文後期〜晩期になると漆工品が発見される遺跡数も増え出土点数も増えてくる。とくに，東北地方晩期，亀ヶ岡文化の特徴として漆工の盛行がとらえられている。

籃胎漆器の器種や彩文の有無，漆塗り櫛の形態，漆塗り土器の彩文などに注目すれば，晩期前葉とそれ以降との間に変化が認められる。

漆工作業が行なわれたことを示す漆液容器は，

漆工品と同程度に遺跡から出土する。漆工は各地に広く普及していた普遍的な技術であった。漆の採取は夏季に行なわれる季節的な作業で，漆を長期に保存したり，長距離運ぶことは難しいので，漆工作業も漆の採取に合わせて，その場で行なわれたと考えられる。また，作業を行なった集落の付近に漆が採取できる樹木があったことを示している。

現在わが国で漆の樹液が採取されているのは，ウルシノキであるが，縄文時代にはヤマウルシやツタウルシなどの別のウルシ科樹木の樹液が利用されていたという可能性が指摘されている[32]。ヤマウルシやツタウルシからは，わずかの樹液しか滲出しないため，現在は採取されることはない。縄文時代の漆掻きの道具は検出されていないが，石器が使われたものと考えられ，漆採取の効率は今より悪かったとすれば，ウルシノキ以外の樹種からの採取はさらに難しい。亀ケ岡遺跡からはウルシノキの種子が検出されている[33]。

註
1) 杉山寿栄男「石器時代有機質遺物の研究概報―特に『是川泥炭層出土品』について―」史前学雑誌，2-4，1930
2) 清水潤三『亀ケ岡遺蹟』三田史学会，1959
3) 工藤 正『青森県尾上町八幡崎・李平遺跡埋蔵文化財発掘調査報告書』尾上町教育委員会，1979
4) 村越 潔・工藤泰博「青森県板柳町土井I号遺跡」考古学ジャーナル，75，1972
5) 伊東信雄・須藤 隆『山王囲遺跡調査図録』宮城県一迫町教育委員会，1985
6) 湖西線遺跡発掘調査団『湖西線関係遺跡発掘調査報告書』滋賀県教育委員会，1973
7) 鳥浜貝塚研究グループ『鳥浜貝塚―1980〜1985年度調査のまとめ―』1987
8) 埼玉県立博物館『寿能泥炭層遺跡発掘調査報告書―人工遺物・総括編―』1984
9) 岩手県埋蔵文化財センター『御所ダム建設関連遺跡発掘調査報告書―盛岡市荵内遺跡』岩手県埋文センター文化財調査報告書第32集，1982
10) 五城目町教育委員会『中山―中山遺跡発掘調査報告書―』五城目町教育委員会，1984
11) 佐々木洋治・長橋 至「山形県高畠町押出遺跡」『縄文時代の木の文化』13-22，富山県考古学会縄文時代研究グループ，1989
12) 北海道埋蔵文化財センター『忍路土場遺跡・忍路5遺跡』北埋調報53，1989
13) 今井正文「埼玉県桶川市後谷遺跡」『日本考古学年報』41，1990
14) 滋賀県教育委員会・滋賀県文化財保護協会『粟津湖底遺跡』1992
15) 青森県埋蔵文化財調査センター『三内丸山(2)遺跡III』青森県埋文調報166，1994
16) 熊野谿 従「漆文化財の科学」『考古学・美術史の自然科学的研究』古文化財編集委員会，1980
17) 永嶋正春「縄文時代の漆工技術―東北地方出土籃胎漆器を中心にして―」国立歴史民俗博物館研究報告，6，1985
18) 永嶋正春『企画展示 漆文化―縄文・弥生時代―』1994
19) 永嶋正春「中山遺跡出土漆関係遺物に見る縄文時代の漆工技術」『中山―中山遺跡発掘調査報告書―』1984
20) この弓は，註1)で「黒塗丸木弓」として全長5尺2寸5分と誤って記載されている。長さを訂正しておきたい。
21) 小山陽造ほか「是川中居遺跡及び一王寺遺跡出土の赤色顔料と塗装物質の科学的調査」『縄文の漆工芸』1988
22) 江坂輝彌「日本最古のクシ―縄文文化末期―」科学朝日，8，1955
23) 註17)に同じ
24) 中里寿克・江本義理・石川陸郎「宮城県山王遺跡出土紅柄漆塗櫛の技法とその保存処置」保存科学，7，1971
25) 小柴吉男「荒屋敷遺跡IIの漆製品」考古学ジャーナル，314，1990
26) 石川県立埋蔵文化財センター『金沢市米泉遺跡』1989
27) 青森県教育委員会『上尾駮(1)遺跡C地区発掘調査報告書』青森県埋文調報113，1988
28) 秋田県教育委員会『鐙田遺跡発掘調査報告書』秋田県文化財調報28，1974
29) 寺村光晴・青木重孝・関 雅之『史跡 寺地遺跡』1987
30) 工楽善通「漆工技術」『弥生文化の研究6』道具と技術II，1986
31) 八戸市教育委員会『丹後谷地遺跡発掘調査報告書』八戸市埋文調報15，1986
32) 見城敏子「漆工」『縄文文化の研究7』道具と技術，1988によれば，栽培漆（ウルシノキ）と山漆（ヤマウルシ）の樹液が多く使用されていたと思われるという。
　註12)忍路土場遺跡では，漆はツタウルシやヤマウルシから採取していた可能性を指摘している。
　註17)永嶋正春氏は漆液の滲出量の比較からウルシノキの樹液が使用されていた可能性が最も高いと主張している。
33) 新渡戸 隆「植物性遺物」『亀ヶ岡遺跡発掘調査報告書』青森県埋文調報14，1974

低地の縄文遺跡
―― 滋賀県を中心に ――

能登川町教育委員会
植田文雄
（うえだ・ふみお）

最近，低地の弥生時代遺構面の下から縄文時代の遺跡がみつかることが多くなった。ここでは琵琶湖周辺の縄文遺跡について考察する

1 遺跡立地の東西差と特質

一般論として共時的に存在した文化内容の地域間差異は，その量的多寡によって優劣の判定を受け勝ちである。質的な差異を文化格差にすり替えるよりはましであるが，方法論上ここに大きな錯誤が潜んでいることを認識する必要がある。

縄文文化の東北日本優位論がさまざまなかたちで唱えられて久しい。その論の中には過去に発見された遺跡の数量格差に立脚したものがあるが，決して文化それ自体の本質解明に接近するものでない。一例として，発見遺跡の分布密度から縄文時代の人口を導いた方法論[1]は，この意味で批判されるべきであり，調査の任意性や堆積環境の違いから生じる遺存率への配慮を求めねばなるまい。

この古人口算出根拠をいち早く批判した西田正規氏は，発見された縄文遺跡数の東西差について，立地条件の違いを的確に指摘している[2]。それは東北日本の縄文遺跡の多くがなだらかな洪積台地に立地しており，洪水や河川の侵蝕をほとんど受けずに現在まで保存され，一方西南日本では傾斜の強い山岳が直接沖積平野から屹立するため，集落は沖積地ないし扇状地に占拠せざるをえなかった，というものである。沖積平野といえば弥生時代以降稲作農耕の舞台となったところであり，その開発の鍬が縄文集落を破壊しつつ進行していったことは，想像するに難しくない。さらに，唐古遺跡はじめ弥生時代以降の遺跡が華々しく注目を集めたことにより，しばしば調査対象の最終面が縄文時代面のはるか上位に求められることとなり，縄文集落は地中深くに眠り続ける結果となったのである。

この停滞した状況に初めて警鐘を鳴らしたのが，京都府舞鶴市の桑飼下遺跡の調査[3]である。桑飼下遺跡は舞鶴湾に注ぐ由良川左岸の自然堤防上に立地し，上位に約2mもの堆積を受けていた。調査を行なった渡辺誠氏は，これが西南日本における縄文遺跡立地の特徴であることを指摘し，低地に占拠する遺跡への注意を喚起したのである。

その後桑飼下遺跡の調査から20年を経て，西南日本では低地における縄文遺跡調査例が増加し，今日では過去の調査姿勢の反省から従来の無遺物層を断ち割る調査が行なわれ，弥生時代遺構面の数m下位から縄文時代包含層が検出されはじめたのである。そこでここでは，国内最大の湖・琵琶湖をかかえる滋賀県をフィールドに，低地に遺存する遺跡について検討してみることとする。

2 琵琶湖周辺の環境と縄文集落の立地類型

「近畿の水ガメ」とも呼ばれる琵琶湖は，県面積の約6分の1を占め，伊吹山地・鈴鹿山脈・比良山地に囲繞されて近江盆地の中央に湛える，日本最大・最古の淡水湖である。周囲の山々から派生する大小多数の河川は，この琵琶湖を受け皿にして山地の土砂を運び，「湖岸沖積平野」と呼ばれる広大な平地を形成した。とくに花崗岩質の風化砂礫を擁した湖東・湖南平野は，扇状地・三角州の発達が著しく，現在では芒洋たる水田景観を見せている。ここに弥生時代以降稲作農耕を営む集落が逸早く定着したことは疑うべくもない。水田遺構で著名な大中の湖南遺跡をはじめ，多くの弥生集落がここを舞台に展開するのである。

琵琶湖をとりまく地理的環境は，山岳・平野・湖（内湖）とこれらを結ぶ河川の存在から，非常にまとまった，地理的諸要素を充足したものであると言ってよい。しかし琵琶湖から排水する河川は瀬田川（淀川）のみであるため，明治になって放水量調節を行なう南郷洗堰が設けられるまで，集水・放水のバランスは自然のおもむくままで，しばしば洪水や渇水の災禍に見舞われたのである。

琵琶湖の水位変動は当然先史集落の立地にも影響を及ぼし，とくに湖岸デルタに立地する集落は

37

常に水没の危険にさらされていた。琵琶湖に数多くの湖底遺跡が存在するのはこの水位変動が要因で[4]，近年の琵琶湖総合開発事業にともなう機動的な発掘調査により，その発見例は増加傾向にある。

ところで，この地域の縄文遺跡を眺めた場合，その立地環境により大きく4類型に分けることができる。これはあくまで現環境下での認識で，年代観を問わずに粗分類したものであるから水位変動などの環境変化を追究するには不向きであるが，近江全搬での縄文遺跡の分布状況を掌握する場合の基礎作業としては有効であろう。以下にその内容を示す。

I類：現状の湖水面（L=84.371m T.P.）下に存在し，標高80〜83mに立地する。粟津貝塚・長命寺湖底遺跡などがある。

II類：湖の現水際や内湖，およびこの干拓地などの湿潤なデルタ地帯・浜堤の後背湿地に存在する。標高82〜86m前後。松原内湖遺跡・筑摩佃遺跡などがある。

III類：河川の自然堤防や低位河岸段丘など，比較的安定した微高地上に立地する。標高90〜120m前後。正楽寺遺跡・小川原遺跡などがある。

IV類：丘陵の山頂部など山岳に立地する。醍醐遺跡・番の面遺跡など，湖北の岐阜県境寄りの遺跡に代表される。中部山岳地域との関わりが濃厚な遺跡である。

以上，これら4類型のうち近年調査例が増加したのはI・II・III類の遺跡である。このうちI類は大津市粟津貝塚で広く知られたとおり，多量の動・植物遺体を伴出するものであるが，概して遺構の検出例は少ない。

II類の遺跡ではI類同様丸木舟などの完存木製品が多く，しかもほとんどの場合腐植土層に含まれることから，彦根市松原内湖遺跡や米原町筑摩佃遺跡のように微細でデリケートな木製品・植物遺体が良好な残存状態で検出される。しかしI類同様遺構の発見はほとんどない。II類では遺物包含層の検出面が琵琶湖の湖水面より低い位置にあることが多いが，これは旧内湖の汀線や旧河道に当り後世の堆積が著しく厚い。典型的な西南日本型の立地類型である。

III類はI・II類に比べてやや高い地勢に立つため，しばしば耕作などによる削平を受けている。しかし，地山面が安定しているためか集落占地が容易で，調査でも遺構の発見例が多い。これは調査契機となる現在の開発行為が，この標高の沖積地でとくに盛んなために広面積の発掘調査が可能で，遺構発見の確率が高いためとも考えられる。

さて，ここで注目すべき低地の遺跡は，後世の堆積

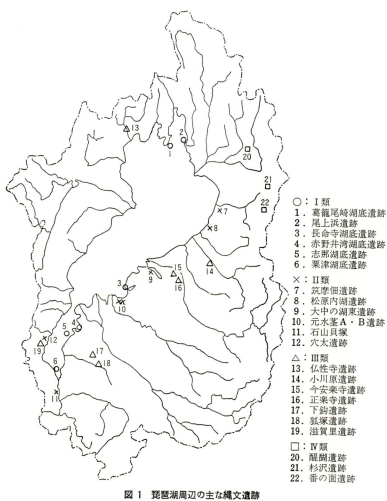

○：I類
1. 葛籠尾崎湖底遺跡
2. 尾上浜遺跡
3. 長命寺湖底遺跡
4. 赤野井湾湖底遺跡
5. 志那湖底遺跡
6. 粟津湖底遺跡
×：II類
7. 筑摩佃遺跡
8. 松原内湖遺跡
9. 大中の湖東遺跡
10. 元水茎A・B遺跡
11. 石山貝塚
12. 穴太遺跡
△：III類
13. 仏性寺遺跡
14. 小川原遺跡
15. 今安楽寺遺跡
16. 正楽寺遺跡
17. 下鈎遺跡
18. 狐塚遺跡
19. 滋賀里遺跡
□：IV類
20. 醍醐遺跡
21. 杉沢遺跡
22. 番の面遺跡

図1　琵琶湖周辺の主な縄文遺跡

が厚くこれまで発見されることの少なかったⅡ類と，広大な沖積平野の中枢に位置し弥生時代以降の水田開発で削平を受けたⅢ類に該当する遺跡である。そこで次にこれら遺跡の最近の調査事例から，琵琶湖周辺の低地に展開する縄文集落の特質に迫ってみよう。

3 湖畔の集落と内陸の集落

（1） 湖を駆けた縄文人

湖上交通のステージとして琵琶湖や内湖の果した役割りが大きかったことは，多言を待つまでもない。現在では観光用の中・小型客船やレジャー用ボート，あるいはウインドサーフィンのメッカとして若者の集うところとなっているが，車社会に入る以前は湖上を盛んに往き交う物資運搬船が見られ，重要な経済活動の舞台でもあった。

これまで琵琶湖畔や旧内湖で発見された縄文時代の丸木舟は5遺跡・23隻である。これらはすべて後・晩期のもので，近江八幡市元水茎（A・B）遺跡[5)]で7隻，松原内湖遺跡[6)]で13隻と，まとまって出土している点が注意をひく。この多量に丸木舟を出土した両遺跡は，いずれも旧内湖の縁辺部に当り，元水茎遺跡を調査した水野正好氏は，発見された丸木舟が水際で繋留されていたことを指摘している。

現状で琵琶湖周辺の内湖は，その水深の最も深いところで約3mで平均2m前後である。湖底遺跡の時代別垂直分布から縄文後期～晩期の湖水面高を計ると，およそ標高81.7～83mと推定され

ている。つまり内湖の大部分は陸化しており，ヨシの繁った湿潤な低地の間に幾本もの網状流路が広がる情景が浮かんでくるのである。おそらくこれら多量の丸木舟を出土した両遺跡は，本湖から入ると入江の最奥部に当る，比較的幅広い自然流路の岸辺に位置したものと思われる。

また，松原内湖遺跡からは製作途中の丸木舟が出土している。これは，直径0.7m，長さ5mのヤマザクラ材の片面を，約3分の1の長さ分割り抜いたもので，焼き焦がしながら石斧でハツリ取っていることが観察される。この製作途中の丸木舟の発見は，縄文時代の木工技術を知るうえで注目され，総数13隻の丸木舟を出土した当遺跡の評価をするうえでも重要な遺物といえよう。

さて，これら両遺跡が丸木舟を製作・一括所有した集団のものであることは，疑いえないことである。彼らは淡水湖といえども波高い本湖沿岸を選地せず，波静かな入江の奥地を選んだのである。この入江はまた，湖魚の集まる産卵場であり豊富な魚貝類の捕獲領域でもあっただろう。しかし，一般的に言われるように低湿地を生活舞台とした集団は，実際に湖岸の浜堤や砂洲，内湖の縁辺部にある程度安定した長期間の集落を営んだのだろうか。先述のごとく湖岸の集落は水位変動の影響を受け易く，常に水没の危惧から逃れられなかったであろう。南郷洗堰建設の契機となった明治29年の大水害では，台風にともなう1週間程度の集中豪雨で一気に4m近くも水位が上昇し，湖岸の集落を軒並飲み込んだという。また猛暑の

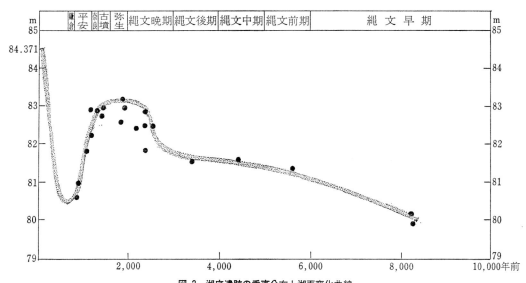

図2　湖底遺跡の垂直分布と湖面変化曲線
（池田碩ほか「滋賀県・近江盆地の地形」『滋賀県自然誌』1991に一部加筆）

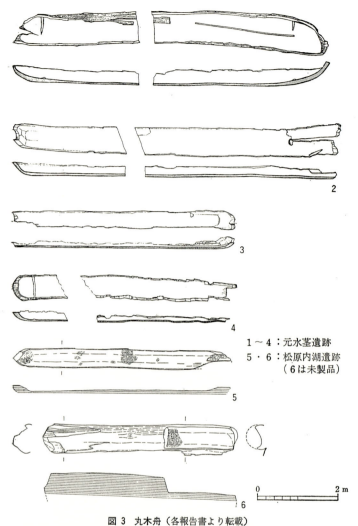

1～4：元水茎遺跡
5・6：松原内湖遺跡
（6は未製品）

図3　丸木舟（各報告書より転載）

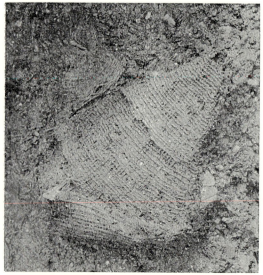

図4　米原町筑摩佃遺跡カゴ出土状況（米原町教育委員会提供）

昨夏は異常渇水で記録的な水位低下をまねき，漁業をはじめ京阪神の住民生活に大打撃を与えたことは記憶に新しい。人工堰があってもこの状態である。いかに湖岸近くが不安定な地勢にあるか理解できよう。そこで，縄文時代では長期存続のⅢ類（立地）集落と湖岸沿いのⅡ類（立地）集落の有機的関連が注目されるのである。

（2）一つのカゴ

Ⅲ類遺跡について語る前に一つ，低地に特徴的な泥炭層がもたらした貴重な遺物について少しふれておこう。

米原町筑摩佃遺跡は天野川左岸のデルタ地帯に所在する。ここでは平成元年の発掘調査で，現水田面下約3m の標高83.8m 地点で縄文中期前半の沼（自然流路）状遺構が検出されており，汀線際の緩斜面で多量の土器とともに，蔓で編み上げたカゴが発見されている（図4）。

カゴの大きさは，復元値で口径約30cm，底部径約50cm，高さ60cmで，底の広い袋状を呈したものである。編代編みで編み上げられており，口縁部は桜樺でらせん巻きにして縁止めされている。

縄文～弥生時代の編み物容器をまとめた渡辺誠氏の論考によると，筑摩佃遺跡のカゴはドングリを多量に詰めた縄文前期の熊本県曽畑貝塚のカゴに次ぐ古いもので，本州では最古の編代編み製品の現物である[7]。

筑摩佃遺跡も従来では想像もしなかった，現水田面下4m 近くの深さに縄文中期の遺物包含層が遺存していたわけで，この場合厚い堆積土と豊富な地下水によって保護されたために，通常では残り難いカゴが検出されたのである。これも西南日本的遺跡立地がもたらした逸品といえよう。

（3）沖積平野の拠点集落

さて，上記した親水性の高いⅠ・Ⅱ類遺跡（集落）では，湖を舞台にした生産活動や交易が盛んであったことがうかがえる。しかし，これら水際の集落が即，中枢的な活動拠点たりえたかというと疑問が残る。先述のように魚貝類の生産領域に近いという利点もあるが，逆に湖水の上下変動に

よる影響をまともに受けるリスクも大きい。また当時の主たる食料資源である植物性食物（堅果類や根菜類）は，Ⅰ・Ⅱ類の湖岸デルタ地帯よりも，地形変化に富んだⅢ・Ⅳ類の沖積平野や山岳地帯を植生分布域とするのである。

そこで，集落を営むのに適した立地として，地質構造の安定したⅢ類集落が挙げられる。Ⅲ類ではまず，広大な沖積地に広がる平地の原生林がある。現在このほとんどは水田化されているが，現農村内に点在する鎮守の森や河辺林には原始相の植生を保ったものが残されていると筆者はみる。これらはアカガシ類を中心とした常緑広葉樹で覆われており，タヌキやキツネなどの棲息地となっている。また，この沖積平野の随所には網状流路をはじめ大小の河川が浸喰し，内湖や後背湿地・本湖と適当な距離で結ばれている。湖から遡上するビワマスやアユなどは，安定供給できる重要なタンパク源となったであろう。

以上のことから，環境条件ではⅢ類集落の優位性をみることができるが，そこで次にⅢ類集落の実例を2遺跡紹介しておこう。

筆者が現在調査する能登川町正楽寺遺跡は，愛知川左岸の自然堤防となる微高地上に展けた後期前葉（北白川上層式1期～2期）の集落遺跡である。約2.2haの調査地から，竪穴住居5棟以上・掘立柱建物数棟・土壙群約100基・自然流路2条が検出されている。この自然流路の集落側肩斜面からはコンテナ500箱以上の土器・石器・動・植物遺体が出土しており，これらに伴って土面・耳栓・結歯竪櫛などが発見されている。土面は実用サイズで，一部にベンガラが塗布されている。耳栓と竪櫛も赤彩されており，これらには水銀朱が使用されている。またこの同層位からは，ベンガラの入れられていた吊り手式の鉢や，赤色顔料をすり潰した磨石，顔料塊も検出されている。

このほか，この河川の肩付近最下層からは丁重に屈葬された人骨が1体検出されている。人骨は横臥屈葬で編布状のもので包まれており，非常に特異な場所と葬られ方だといえる。また，100基以上にのぼる集石土壙群は，先述の流路に平行して集落内を縦断する小河川沿いに設けられており，堅果類の一時保存土壙（貯蔵穴）と考えられるものである。

さらに当遺跡は，同じ自然堤防上に接して中津式～広瀬土壙40段階の今安楽寺遺跡[8]，北白川上

図5　甲良町小川原遺跡配石遺構群（滋賀県教育委員会提供）

層式1期の善教寺遺跡[9]と連続しており，長期にわたる集落を営んでいたことが理解される。また出土土器の中には，関東系のものや西四国，生駒山西麓産の胎土をもつものが多く含まれている。

以上のことから正楽寺遺跡は，当地周辺では産出しない水銀朱やベンガラを精製・保管・使用する集落で，想定される居住領域も3ha以上におよぶ，愛知川沖積地を領域とする拠点的大集落だといえよう。当遺跡と複数の流路で結ばれる大中の湖沿岸には，丸木舟は未発見ではあるが，Ⅱ類に相当する中・後期の大中の湖東遺跡が存在するのである。

次に紹介する甲良町小川原遺跡は，湖東北部の犬上川左岸沖積地の標高112m付近に立地する典型的なⅢ類集落である。平成2～5年の調査で，北白川上層式2～3期の平地式住居跡約50棟，配石遺構30基，土器溜りなどが検出された。配石遺構は西南日本では珍しく，立石をもったストーン・サークル状のもので，ハート型土偶も出土していることから東北日本からの影響が看取される。ほぼ同じ頃に，三重県の天白遺跡でも同時期の配石遺構群が発見されており，両者は注視されるものである。いずれにしろ，当地の拠点集落であることは疑いえないであろう。

さて，ここでⅡ類集落とⅢ類集落の関係について考えてみよう。丸木舟を多量に出土した元水茎・松原内湖の両遺跡とも，旧内湖の縁辺部にある。しかし両遺跡とも地理的条件上，長期的な拠点集落は営み難いところである。仮に集落があったとしても一時的なキャンプサイトだったと考えられ，つまりⅡ類集落は安定地盤に立つⅢ類集落

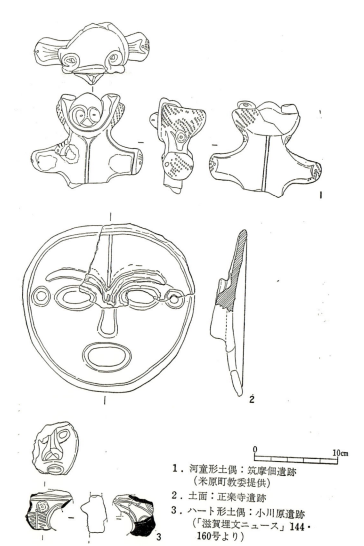

1. 河童形土偶：筑摩佃遺跡
   （米原町教委提供）
2. 土面：正楽寺遺跡
3. ハート形土偶：小川原遺跡
   （「滋賀埋文ニュース」144・160号より）

図6 土偶・土面

の湖に開けた窓口，いわゆる港津であったと想定できるのである。湖畔のⅡ類集落は内陸のⅢ類集落の流通経路上にあり，情報発受信の先端基地だったのではないだろうか。そしてやがて到来する稲作文化を逸早く受容できたのも，日頃の交易などから異文化にフレキシブルに対応できたⅡ類集落だったとするのは，穿ち過ぎだろうか。湖岸や海岸には新しいモノやコトに慣れた人々が住んでいた，と私は考えるのである。

4 低地集落遺跡をみる新視点

近江盆地はそれ一つでさまざまな地勢を有するところで，地理的に完結した環境下にあるといえる。ここでは，湖畔・平野・山岳を結ぶ活動線が有機的に，あるいは相互補完作用の実態として存在していた。この活動線の中核をなすのが沖積地の安定した自然堤防上に占拠するⅢ類集落で，縄文後期の段階ですでに弥生時代以降稲作を営む集団と同じステージに拠点集落を営んでいたのである。このことは海浜に接する地域でも同様で，沖積地で弥生時代遺跡とオーバーラップするところは，さらなる注意を要求されよう。

また，低地遺跡の持つ泥炭層（腐植土層）からは今後も残存良好な動・植物性遺物が，数多く出土することが期待される。とくに正楽寺遺跡にみるように，貝塚を形成しない内陸部のⅢ類集落では，植物性資源を主食とした集落が湖畔のⅡ類集落と結んだ経済軸を保持しつつ，固有の文化を花ひらかせていたのである。保存性の高いこれら低湿地の遺物群は，その精神文化の一面をのぞかせるものであり，今後も縄文時代人たちの生活実態を解き明かす手懸りを提供してくれるはずである。低地遺跡のもつさまざまな情報は縄文時代文化の重層性を再認識させ，既存のステレオタイプな縄文文化論を喝破するに違いない。

謝辞 本稿を草するにあたり日頃より種種ご指導賜っている渡辺誠先生をはじめ，中川正人・中井均・吉田秀則・中村健二諸氏に資料提供，ご教示を得たことを末尾ながらお礼申し上げます。

註

1) 小山修三『縄文時代』中央公論社，1984
2) 西田正規「縄文時代の環境」『岩波講座日本考古学』2，1985
3) 渡辺 誠ほか『桑飼下遺跡』平安博物館，1975
4) 秋田裕毅「湖底遺跡の成因について」『謎の湖底遺跡を探る』滋賀県立近江風土記の丘資料館，1988
5) 水野正好『近江八幡市元水茎町遺跡調査概要』滋賀県教育委員会，1966
6) 『松原内湖遺跡調査報告書』Ⅰ，滋賀県教育委員会，1993
7) 渡辺 誠「編み物の容器」季刊考古学，47，1994
8) 『能登川町埋蔵文化財調査報告書第17集—今安楽寺遺跡—』能登川町教育委員会，1990
9) 『能登川町埋蔵文化財調査報告書第1集—善教寺遺跡—』能登川町教育委員会，1985

貯蔵穴と水さらし場
——長野県栗林遺跡——

長野県教育委員会
岡村 秀雄
（おかむら・ひでお）

乾燥した台地に居住の場，湿潤な低地に貯蔵・作業の場を備えた集落の一例。このセットは，縄文時代の立地空間利用の特徴でもある

1 遺跡の概要

　(財)長野県埋蔵文化財センターが平成3・4年度に調査，5年度に整理報告[1]した栗林遺跡は長野県内で初めてともいえる縄文時代における湿潤な低地利用の情報を豊富に得られた遺跡である。近年，各地で縄文時代の低湿地（低地）遺跡の発掘調査例が増し，縄文時代の低湿地利用のあり方が掘り起こされ，明らかになりつつある。その結果，そこにみられる新知見の遺構や遺物の発見は無論のこと，縄文時代の集落を考えるにあたっても，集落範囲を拡大してその構造をとらえなおす必要に迫られているといってよい[2]。その点で，栗林遺跡の成果は有用な一資料となった。

　中野市大字栗林にある本遺跡は長野盆地の北端に位置し，千曲川の右岸，高丘丘陵の西斜面の河岸段丘上にある（口絵参照）。

　周知のように本遺跡は弥生時代中期の土器，栗林式土器の標式遺跡である。弥生時代の集落は千曲川の自然堤防上にその中心がある。これに対し縄文時代の遺構が発見されたのは北西側を千曲川自然堤防端に，南東側を段丘崖（高位段丘崖）に挟まれた後背低地部にかけての範囲と平坦な高位段丘面上であった。その内容は住居跡5棟・土坑100基（うち貯蔵穴78基）・配石26基・水さらし場状遺構1基などで，遺構の分布は立地条件から次の4区分が可能である。

　A　高位段丘面上
　B　高位段丘から後背低地にかけての段丘斜面上部の緩斜面上
　C　高位段丘から後背低地の間に形成された段丘斜面下部テラス状平坦面上
　D　後背低地谷底部

　遺跡を性格づける貯蔵穴群・配石はこの後背低地部に埋没していた幅約40mを越す低平な谷状地形の谷底部につくられ，水さらし場状遺構は高位段丘崖の裾にある湧水から谷底部に向かって流れる小河川の谷を掘り込んで構築されている。ちなみにこの谷底部を覆う20〜40cmの砂礫層は丘陵および段丘から供給され，おもに堀之内式段階の土器片を多量に包含し，この層を取り去った下が貯蔵穴・配石などの遺構検出面となっている。

　一方，谷底部で発見されたこれら諸遺構に対し，それらを見下ろす高位段丘面上に1軒，緩傾斜の段丘斜面で3軒（敷石住居跡），谷に接した段丘斜面下部のテラス状平坦面上で1軒の住居跡が確認され，とともに土器埋設土坑や遺物包含層を伴う小規模な谷が高位段丘上で調査された。これら住居跡などと谷底部の諸遺構は出土遺物から主に中期末から後期前葉の所産と判断でき，両者がほぼ同時並存していたことが判明している。このような遺構配置から，栗林遺跡は乾燥した段丘上ならびに緩斜面を居住域とし，低地（谷底部）に貯蔵穴や植物質食料加工の場を備えた集落と位置づけられたのである（図1）。

2 貯蔵穴

　土層観察から，貯蔵域・作業域として利用された谷底部は常時湿地や沼であったというより，千曲川の増水・氾濫・自然堤防形成活動や丘陵・段丘からの流出物などによって，侵食・堆積が繰り返された一帯であった。また，貯蔵穴が構築された頃，周辺はごく少量の水が緩やかに流れ，また段丘斜面側からは所々で湧水が谷底部に流れ込み，日頃は多くの細流が各所でみられる様子であったと推測された。貯蔵穴がもっとも密集する一帯は想定される流水を避けた若干微高地上にあり，貯蔵穴の構築に際し，一つには地表が半乾燥状態で地下の含水量が高い地が選択されている。

　貯蔵穴の大半は平面形が径1.5〜2mのほぼ円を呈し，三角・楕円形状の貯蔵穴はわずかである。深さは30cm〜1m以上まであり均一ではない。断面形状は皿状・すり鉢状・筒状などで占められる。形態的には他の遺跡でみられる低湿地貯

蔵穴と大差ないといえるだろう。堅果類は23基の貯蔵穴から得られ，トチ・ドングリ（種別不明）が出土した1基をのぞいて，すべてクルミで占められる。このうち多量のクルミが出土した貯蔵穴は4基を数え，個体として数え得るものでも，各297・190・196・334個にのぼった。

　貯蔵方法については明確にこれだと言えるようなかたちで確認されていない。それでもいくつかの貯蔵穴の断面観察から貯蔵方法の復元に示唆的な内容が得られた。詳細はここでは控えるが，腐植植物片を多く混入する層，樹皮や葉を多く混入する層，板材，貯蔵穴底に置かれたようにしてある礫とさらに貯蔵穴上部にまとまってある礫などが貯蔵方法に関係したであろうことは疑いがない。おそらくは貯蔵穴に木の実を入れ，その上に木の葉や枝をのせ，板や礫によって重しにする，場合によっては底に何らかの理由で礫を置く場合があったと考えられる。また底に置かれた礫の存在から，木の実を籠や編み物に入れ，底に接しないようにするなどの工夫が行なわれていた可能性も浮かぶが，その明確な痕跡はつかんでいない。

　なお，貯蔵穴から出土した礫の一部には明確な使用痕跡（すり面・くぼみ・敲打痕）が認められるものがあり，配石と同様に，貯蔵穴周辺で利用され放置されたか，蓋石や重しとしても利用されたことが推測できる。

3　配　　石

　すべて谷底部で検出され，26基を数える。人頭大の河床礫から砂利状の小礫などで構成される礫のまとまりである。礫の中には磨石類・敲石・石皿・台石などの石器が混在し，その分布は貯蔵穴に近接するものと，離れて群を成すものがある。堅果類は伴わないものの，石器の存在や分布のあり方，同一立地をしめす貯蔵穴のあり方などから，堅果類の加工場を想定した。

4　水さらし場状遺構

　遺構が発見された湧水点は地元で古くから，「下井戸」と呼ばれていた地点である。付近では水田を維持するためにポンプによる汲み上げを逆に行なわなければならない風景が見られた。

　遺構は三つのほぼ方形の木枠が組み合う，もしくは重なった状態で発見された（図2）。ここでは最も明確な形状を残す1号木枠をみてみたい。

　1号木枠は 2m×1.6m のやや長方形に側板を組み，底板が敷かれる箱状を呈している。四隅に直径 30cm 弱の丸木材が打ち込まれ，底板が5枚，東西に隙間なく敷かれ，杭の外側に4枚の側板がはられている。側板は3方に1枚ずつ検出されているが，本来，底板の上や周囲で出土した板などがもう一段上にのって，側板は2段で構築されていたとも考えられる。底板の下には小礫が敷かれたようであり，地中に接する杭の回りでは小礫が杭に張り付いていた。北に接する2号木枠は谷方向に沿うように東側の軸がやや西へ傾き1号木枠と並存していた可能性が強い。3号木枠はその軸方向が1・2号木枠と異なり，これらの付属施設・拡張・前段階の構築などが考えられる。おもな構築材の樹種同定結果によれば，クリ21，トネリコ属3，クヌギ1という結果で，クリが多用されていた。

　1号木枠からみた構築の順は次のようにまとまる（図3）。

① 　谷底を掘り下げる。掘り下げた底面はシルト質・ピート質土にあたるためか，薄く小礫を敷く。
② 　丸木材を打ち込む。3号木枠の丸木材は掘り方とも考えられる断面を示すが，他は掘り方が確認されていない。
③ 　底板を敷く。底板は推定径 40～50cm の樹木を板目に取ったものを使用する。
④ 　側板をおく。側板は底板の上に乗せる。底板と平行する長い方の側板に挟まれるように，短い側板を設置する。側板の支えには丸木を打ち込む場合と，礫を置く場合がある。木組みの際ホゾ・溝などの仕口加工が行なわれた形跡はない。材の一部には炭化痕跡があり，焼くことによって木材を整形しやすくしたのであろうか。

　ところで，遺構の構築地点は先述したように，高位段丘崖の裾にある湧水地点から谷底部に向かって流れる小河川の頭に谷を掘り込んで築かれている。検出段階では木枠内部に人頭大の礫が本体の南側から崩れ込んだようにみつかっている。礫は水の湧きでる高位段丘斜面を構成する基盤礫層の2次堆積で，礫そのものは他所から運んできたわけではない。それでも，湧水による段丘斜面側の崩落を防ぐ行為があった可能性もある。

　掘り方は調査諸条件により西側の3号木枠で確認されたのみであるが，当時の地表面のレベルと

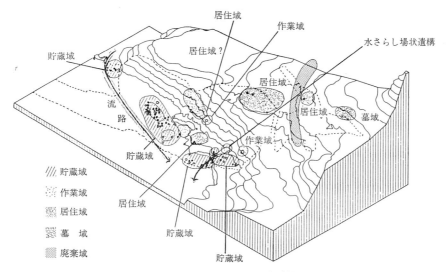

図 1 栗林遺跡遺構配置概念図

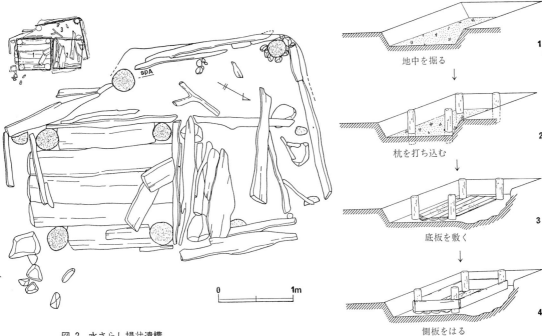

図 2 水さらし場状遺構

図 3 水さらし場状遺構築順

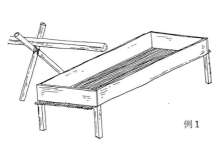

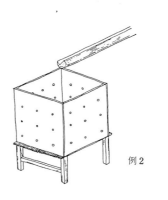

図 4 民俗例

45

1・2号木枠のレベルから，3号木枠と同じように掘り込まれた後，築かれたと考えてよい。こういった状況からみて，これら木枠の機能はまず第一に段丘側からの湧水を遺構内にいったん貯水するための施設と判断できる。流水の真ん中を掘り込み簡単なプールをつくったのである。

また，1号木枠底板中央の板は，他の底板とくらべ2カ所のくぼみが観察された。南側のくぼみは方形で段差をもつように落ち込んでいる。北側のくぼみは楕円形で緩やかなカーブを描いて弧状に落ち込んでいた。これについては遺構の利用に関係した情報として若干後述する。

5　水さらし場状遺構の性格

貯水機能を持つこの遺構は一方で，常時溢れでる湧水のため，遺構内にいったん溜まった水が入れ替わって行く構造でもある。換言すれば貯水するだけでなく，水の流れをも利用する目的で作られた施設といえる。それでは，若干の流れのある小さな池ともいえるこの遺構はどのように利用がなされたのか。水さらし場状遺構からはトチが1点と少量のクルミが材に付着するようにして出土している。谷底（低地）部は貯蔵空間および作業空間であった。この状況からみて，遺構がこれらとまったく関連を持たないとは考えられず，おそらく堅果類の作業場として位置していたのではないか。水を使う堅果類の作業といえば水さらしが重要である[3]。とくにトチについてはトチ固有のアク抜き作業が必須となる。民俗事例によればその加工は工程上いくつかの段階とその違いがあるもののおよそ次のような流れとなる[4]。

　　採集→虫殺し（水に浸す）→乾燥
　　　→皮剥ぎ・潰す・製粉→
　　水さらし・灰あわせ（アク抜き）→灰流し

この場合，水に関係した作業は虫殺しと水さらしの段階である。出土したトチは虫殺しの段階でこぼれたものか，逆に，トチが製粉された段階であったために多くの出土をみなかったとも解釈可能だ。それでは，すでに他の場所で製粉されたものが水にさらされたと考えた場合どうか。

図4例1・2はトチサンジキと呼ばれ，石川県白峰村でトチコザラシという水処理（水さわし）によるトチのアク抜きに際し使用された道具である[5]。例1は畳一枚ほどの大きさで，高さ10cmぐらいの浅い木箱の底に竹簀をおき，足をつけた装置である。例2は66cm四方（2尺）ほどの大きさの木箱で底に簀をつけている。いずれも樋から落ちるウタセ水の下に製粉したトチを置き，アクを抜いた。ウタセ水は水を滝のように落すことによって利用する。「水さわしは，容器の中の静止した水より，流れている船の水，それより流速の早い川の水，さらに滝のように落下するウタセ水が，水溶性物質を溶脱する力が強い。水溶性物質を溶解する時，対象物の素材が小さい程具体的には粒より粉の方が，より溶脱し易い。」という[6]。この民俗事例ではそのための樋を設置しているが，本遺跡では樋状の材は発見されていない。このようなトチサンジキの構造は水を透かして流すようにつくられ，一方，本遺構の構造はいったん貯水することに重きが置かれているといえよう。水溶性物質を溶脱するのに最適な方法と思われるウタセ水工程であるが，本遺構の構造はこれに対応しないと考えられる。

しかしながらウタセ水工程以外にも水さらしの方法はある。福井県大野市下打波の民俗事例がそのひとつである[7]。下打波では豊富な湧水をひいて池（槽）をつくり，その中に袋に入ったトチを入れ，水さらしを行なっている。これを3日間行ない，日に1回は池に出かけてトチの入った袋を揺すり，アクが抜けるように心掛けたという。池を作るという考え方は本遺構の貯水するといった考えと同列であろう。本遺構がトチのアク抜きを考えるのに否定的ではないといえるだろう。

そうであれば，1号木枠底板中央の板の2カ所のくぼみは袋に入った粉トチを安定させておくのに手頃な落ち込みだったという解釈も可能になってくる。

他方，クルミはどう解釈されるであろうか。クルミはアク抜きや水さらしも必要としない。民俗事例では採集した実を土に盛り，1カ月ほどムシロを被せて外皮を腐らせ，これを水洗いして，天日で1週間ほど乾燥させる。火でいったりして殻を叩き割ったという[8]。本例は，おそらく外皮を腐らせた段階後の水洗い時に，取りこぼしたクルミではなかろうか。たとえば，貯蔵穴から取り出し，ここに実を運び洗ったのかもしれない。推測を逞しくすれば皮をつけたままでクルミは貯蔵穴に入れられ，取り出す頃には外皮は腐食し，貯蔵穴周辺で皮を剥ぎ，本遺構で水洗いしたのち，天

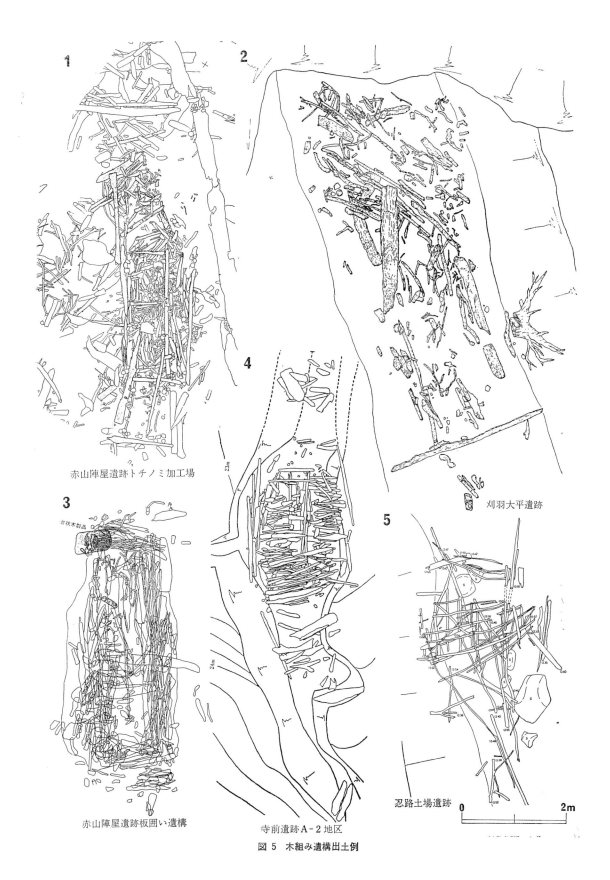

図 5 木組み遺構出土例

日もしくは住居内で乾燥させ，かつ保存したと。
　一方，アク抜きのための水さらしは，堅果類以外にもテナンショウ・ヒガンバナ・ワラビなどの根茎類澱粉採取があげられる。その作業工程も多用であるが基本的な作業工程は次のようだ[9]。

> 採集→根を洗う→すり潰す・叩き伸ばす
> →布に包んで水のなかで澱粉を絞り出す
> →何回も上澄みをかえる

　澱粉採取における水さらしは，容器の中で行なわれ，澱粉を沈殿させることが重要になる。堅果類の水さらしと異なるのは，澱粉を沈殿させるため，水は静止した状態が良い点である。本遺構の場合，貯水するという構造も持っているから，常時流れ込む湧水は遺構内に溜まった水を澄ますことはあったであろう。しかし本遺構が澱粉採取に利用されたと仮定して，沈殿した澱粉を拡散させずに掬い上げるのは難しいであろう。沈殿物を掬い上げた場合，澄んだ水は攪乱され，沈殿物は拡散するからである。遺構の深さも関係する。遺構上端から底までは，安定して手を伸ばせるほど浅くはない。何らかの工夫が必要となる。このような点からみて，本遺構が堅果類の加工作業工程の方に適した構造を持つ構築物と筆者は考えている。

　図5は，近年発見された低湿地の木組みの遺構を集めたものである。1は，埼玉県川口市赤山陣屋遺跡のトチの実加工場跡。3は同じ遺跡の板囲い遺構。4は新潟県出雲崎町寺前遺跡A-2地区の木組み遺構。2は新潟県刈羽村刈羽大平遺跡の堰状遺構。5は北海道小樽市忍路土場遺跡の木組み遺構である。このほか埼玉県桶川市後谷遺跡の木組遺構や最近ではかの栃木県小山市寺野東遺跡でも調査区の中央を走る谷のなかから多数の木組み遺構が発見されている（現地をみさせていただいた）[10]。それぞれの利用のあり方については細かく触れ得ないが，その多くが堅果類などの作業場であることが指摘されている。この栗林遺跡の木組みの遺構も同様の性格を持つものであり，縄文時代における低地利用の普遍的なあり方の一つを示すものとしてまとめられよう。

6 まとめ

　栗林遺跡の貯蔵穴は低湿地貯蔵穴である。このように乾燥した台地でない土地に貯蔵穴がつくられる例は岡山県南方前池遺跡など以前より知られるところであるが，そのほとんどが西日本を中心に発見されており，東日本ではいままで東京都北江古田遺跡の例が挙げられるほどと少ない。その点でも新資料となったが，問題は貯蔵物の主体がクルミであったことにある。一般に低湿地貯蔵穴の性格を取り上げるとき，その湿地性からアク抜き・シブ抜きがいわれてきたが，クルミはそれを必要としない[11,12]。さらに備荒説とした場合，クルミの乾燥によらない生貯蔵が長期間可能であったのか疑問である。いまだ結論は出せないが，貯蔵穴の考え方に一石を投じるものとなった。また，水さらし場状遺構は堅果類の水さらしに適した構造であるとし，トチのアク抜き施設を想定したが，それでは，皮剝ぎ・製粉作業はどこで行なわれたのか，居住域か低地部か。調査では明確にし得なかったが必ずしも低地で行なわれる必要もないだろう。居住域でこれらの作業を行なった後，水にさらしにいった。そのため逆に，トチの検出量がいたって少なかったと積極的に考えてみることも可能である。

　乾燥した台地と湿地性低地がセットになって集落を構成している具体例が提示できた本遺跡であるが，残された課題は多い。このようなあり方が，地域によって，時代によってどう異なり，どのように移り変わるか，その要因は何かなど，その出現とともに大きな課題である。それはこれからの集落研究の一つの方向であろう。

註
1) 長野県埋蔵文化財センター『栗林遺跡・七瀬遺跡』1994
2) 渡辺　誠「低湿地遺跡調査の新展開」考古学ジャーナル，317，1990
3) 渡辺　誠『縄文時代の植物食』1975
4) 橘　礼吉「白山麓の焼畑地域における堅果物の植物利用」石川県立歴史博物館紀要，2，1989
5), 6) 同上
7) 坂本育男「トチと魚―大野市下打波の食と味」『山の味―山村の食制と山の植物誌』1990
8) 今村充夫「白山山麓の薬草と食物植物」同上
9) 橋口尚武「調理」『縄文文化の研究』2，1989
10) 寺野東遺跡の保存を考える会「寺野東遺跡　甦れ，縄文のロマン」ずいそうしゃブックレット，4，1994
11) 潮見　浩「縄文時代の食用植物―堅果類の貯蔵庫群を中心として―」『日本考古学論集』2，1986
12) 今村啓爾「土坑性格論」『論争・学説日本の考古学』2，1988

特集● 縄文時代の新展開

地域文化の再検討

日本列島において縄文土器の起源，縄文文化の北限南限および骨角器の問題はどうとらえられるだろうか。基本問題を解明する

「縄紋土器起源論」のゆくえ／南九州の初期縄文文化／北限の縄文文化／西九州の骨角器文化

「縄紋土器起源論」のゆくえ
——「正統」と「異端」の相剋——

千葉大学助教授 岡本 東三（おかもと・とうぞう）

縄紋土器の起源を探る研究はすなわち縄紋文化の成立を解明することにつながる。今日なお続く土器の起源論を学史的に追ってみよう

1 縄紋土器の起源を求めて

縄紋土器の起源を探る研究が日本先史考古学の命題といわれる由縁は，とりもなおさず，日本列島の基層文化を形成した縄紋文化の成り立ちを解明する出発点になるからにほかならない。縄紋土器の起源のみならず，事物の根源を解明しようとする試みは，それが解決されるまで，いつの時代においても新鮮な話題と語られることが多い。

（1） 方法論としての起源論

縄紋土器の起源に関する科学的究明は，1929年（昭和4）からはじまる山内清男の縄紋文化の枠組みを制定する一連の研究によって着手された。その起源を繊維土器，終末を亀ヶ岡式土器の追究によって明らかにされた日本先史時代の大綱は，着手から3年後の春，『日本遠古之文化』として結実した。提示された日本先史時代観は層位学的・型式学的方法によって導き出された強固な筋金入りの枠組みであったが，人種論的解釈の延長線上にある常識的な先史時代観をもつ多くの研究者に理解されることなく，「異端」な学説として位置づけられるのである。

この戦前の学界における「異端」性は，そのまま戦後も継承され，そして今日に至る。一貫して『日本遠古之文化』の世界観と対峙した相剋の学史が形成されてきたといっても過言ではない。ミネルヴァ論争，撚糸紋土器発見の事情，本の木論争，C14年代論争，草創期区分論，晩期問題しかりである。今日においても，この『日本遠古之文化』の世界観からの脱却が，新しいパラダイムの構築であるかのように叫ばれている。しかし，その世界観からの脱却とは，「異端」の名のもとに捨象することはない。単に餅を焼く網のように山内の編年表を借用するのではなく，その世界観のもつ方法論や提示された型式の吟味，すなわち「先史考古学の秩序」を正当に評価することであろう。21世紀の考古学への展望を切り開くためには，まずは"隗より始めよ"といったら，「異端」の叫びとしか聞えないであろうか。

（2） 起源論の二つの視点

縄紋土器の起源論の出発点は，山内が提示した住吉町式―槻木1式―三戸式―押型紋土器という上限資料のガイドラインの設定にはじまる。「縄紋式の底が見えたとは云ひ切れない」という山内の予言どおり，新たな発見とともに縄紋土器の最古の座は次々と塗り替えられていく。1930年代の

起源論の出発点において，起源に対する相異なる基本的見通しが提示されることになる。それは山内清男の視点と八幡一郎の視点である。この認識の相違が，その後の起源論を大きく規定していくことになるのである。

山内の視点は「万一旧石器時代人がこの列島に居たとしても，其他の新石器時代の特徴とすべき技術は恐らく輸入されたであろう。」というものである。すなわち，先土器時代の存在が明らかになった今日的状況にあっても，土器の起源は大陸の新石器文化との関連で捉えるべきとする立場である。一方，八幡の視点は「縄紋式文化に先行する文化が日本列島に発見せられざるかぎり，その起源は当然列島の外に求めねばならない。」とするものである。これは，先土器時代の存在によって内在的な発展の中から土器が出現する可能性を保留した発言とも受け取れる。八幡自身も山内の視点を意識してか，「その起源を大陸に求むる態度」（山内の姿勢）と「大陸からの影響を求むる態度」（八幡の姿勢）があり，相互は似ているが，一応区別すべきものとその立場の違いを鮮明にしている。のちに戸沢充則が「微妙な表現の違いだけではすまされない問題を含んでいる」と指摘したように，八幡の石器研究に基づく縄紋時代初期の中石器的様相の視点は，岩宿遺跡発見以降の先土器時代・縄紋起源論のパイオニアとして活躍する芹沢長介の研究姿勢に継承されていく。縄紋土器自生説，先土器時代＝旧石器時代説は，いずれも八幡の視点の延長線上にあることを認識しなければならない。

起源論をめぐる2つの視点は，今日でも，土器が出現した背景を列島内の社会的要因に求め，土器をもつ社会がその後どのように変化をもたらすのかに重点をおく内因論と，土器の出現の由来や系譜を大陸の先史文化との比較から究明しようとする外因論の2者となって表われている。この2つの立場は背反するものではないが，いずれにしても「最古の縄紋土器を決定しなければならない」とする山内の予見は，今もなお私たちの前に重くのしかかっている。今日に至っても最古の土器が何か，解明できていないばかりか，その変遷をめぐっても混迷は深まるばかりである。まずは，研究史における最古の座を占めた土器群の変遷をとおして，今日の問題点を整理することからはじめたい。

2 撚糸紋土器—最古をめぐる情勢

起源論の出発点を築いた山内清男・八幡一郎をその創始者とし，撚糸紋土器を最古の土器として起源論を展開した白崎高保・芹沢長介・江坂輝彌・鎌木義昌・吉田格・岡本勇などの研究者を起源論の第1世代として位置づけることにしよう。

（1）撚糸紋土器の発見

山内が提示した住吉町式—槻木1式—三戸式—押型紋土器の上限ガイドラインの設定から2年後の1937年（昭和12），順天堂中学の学生であった白崎高保によって，稲荷台遺跡で撚糸紋土器が発見される。この見慣れぬ土器の正体を知るため，白崎は山内を訪ねる。そのときの様子を白崎は，「非常に興味をもたれ，慎重に調査するやうにとの御注意があつた。」と語っている。一方，江坂は発見当時を回顧して，多くの研究者は加曾利E式胴部の撚糸紋とみていたこと，白崎の所見に「山内氏も著者同様まったく耳を貸さなかった」と証言する。果して本当であろうか。実は，山内は稲荷台遺跡発見の前年，子母口貝塚の貝層下からこの種の撚糸紋土器を発掘していたのである。当然，子母口式との関係において関心をはらっていたに違いないのである。だから持ち込まれた稲荷台遺跡の資料をまえに，白崎に語った先の発言につながるのである。この山内の忠告に従った白崎は，幾多の踏査を重ねて，当時最古の土器の一つであった山形押型紋をついに発見する。さあ，発掘である。1939年，山内の指導のもとに白崎をはじめ，戦後の第1世代となる江坂・芹沢・吉田らが参加した発掘が実施されたのである。その結果，山形押型紋土器との共伴，ローム層中に食い込んで検出されることから，最古の縄紋土器の座を獲得するのである。以降，戦後の第1世代となる研究者達は，埼玉県大原遺跡，東京都新井遺跡，井草遺跡などの調査を通して，撚糸紋土器の様相を明らかにしていく。

しかし，これらの成果を集約し，若手の研究者達を主導していくのは不思議なことに山内ではなく，日本古代文化学会を主宰した後藤守一である。その機関誌『古代文化』に撚糸紋土器の編年観や回転押捺と沈線紋の2系統起源論が展開されるのである。江坂によってプロパガンダされた南北2系統論は，縄紋文化を1系統とする山内の『日本遠古之文化』の上限の世界観と激しく対立

するものであった。同様に，下限の世界観と対立したのが「ミネルヴァ論争」である。撚糸紋土器をめぐる戦前の動向は『日本遠古之文化』の世界観に対する反動形成の一環として展開するのである。すなわち，「異端」に対する「正統」な世界観を再構成する戦略であった。しかし，敗戦によって「異端」のもつ科学性のまえに，「正統」性を保証する歴史観は脆くも崩れ去るのである。しかし，敗戦を境にして「異端」と「正統」の立場が入れ替わるかといえば，決してそうではない。戦後，天皇制がのこったと同様，この関係は戦前のまま，「正統」は「正統」として，「異端」は「異端」として維持されるのである。戦後50年を迎えようとする今日，「考古学にとって戦後とは何か」を改めて根底から問い直されねばならない問題であろう。

（2）戦後の撚糸紋土器研究

混乱した撚糸紋土器研究は戦後いち早く芹沢によって修正され，『日本遠古之文化』の世界観の回帰への舵がとられることになる。これは第1世代の旗手が江坂から芹沢へと交替したことを意味していた。芹沢は神奈川県平坂(ひらさか)貝塚，夏島貝塚，大丸(だいまる)遺跡の発掘を通して，層位的序列に基づく撚糸紋土器の編年を確立し，最古の縄紋土器に井草式・大丸式を位置づけるのである。しかし，この時期の最も大きな出来事は，1950年の岩宿遺跡の発見であろう。撚糸紋土器を求めて遺跡を踏査していた相沢忠洋は，縄紋文化の起源を超越して未知の石器時代と遭遇したのである。この大発見によって，列島の最古の文化が縄紋文化の起源であるという図式が崩壊し，先土器時代から縄紋時代への移行期における土器の起源論へと転換していくのである。すなわち先土器時代の下限と縄紋時代の上限との両側面からの究明を可能にしたのである。

こうした状況の中で，芹沢は先土器時代の変遷観と縄紋文化の発生に関する予察をおこない，その移行期の石器として細石器文化を想定するが，なおその間にはヒアタスがあった。芹沢の想定は，「予察」草稿の出来上がる1953年12月の暮れも押し詰まった26日，自らの手で矢出川遺跡の細石器文化を発見し，現実のものにする。しかし，この発見をめぐって佐藤達夫との確執があったことを知る人は少ない。戦後から1950年代前半の芹沢を中心とした方向性は，撚糸紋土器の編年において

は『日本遠古之文化』の世界観の回帰，岩宿遺跡や細石器文化の発見については八幡の中石器的様相の視点を基調として展開する。しかし，1960年代に起こる本ノ木論争や丹生論争をめぐる山内と芹沢の対立をみると，戦後の『日本遠古之文化』の世界観の回帰は，戦後の「仮の憲法」であり，擬制的回帰であったといえよう。

3　隆起線紋土器をめぐる情勢

撚糸紋土器から隆起線紋土器に最古の座をゆずるのは1960年，長崎県福井洞穴の層位的発掘によって確定する。以降，隆起線紋土器を最古とする起源論はおもに第2世代の研究者によって展開されていく。小林達雄・林謙作・鈴木公雄・佐々木洋二・渡辺誠などの世代の研究者である。第2世代の学的環境の中で育った私たちの世代，戸田哲也・白石浩之・鈴木道之助・鈴木保彦もこの世代の末席に位置しよう。

（1）本の木論争の意味

1960年，隆起線紋土器が最古の座として認知されるに至るまで，二つの大きな出来事がある。その一つが1956・57年，新潟県本の木遺跡の発掘であり，もう一つが1958年，長野県神子柴(みこしば)遺跡の発掘である。本の木遺跡に土器が共伴するか否かを発端とした山内と芹沢の対立「本の木論争」は起源論を越えた，『日本遠古之文化』の世界観の対立となって展開するのである。この意味において戦後の「ミネルヴァ論争」といってもよい。

芹沢は「予察」のごとく，本の木の石槍をポイントの段階に捉えていたから，理論的・現実的にも土器は共伴することはなかったのである。一方，山内はどうであったのか。芹沢が持ち帰った本の木式土器をみて，山内は縄紋土器の始原的姿を看取する。それはなぜか。当時最古の土器と位置づけられた撚糸紋土器は「この状態で大陸から伝来した形跡」は認められず，「さらに年代的に遡(さかのぼ)って追究されねばならない。」と考えていたからである。1955年，山形県日向(ひなた)洞穴の資料を観察した山内は，縄紋を回転せず縄紋を附着した土器に，その始原性を見い出していた。また，発掘の前年に津南方面の予察の際，卯の木遺跡で押型紋土器とともに採集された撚糸圧痕紋土器にも着目し，秘かに撚糸紋土器より古い可能性を直観していたのである。1957年の再調査で石槍と共伴の事実を確認する。この見通しは1958年の日向洞

穴調査，同年に行なわれた新潟県小瀬が沢洞穴の調査で，多量の石槍とともに「押圧縄紋」土器の出土したことによって，より現実のものとなっていく。この時点で，小瀬が沢下層・曾根・西鹿田・日向・本の木・椛ノ湖・北海道の東釧路式・浦幌式の各地の押圧縄紋の一群を「縄紋文化の始まる頃」の土器として位置づける。それは1960年，室谷洞穴の調査によって井草式の下層から，この種の「押圧縄紋」一群の土器が出土し，撚糸紋土器より古いことが確定する。しかし，第1世代の研究者は室谷洞穴の「田舎の撚糸紋土器」を，真正な井草式として評価することはなかった。この時期，すでに隆起線紋土器も発見されていたのであるが，撚糸紋土器が加曾利E式と誤認されたように，山内も芹沢も槻木1式とみていたという。この隆起線紋土器が，同じ1960年福井洞穴における細石器との共伴により最古の座に躍りでるのである。

（2）最古の隆起線紋土器

1960年代は起源論にとって大きな分岐点を迎える。芹沢は縄紋文化の母胎を細石器文化に求め，縄紋土器の起源の年代観をC14年代に準拠してB.C.10000年に，列島の無土器文化が旧石器時代であることを宣言して世界史の仲間入りを果たす。一方，山内は矢出川遺跡発見以降，疎遠となっていた佐藤達夫とともに，縄紋時代の起源を大陸の文物に求め，神子柴・長者久保文化を媒介として，その年代観をB.C.2500年とする。また，磨製石斧をもつ先土器時代を無土器新石器時代と位置づける。こうして分岐点を迎えた列車は悲しい汽笛を鳴らし，左右に分かれていく。

日向洞穴・小瀬が沢洞穴・室谷洞穴・福井洞穴・橋立洞穴の発掘成果による縄紋土器の起源に関する新資料の重要な提示は，多くの研究者の関心を呼び1962年から3年間，日本考古学協会に洞穴遺跡調査特別委員会を結成して，全国の洞穴遺跡の調査を展開することになる。これらの成果を総合して，小林達雄は最古の土器群の変遷観を明らかにする。隆起線紋土器→爪形紋土器→押圧縄紋土器→回転縄紋土器→撚糸紋土器という編年を提示し，さらに隆起線紋土器を隆起線紋→細隆起線紋→微隆起線紋の3段階に細分する。この小林編年は第1世代・第2世代の研究者の賛同を得て，1960年代の編年観の骨子となって定着する。山内も大谷寺洞穴の層位例をあげつつ，この変遷

観を容認し「縄紋最古と定まった」と宣言する。しかし，最古の土器群の大別として，山内が設定した「草創期」は，第1世代の研究者には受け入れられず，最古の土器が最古の縄紋土器とは必ずしも一致しないとする鎌木の見解，芹沢の「晩期旧石器時代」，杉原の「原土器時代」の設定となってあらわれる。第2世代の小林は，第1世代の考えを考慮しつつ，創始者の「草創期」から撚糸紋土器を切り離し，その呼称だけを採用する。「異端」性が取り除かれた小林の「草創期」は第1世代にも容認できる提案として，起源論の「正統」性を第2世代が引き継ぐことになる。今日においても，わざわざ山内の，小林の「草創期」と断わりを入れなければならない状況は，戦前からの「正統」と「異端」の構造が引き継がれているからに他ならない。

4 窩紋土器・豆粒紋土器をめぐる情勢

山内に「縄紋最古が定まった」といわせしめた1960年代の草創期の編年観に，驚くべき異論を唱えたのが佐藤達夫である。佐藤編年は第1・2世代の研究からは，名実ともに「異端」として無視されることになる。一方，1970年から10年間，麻生優によって実施された長崎県泉福寺洞穴の発掘は，福井洞穴以降の起源論に新知見をあたえた。すなわち豆粒紋土器の登場である。しかし，その評価をめぐっては，発見当時から第1世代によって，今日でも第3世代の研究者によって批判されることになる。

（1）窩紋土器最古説

1960年代の編年観を一般論として容認していた佐藤は，1969年東京国立博物館で開催された「日本の考古展」および，それに併せて発表された山内の「縄紋草創期の諸問題」を機に，本格的に草創期の土器群の型式学的検討を始める。その背景は山内が永年追い求めてなかば挫折しつつあった土器から，その系統観をさらに補強し『日本遠古之文化』の世界観を再構成する目的であったと考えられる。

佐藤編年の出発点は本の木式土器の分析にあろう。本の木式を構成する「縄の側面圧痕紋ある土器」・「縄の側面圧痕紋と爪形紋とを併用する土器」・「ハの字形爪形紋土器」・「無紋土器・沈線紋土器」の型式学的・形態学的特徴から，隆起線紋土器の伝統を直接，受け継ぐ型式として位置づけ

る。とくに帯状をなす口縁部形態が微隆起線土器の口縁部の変化から辿れることを検証し、直行口縁をもつ爪形紋土器がその間に介在する余地がないとの型式学的見通しをたてる。一方、本の木式以降は、施紋原体としての縄の定着や帯状口縁の特徴から室谷下層土器をあてる。弾き出された爪形紋土器は、型式学的に隆起線紋土器の前に位置づけられることになる。さらに型式学的な検討を加え、他のどの遺跡からも発見されていない特別な土器として、小瀬が沢洞穴最下層から出土した窩紋土器・刺突紋土器・篦紋土器を抽出し、縄紋最古に位置づけたのである。こうして小瀬が沢式（窩紋・刺突紋・篦紋）土器→爪形紋土器→隆起線紋土器→本の木式土器→室谷下層式の佐藤編年の骨子が確立する。そして小瀬が沢土器の系統を海を隔てた沿海州南部・咸鏡北道方面の諸遺跡と対比し、その流入経路が直接、日本海ルートからもたらされたことを指摘した。その後も系統観については無視され続けるが、日本海ルートは、大陸文化の第三の流入経路として注目を集める。

　佐藤編年を論じる時、いつも問題になるのは福井洞穴についての佐藤の評価である。福井2層と3層の層序が混在とする根拠は、石器の型式学に負っているのである。芹沢とは別な観点で、古くから東アジアの細石器文化を追究してきた佐藤は、福井の細石核が東アジアの細石核の型式学的変遷からみて土器が伴う型式とは異なると考えたからである。すなわち「石器は石器から」福井の層位を否定した後、混在した隆起線紋と爪形紋の関係を、今度は「土器は土器から」隆起線紋→爪形紋としたのである。決して層位が逆転していると判断したのでもなく、層位を認めたのではなく、混在とみたのである。この福井の爪形紋の相位は、先に隆起線紋以前に位置づけた小瀬が沢・曾根・石小屋の爪形紋とは異なり、「微隆起線紋及びそれ以降、本ノ木式に及ぶ時期」の爪形紋として位置づける。この二つの爪形紋の相位が、佐藤編年の理解を複雑にしている点である。しかし、福井・泉福寺の層位例を基準に、その後の各地の爪形紋や「ハの字形爪形紋」を見渡してみても、その相位はおそらく一つであろう。

（2）豆粒紋土器の登場

　泉福寺洞穴の調査を始めて4年目を迎えた1973年の夏、発掘者達は、隆起線紋土器の層下から豆つぶを貼り付けたまだ見慣れぬ一群の土器を検出した。豆隆紋土器と名付けられる。「最古の」というレッテルはジャーナリズムは常套句であるが、福井洞穴の発掘から13年を経た快挙として、隆起線紋土器に替わる最古の豆粒紋土器は、センセイショナルに紹介されていくのである。

　豆粒紋土器の最古性については、発見の当初から第1世代の芹沢や江坂によって、豆粒紋土器の型式として独自性と層位的検証に疑問が投げかけられている。第2世代の小林・鈴木（道）・鈴木（保）も隆起線紋の一型式という立場をとる。発掘者の麻生は豆粒紋をあくまでも別型式と考え、その後の調査の層位的検証に全力を尽くすことになる。しかし、時として隆起線紋とともに、またある時は豆粒紋が単独に、隆起線紋土器の下位から出土する傾向はあっても、隆起線紋と豆粒紋を完全に分離できる「事実」は得られなかったのである。この事実は、発掘の「速報」や『本報告』を素直に読めばお判りのことと思う。元来、同一面を何度となく利用する貝塚や洞穴の多重層の遺跡は、層位的事例のお手本のように言われるが、完全なる層位的検証は皆無に近い。多くは遺物の検討から層位的傾向を読み取っているのである。豆粒紋を別型式と認定する発掘者が、経験的に泉福寺10層を本来の豆粒紋の文化層と想定しても何ら不思議なことではない。10層における隆起線紋と豆粒紋の関係を、調査者は混在と見、同一型式とする論者は共伴と見ただけのことである。

　白石浩之は層位的見解に加え、文様が縦位で豆粒紋のみで構成されること、共伴する細石核に差異のあることをあげ、型式としての独自性を補強した。また、隆起線紋にはみられない特殊な器形もその特徴の一つに加えるべきであろう。こうした特徴には型式学的に留意する点もあるが、著者は豆粒紋別型式説はとらない。豆粒紋を含めた古式の隆起線紋を「泉福寺10層式」と認識する点、その最古性を保証する細石器との共伴事実も「続細石器」の提示により、その限りではないことを以前から述べている。大事なことは別型式か同一型式かという水掛論ではなく、どちらの視点が今後の起源論に展望がもてるかという点で評価すべきであろう。10年にわたる泉福寺洞穴の最も重要な成果は、福井洞穴の層位例を証明し、泉福寺10層式→7～9層式・福井3層式（隆起線紋）→6層式・福井2層式（爪形紋）→5層式（押引紋）→4層式（条痕紋）→3層式（押型紋）とする九州にお

ける草創期に骨子を確立したことである。

最後に，大塚の泉福寺批判にふれておこう。九州最古説を否定するため展開された執拗な批判は常軌を逸脱した行為であり，研究戦略以前の作法の問題を含んでいる。泉福寺の豆粒紋の層位に，あれだけ手厳しい批判を繰り返すのに対し，小瀬が沢の窩紋の層位には余りにも寛大である。この落差は何か。大塚は「瞥見」後，麻生の許可のもとに泉福寺の資料を実見し，「速報」・『本報告』を徹底的に文献批判する。以降，発掘者の言動の矛盾と擬慢性を逐一批判する遣口は，一種の暴露本を読まされているように感じるのは私だけではあるまい。個々の批判は大塚のノートに留めて，その筋道だけ記せばよいのである。諺にも「三分の理」というではないか。すべてを開陳するのも個人の自由であるが，「猛々しい」のである。それでも飽き足らず代弁者たる白石に鉾先を向けるのであるが，向かうは発掘者たる麻生自身にであろう。しかし，そのようなことはどうでもよい。こうした記録類に拘泥することなく，大塚が真に立ち向かったのは遺物そのものとの対峙であった。遺物は常に正直であるからこそ，泉福寺資料の分析を通して，第１・第２世代が提示した隆起線紋同一型式説を乗り越え，第３世代の起源論を展望し得たではないか。

5　「第三の土器」を求めて

1980年代以降の起源論の動向は，不思議なことに無視され続けたはずの佐藤編年の型式学的視点を軸に展開し今日に至っている。現在，実質的に起源論を担っている大塚達朗・土肥孝・鈴木正博・谷口康浩・栗島義明などに，佐藤編年の当否は別としても影響を与えている。これらの研究者を第３世代と呼ぼう。第３世代の使命は，1970年代に提起された隆起線紋土器以前の「第三の土器」の探索である。神子柴・長者久保文化や細石器文化に伴うとされる土器など，その事例は増えつつある。これらの土器をどう位置づけるか，第３世代の真価が問われよう。

（1）　爪形紋土器の行方

1960年代に設定された草創期編年は，佐藤編年を契機として第３世代の研究者によって，変更が加えられることになる。土肥孝は爪形紋は隆起線紋より新しいとは断言できるとはいえないとしながらも，隆起線紋土器の全国的波及後の変遷を近畿を境に西日本では隆起線紋→爪形紋土器，東日本では隆起線紋→押圧縄紋とする２系統論を展開し，東日本の押圧縄紋の時期に西から爪形紋が伝播するという想定をたて，爪形紋・押圧縄紋併行説を提示した。大塚は1970年代までに明らかになった新資料を含めて隆起線紋を瞥見し，新しい分類システムの導入による細分を試みる。そして第１期の隆起線紋や小瀬が沢や曾根の爪形紋にもハの字形爪形紋が伴うことを指摘した。このことは佐藤が爪形紋を分析した座標軸の１つ，すなわちハの字形爪形紋は「微隆起線紋及びそれ以降，本の木式に及ぶ時期」とする視点の変更を意味していた。大塚はハの字形爪形紋が隆起線紋の施紋技法に由来するという観点から，爪形紋を隆起線紋以降に位置づけていく。これより大塚は第３世代の旗手として，1980年代以降の起源論の功罪を一手に背負うことになる。栗島は隆起線紋と爪形紋の関係を検討し，第Ⅳ期の隆起線紋（石小屋・橋立）の施紋技法と施紋具の変化から爪形紋への転化へという図式を組み立て，爪形紋と押圧縄紋の対峙を関東に求めた。いずれにしても，爪形紋と押圧縄紋が併行するという第３世代の新思潮は，1984年の埼玉県宮林遺跡の爪形紋と押圧・回転縄紋の共伴例によって，一気に高揚する。この発掘を契機として，1986年に第３世代を中心とした「爪形紋土器と多縄紋土器をめぐる諸問題」と題するシンポジウムが開催される。隆起線紋土器以降の泉福寺６層・福井２層―宮林４号住―大新町・日向のガイドラインが決定されるのである。しかし，こうした爪形紋の位置づけも，佐藤が提示した２つの相位のうち新しい方の位置づけに収斂したに留まり，その型式学的観点が克服されたわけではない。また，爪形紋の型式としての独自性を認める第２世代の白石・鈴木はこの考えに承伏しない。著者もその一人である。

（2）　偽窩紋土器の正体

1980年代から今日にいたる起源論の動向は，第３世代の旗手として踊り出た大塚一人の研究過程を振り返れば，一目瞭然である。彼がどのような研究戦略に基づいて，その「独自性」を構築していったのであろうか。大方，次のように整理できよう。

1. 佐藤編年の整備→空白であった関東編年の整備。　　　1982―「隆起線紋土器瞥見」―
2. 佐藤の「西高東低」論の否定→豆粒紋批判

と隆起線紋北上説の否定
　　　　　1989—「豆粒紋土器序説」—
3. 佐藤の窩紋土器とⅦ大別の提唱→「窩紋土器」の復活と遡源期の提唱
1991・92—「窩紋土器研究序説」(前篇・後篇)

　以上，大塚の研究過程は佐藤が提示した草創期の「課題」に沿って，その戦略がたてられているのである。にもかかわらず，不思議なことに大塚の佐藤への評価はあくまでも客体的である。「つまんでひねる」・「土器扱い」などの技法論，優秀な資料情報能力と広報力，執拗ともいうべき論敵への批判，第3世代の旗手としての自負といった武装によって「方法論としての佐藤」の方針を隠蔽しつつ，その「独自性」を主張する。佐藤の窩紋土器とは異なる偽窩紋土器を持ち出し，多摩ニュータウン No.796（格子目紋）→相模野第149（窩紋〈古〉）→寺尾・武者ヶ谷・白岩尾掛・小瀬が沢（窩紋〈新〉）→小瀬が沢（窩紋〈新々〉）という編年を提示する。危ない綱渡りである。だからこそ，「層位」にも「石器」にも「人」にも保険をかけつつ，「土器は土器から」と主張するのである。「学問の世界における卑小な奇形現象」を起源論に持ち込んだのは大塚自身ではないか。大塚の研究戦略への批判は，新たに起源論に参入してきた「一介の郷土史家」と嘯ぶく鈴木正博に委せ，しばらく静観することにしよう。机のまん中に佐藤の「課題」を，右に大塚，左に鈴木の仕事をおき，それぞれの辟易するほどの毒性に耐えて読み較べながら，「モグラ叩き」のように混迷した起源論のゆくえを見定めようではないか。

　1960年代，第1世代から第2世代への「正統」の継承が「草創期」の改変によってなされたように，「窩紋土器」の改竄をめぐってその継承が第2世代から第3世代へとなされようとしている。大塚の研究戦略の最も重要な点は，「異端」が異端として差し留められる第3の装置が隠されていることである。

【付記】 世代論に基づき，「正統」起源論の継承過程を振り返ってみた。草創期の変遷については，雄山閣出版の『考古学による日本史』第3巻「土器の出現と縄紋土器の地域性」で述べる予定である。

文献
1章
山内清男「関東北に於ける繊維土器」史前学雑誌，1—2，1929
山内清男「日本遠古の文化」ドルメン，1—1〜2—2，1932
山内清男「古式縄紋土器研究最近の情勢」ドルメン，4—1，1935
八幡一郎「日本石器時代文化」『日本民族』1935
八幡一郎「日本先史文化と大陸との関係」上代文化，14，1936
八幡一郎「日本における中石器文化的様相」考古学雑誌，27—6，1937
2章
白崎高保「東京稲荷台先史遺跡」古代文化，12—8，1941
江坂輝彌「稲荷台式文化発見まで」民族文化，2—11，1941
江坂輝彌「回転押捺紋土器の研究」人類学雑誌，59—3，1944
芹沢長介「南関東に於ける早期縄紋式文化研究の展開」あんとろぽす，2—4，1947
芹沢長介「関東及び中部地方における無土器文化の終末と縄文文化の発生とに関する予察」駿台史学，4，1954
3章
芹沢長介「旧石器時代の諸問題」『講座日本歴史』1，1961
山内清男「縄紋式土器文化のはじまる頃」上代文化，30，1960
山内清男・佐藤達夫「縄紋土器の古さ」科学読売，14—12，1962
山内清男「縄紋草創期の諸問題」ミュージアム，224，1969
日本考古学協会編『日本の洞穴遺跡』1967
小林達雄「無土器文化から縄文文化の確立まで」『創立80周年若木祭展示目録』1962
4章
佐藤達夫「縄文式土器研究の課題—特に草創期前半の編年について」日本歴史，277，1971
麻生　優編『泉福寺洞穴の発掘記録』1985
5章
埼玉考古学会編「縄文草創期—爪形文土器と多縄文土器をめぐる諸問題」資料集・記録集，埼玉考古，24，1986
大塚達朗「隆起線文土器瞥見」東京大学文学部考古学研究室研究紀要，1，1982
大塚達朗「豆粒紋土器研究序説」東京大学文学部考古学研究室研究紀要，7，1989
大塚達朗「窩紋土器研究序説（前篇・後篇）」東京大学文学部考古学研究室研究紀要，10，1990
鈴木正博「古文様帯論」『古代探叢』Ⅲ，1991
鈴木正博「『寺尾式土器』の再吟味（前篇）」古代，92，1991

南九州の初期縄文文化

鹿児島県立埋蔵文化財センター
新東晃一
(しんとう・こういち)

南九州では最近草創期から早期の遺跡の発見が相次いでいる。とくに草創期の豊富な遺物や独創的で多彩な早期土器は注目される

1 南九州の草創期文化の展開

南九州の草創期文化は，桜島を起源とする薩摩火山灰（約11,000 B.P.y）の発見によって確立したといっても過言ではない。薩摩火山灰層の発見当時は，旧石器文化と縄文文化を区分する鍵層として扱われた。その後，薩摩火山灰層下の調査例が増加すると，細石器の他に縄文的様相を示す遺物を出土する遺跡が発見されるようになり，旧石器文化に続いて縄文草創期文化が存在することが判明してきた。

南九州の草創期遺跡は現在30余遺跡を数え，九州島全体でも良好な遺跡が密集する地域となっている。そして，この南九州の草創期には，多種で多彩な遺構・遺物が発見されている。日本列島の草創期文化にも見劣りはなく，原田昌幸は「縄文文化における定住の画期は，まず逸早く九州地方南部に訪れた」と，高く評価している[1]。

南九州の草創期土器は，薩摩火山灰層直下の包含層（通称チョコ層）から，細石器＋土器＋縄文系石器，土器＋縄文系石器の組み合わせで出土している。

大塚達朗はこれらを検討し，隆起線文土器成立以前の土器から隆起線文土器，爪形文土器への移行を想定し，草創期の編年作業を試みている[2]。その後，雨宮瑞生は，草創期を古段階と新段階の二時期に大別している[3]。しかし，新段階の年代幅は長く，雨宮の新段階を中・新に二分し，中段階を隆帯文土器の隆盛期，新段階を隆帯文化のなかに円筒形平底土器などが醸成される段階とすることができる。

中段階は，雨宮のいうように「太めの隆帯文の使用が始まり，細石器が消失し，希少だった土器量は安定し，石鏃素材に黒曜石が多用されるようになる。こういった変化は編年の指標にとどまらず，定住性の高まりを示す。」の段階といえよう。新段階は，掃除山遺跡でみられるように，隆帯文土器の形態に平底が加わった段階から宮崎市堂地西遺跡の段階である。鹿児島一帯は薩摩火山灰層によって欠落がみられるが，宮崎南部などで展開する時期にあたる。その後，草創期末の土器は，薩摩火山灰堆積地帯の植生回復後に回帰し，南九

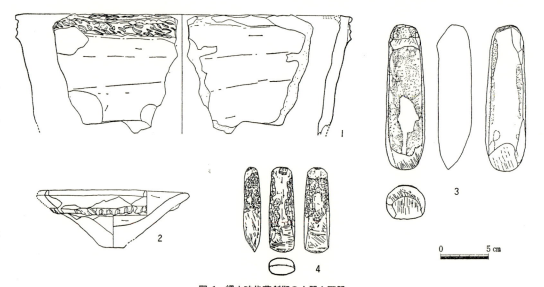

図1 縄文時代草創期の土器と石器
1・2 掃除山遺跡（鹿児島市教委1992），3・4 椿ノ原遺跡（加世田市教委1994）

州の早期文化へ継続したことが考えられる。

南九州の住居址の出現は，旧石器時代終末期の細石器に伴う出水市上場遺跡に始まる。その後発見の鹿屋市榎崎B遺跡の柱穴状遺構などとともに，細石器期には何らかの住居施設が造られていたことを窺い知ることができる。

掃除山遺跡の隆帯文土器をともなう2基の竪穴は，ほぼ草創期の竪穴住居とされるもので，大量の遺物とともに集石，炉穴，配石炉が発見され，集落形成の最低条件を満たしている。1号住居は，長径約4.6mの楕円形に近く，住居内には17本の柱穴が確認されている。なお，1号集石や2号配石炉が重複しており，比較的長期間の遺跡の存続が推定される。2号住居址は，長径約5.5cmの楕円形で，床面に4本の柱穴と炉址を備えている。また，雨宮は，掃除山遺跡はやせ尾根状の南向きの傾斜面に形成されていることや豊富な遺構・遺物が発見されることから，この期からの定住化を唱えている[4]。

また，南九州の草創期には，7～8個の板石で舟形，長方形，円形に囲む配石遺構がみられる。配石遺構は，これまで東黒土田遺跡（1980年調査），掃除山遺跡（1990年調査），鷹爪野遺跡（1992年調査），栫ノ原遺跡（1993年調査）で発見されている[5]。そのうち東黒土田遺跡は，2m以上とみられる長大な配石遺構である。掃除山遺跡は7基，鷹爪野遺跡は1基，栫ノ原遺跡は6基があい次い

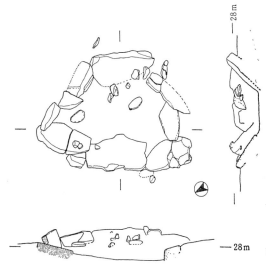

図2 縄文時代草創期の配石遺構
栫ノ原遺跡（加世田市教委1994）

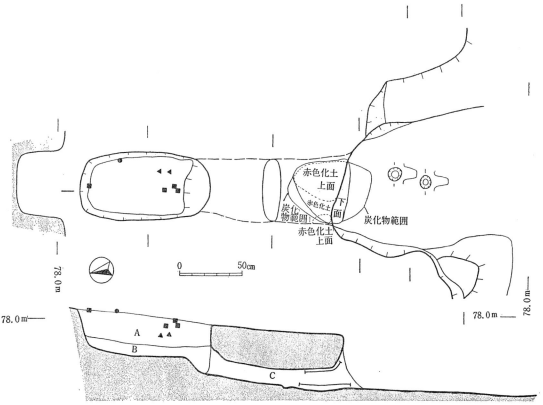

図3 縄文時代草創期の炉穴 掃除山遺跡（鹿児島市教委 1993）

57

で発見されている。鷹爪野遺跡と掃除山遺跡例はいずれも長さ 100 cm 前後×幅 60 cm 前後の大きさで，栫ノ原遺跡例は長さ 75 cm 前後×55 cm 前後とやや小振りである。掃除山遺跡や栫ノ原遺跡では，石の赤色化や内部に焼土や炭化物が存在し，炉址とされている。なお，掃除山遺跡や栫ノ原遺跡では，配石（炉）遺構の他に集石遺構も検出され，草創期には両者が存在している。その後，配石（炉）遺構は，薩摩火山灰層直上の早期段階では発見されていない。

以前，早期前半の加栗山(かくりやま)遺跡で，26基の炉穴が発見され注目された[6]。当時，二つの穴が連なるところから「連穴土坑」と呼ばれたり，土坑を繋ぐ煙道部が細長いところから「煙道付き炉穴」とも呼ばれたが，最近，南九州の草創期にも炉穴が存在することが明らかになった[7]。南九州の草創期の炉穴は，掃除山遺跡で1基，栫ノ原遺跡で8基が検出されている。炉穴の規模は，掃除山遺跡例は全長が約325 cm の大形で，煙道部も 100 cm と長いのが特徴である。栫ノ原遺跡は，1号炉穴が全長約 322 cm で掃除山遺跡に類似するが，煙道部は29 cm と短い。栫ノ原遺跡の炉穴は，2号炉穴から5号炉穴の全長は 170 cm〜250 cm の長さで，6号炉穴から8号炉穴は 93 cm〜130 cm を測り，2つのタイプがある。このことから炉穴には，最も長大な 300 cm 以上のものを含めて，3つのタイプに分かれる。南九州の早期の炉穴については，すでに瀬戸口望によって燻製施設説が唱えられている[8]。そして，雨宮も，両遺跡の草創期の炉穴について，煙道の長さや煙り出し部の方向から季節性を検討し，保存食作りのための燻製施設の可能性を導き出している[9]。

2 南九州の早期文化の展開

南九州の早期は，貝殻文系円筒土器や角筒土器など地域色の濃い土器文化が発達し，その形態は日本列島の縄文文化のなかでも異質な文化とみられていた。しかし，最近の国分市上野原遺跡の土偶や土製耳飾（耳栓），さらには早期後半の壺形土器の出土などから，日本列島の縄文早期文化の中でも独創性の高い先進的な文化を培っていたことが想定されるようになった[10]。

南九州の早期文化は，鹿児島県本土では薩摩火山灰層とアカホヤ火山灰層に挟まれた時期にあたる。そして，薩摩火山灰層の直後に，貝殻文系円筒土器や角筒土器が突如として出現していたが，掃除山遺跡や宮崎県南部の調査成果などから，南九州の早期文化は草創期文化から継続していることが明らかになった[11]。

早期前葉は，土管状や蘭鉢状の円筒土器や角筒土器の前平(まえびら)式土器から吉田式土器は貝殻文様を多用した土器が発達している。

中葉には，円筒形からバケツ状の器形へ変化し，口縁部も外反したり内湾した器形へ移行する。ちょうどこの頃，北部九州は押型文土器文化の最盛期で，南九州の貝殻文系円筒土器文化とは対峙している。また，石坂式土器や桑ノ丸式土器は押型文土器と共伴する遺跡も多く，さらに桑ノ丸式土器の器形に押型文様が採用されるなど，この期には南九州へ押型文土器文化が進出したことも明らかである。

そして，押型文土器は，中葉末には手向山(てむかいやま)式土器へと変容していく。この手向山式土器は，平底で胴部が張って屈曲し，頸部で締まって口縁部は外反した独創的な器形である。文様は，それまでの押型文だけの文様から，ミミズバレ文や沈線文などを組み合わせている。また，南九州を中心に同心円文などの特殊な押型文もみられるが，これまでの押型文土器にはみられない文様で，手向山式土器の段階に，南九州で造り出された押型文様である[12]。

後葉の貝殻文系円筒土器は，口縁部がだんだん外反し，次第に円筒形の胴部にラッパ状に大きく開く口縁部をもつ塞ノ神(さいのかん)式土器となる。一方，手向山式土器は，凹線文と刺突文が主体になった平栫(ひらがこい)式土器へと移行する。この平栫式土器も，平底の円筒形の胴部にラッパ状の口縁部が付く器形で，塞ノ神式土器と類似している。このように，早期後葉の南九州は，貝殻文系統の塞ノ神式土器系統と手向山式土器から派生した平栫式土器系統の二つの系統に分かれる[13]。

国分市上野原遺跡で，土坑に2個並んで埋納された壺形土器が出土し，大きな話題となった。これまでは，大正10年以前に発見された宮崎県野尻町漆野原出土の平栫式土器の壺形土器があり，完形の出土はこれに続くものである。また，壺形土器は，熊本県瀬田裏遺跡の押型文期の田村式土器の注口土器もある。緒方勉は，壺に穿孔するものを1類とし，深鉢に穿孔するものを2類として注口土器について論じている[14]。しかし，穿孔され

た壺形土器は，この瀬田裏遺跡以外にはなく，このタイプは特殊な形態と考えている。そのため筆者は，壺形土器の系譜は，次期の手向山式期以降を考えている。

南九州の壺形土器は，大別して中葉後半の手向山式土器から，後葉の榕ノ原式土器の段階まで存在し，さらに，長頸の壺（A）と無頸の壺（B）に分かれる[15]。このように，南九州では，後半の手向山式期以降の数型式に存在することが判明したが，深鉢形土器と壺形土器のセット関係は南九州の縄文社会には新たな要素が加わったことになる。

このような南九州の特異性は，縄文文化にかかわりの深い自然環境（植生）の変遷に大きく関与すると考えられる。南九州では，縄文草創期の東黒土田遺跡の貯蔵穴から落葉広葉樹の大量の堅果類が発見され，早期前半になると栗野町花ノ木遺跡の貯蔵穴のように照葉樹林の木の実のイチイガシが出土している。南九州は，このような自然環境の変化のなかから独自の文化を飛躍的に発展させることになる。さらに，縄文早期の南九州は，植物質加工石器の出土比率は高く，照葉樹林帯の環境下で植物質食料への依存度が高かったことを示唆している[16]。そして，これらの環境下から，必然的に壺

図4 縄文時代早期の注口土器 瀬田裏遺跡（緒方1991）

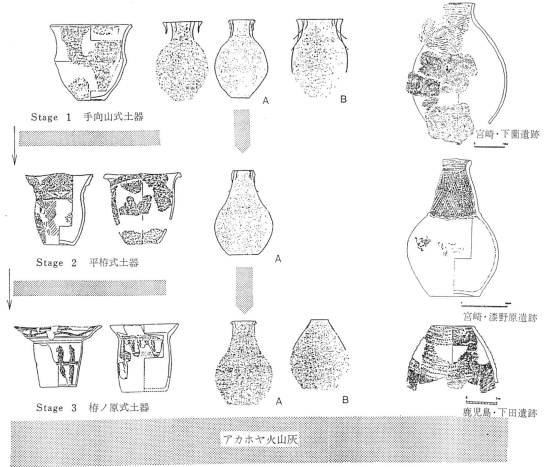

図5 縄文時代早期の壺形土器の系譜

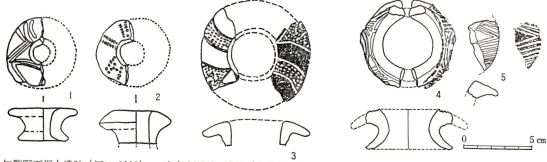

知覧町石坂上遺跡（河口 1988）　志布志町下田遺跡（志布志町教委 1992）　人吉市白鳥平A遺跡（熊本県教委 1993）
図6　縄文時代早期の土製耳飾（耳栓）

形土器が形成されたものと考えている。もちろん壺形土器は，木の実の貯蔵のほか栽培植物の種子類の保存・貯蔵が考えられる。一方，福井県鳥浜貝塚のように，西日本では照葉樹林の定着にともなって縄文前期の文化が飛躍的に発展したとされるが，これにも対応する[17]。

上野原遺跡では，早期後半に該当する土偶と土製耳飾（耳栓）が出土した。土偶は，九州ではこれまで熊本県大矢遺跡出土の縄文中期が最古で，いっきに早期まで遡ることになった。

南九州の土製耳飾は，これまで早期後葉の知覧町石坂上遺跡など4遺跡8点の出土例が知られていたが[18]，上野原遺跡を加えて5遺跡となった。日本列島での土製耳飾（耳栓）は，中期頃に出現し，晩期に多出するが，すでに南九州では縄文早期に出現し，耳飾を着装する風習が存在した事実は画期的な事件といえる。

南九州の早期の竪穴住居は，17基が検出された鹿児島市加栗山遺跡に代表される。加栗山遺跡は，住居群が台地東側縁辺部に集中し，炉穴・土坑群や広場的空間を取り囲むように馬蹄形に配置し，貝殻文系円筒土器の吉田式土器を伴う早期前半の集落の全容が把握されている。前迫亮一は，南九州の縄文時代の竪穴住居址の分析をおこない，床面積から加栗山遺跡の竪穴住居群を3つのグループに分け，中グループの8m²を標準サイズとし，小形化の傾向を指摘している。しかしまた，現在調査中の松元町前原遺跡で複数みられる4m²程度の小竪穴の外周に柱穴をめぐらすタイプから，柱穴を含めた住空間を想定し，大形の住居が存在することも指摘している[19]。また，南九州の早期貝殻文系の竪穴住居は，北部九州の押型文系の住居の平面プランが円形に対し，隅丸方形を呈しているのが特徴としてあげられる。

なお，南九州では，先の草創期の栫ノ原遺跡や早期の上野原遺跡のように，比較的広範囲に調査がおこなわれ，多数の炉穴や集石遺構と多量の遺物が発見されたにもかかわらず，竪穴住居が検出されない遺跡もある。これらは，遺構・遺物から長期間の定住が想定される遺跡で，竪穴住居に代わる住居形態が存在した可能性が考えられる。

南九州の炉穴（連穴土坑）は，1975年調査の加栗山遺跡の発見が初出である。これまで，炉穴の研究は関東地方を中心に進められた。炉穴の定義によれば，「基本的な形態は，炉部（燃焼部）と足場からなる」としてA型～F型の6種類をあげ，最も代表的な形態としてB型の「竪穴を明確に掘り，一個の炉穴に一ヶ所の炉部を有する炉穴である。円形・楕円形を呈するものがあり，最もノーマルな形態である。」としている。そして，南九州に頻繁にみられる連穴タイプはE型に該当し，「炉部にトンネル状の穴を設けたもので，古代の住居に付属するカマドに似た炉穴である。煙道部とも或は地上に突き抜けた穴の部分に尖底土器を置いた据え付け孔ともいわれている。」と規定している[20]。ところが，南九州の炉穴は，ブリッジ部を薩摩火山灰層や小林軽石層などの硬い層に構築しており，最終使用の炉穴のブリッジ部はほとんどが残存している。そのため，ブリッジ部分が残存するか痕跡を残すものを連穴土坑と呼んでいる。

九州でも，大分県野田山遺跡や長崎県鷹野遺跡，熊本県瀬田裏遺跡など炉穴の報告は多いが，南九州を除いてブリッジ部分が残存するものはない。しかし，これらは，ブリッジ部が使用途中に欠落したとすることは十分可能なことである。

なお最近，三重県鴻ノ木遺跡などの東海地方からブリッジ部の残存した炉穴が発見されている[21]。鴻ノ木遺跡例は南九州の炉穴に酷似し，廃棄された住居内を足場とし，炉部を住居外に設けるタイプで，押型文土器の古い段階の大鼻式土器の時期とされている。

関東地方の炉穴は，大方の研究では，早期後半の時期とされている。そして，三重県の鴻ノ木遺跡の炉穴は早期前半で，南九州や九州の炉穴は草創期から早期前半にあたる。これらの炉穴が同系統であれば，南九州から日本列島を北上し，関東地方へ伝播した文化（遺構）として注目される。

3 もう一つの縄文文化

南九州の草創期土器や石鏃の出現の実態は，薩摩火山灰層で把握することができるとともに，日本列島の同時期の文化と対比することも可能となった。さらに，鬼界アカホヤ火山灰層によって，南九州の早期文化も把握され，この時期の特殊性を知ることができる。つまり，日本列島全体に草創期の隆起線文土器が流布する頃，南九州では隆帯文土器の中に円筒形土器文化が萌芽し，温暖化現象に伴って逸早く定住化傾向を促進している。南九州の早期は，終末期まで貝殻文系円筒土器が展開しているが，その間，押型文土器は日本列島を南下し，貝殻文系円筒土器と対峙するが，早期中葉には南九州へも伝播している。しかし，南九州の在地系土器は，その分布圏を南九州から九州島へ，さらには中・四国地方へと拡大している。そして，この期には，壺形土器の器種を生み出し，土偶や土製耳飾を創り出している。それは，日本列島の縄文文化がその終り頃（後期から晩期）に創り出した縄文文化の完成を，南九州では早期の終末期には成し得たことにもなる。折しも，南九州の早期文化が早熟し，中・四国地方へ勢力を拡大しつつあるころ，鬼界カルデラの大爆発が起ったことになる。一方，鬼界カルデラの噴出物のアカホヤ火山灰層の上では，最終末の平栫式土器や塞ノ神式土器などの在地系土器の影響はみられず，轟式土器や曽畑式土器と呼ばれる新しい土器文化に代わっている。

すなわち，アカホヤ火山灰層下位の南九州の早期文化は，この鬼界カルデラの大爆発で壊滅したと考えられる。このように，この鬼界カルデラが演出したアカホヤ火山灰層前後の文化の相違は，日本列島の縄文文化に，「もう一つの縄文文化」が存在したことを知らしめている[22]。

註
1) 原田昌幸「遊動と定住」季刊考古学，44，1993
2) 大塚達朗「草創期の土器」『縄文土器大観』1，1989
3) 雨宮瑞生「南九州縄文草創期資料の新旧関係」古文化談叢，28，1992
4) 雨宮瑞生「南九州縄文時代草創期文化と定住化現象」考古学ジャーナル，378，1994
5) 河口貞徳「縄文草創期の貯蔵穴―鹿児島県東黒土田遺跡―」季刊考古学，1，1982
6) 鹿児島県教育委員会「加栗山遺跡」『鹿児島県埋蔵文化財発掘調査報告書』(16)，1981
7) 鹿児島市教育委員会「掃除山遺跡」『鹿児島市埋蔵文化財発掘調査報告書』(12)，1992
　加世田市教育委員会「栫ノ原遺跡」『加世田市埋蔵文化財発掘調査概報』1994
8) 瀬戸口望「連穴土壙のもつ機能的性格について」鹿児島考古，21，1987
9) 雨宮瑞生註4)に同じ
10) 中村耕治「鹿児島県上野原遺跡」考古学研究，41-2，1994
11) 町田洋・新井房夫「南九州鬼界カルデラから噴出した広域テフラ」第四紀研究，17，1978
12) 新東晃一「同心円文押型文土器」南九州縄文通信，1，1987
13) 新東晃一「塞ノ神式土器再考」『日本民族・文化の生成』1988
14) 緒方勉「熊本県大津町瀬田裏遺跡出土の縄文早期の注口土器」考古学雑誌，77-1，1991
15) 新東晃一「縄文早期の壺形土器」南九州縄文通信，4，1991
16) 米倉秀紀「縄文時代早期の生業と集団行動」熊本大学文学部論叢，13，1984
17) 安田喜憲『環境考古学事始』1980
18) 新東晃一「縄文時代の二つの耳飾り―耳栓と玦状耳飾り―」南九州縄文通信，7，1993
19) 前迫亮一「南九州縄文時代早期の集落相」考古学ジャーナル，378，1994
20) 十菱駿武・鈴木克彦「炉穴の研究」考古風土記，9，1984
21) 三重県教育委員会「鴻ノ木遺跡」『一般国道42号松阪・多気バイパス埋蔵文化財発掘調査概報』Ⅰ，1991
22) 新東晃一ほか「特集・もう一つの縄文文化」考古学ジャーナル，378，1994

北限の縄文文化
──千島列島における様相──

野村　崇（北海道開拓記念館）（のむら・たかし）
杉浦重信（富良野市郷土館）（すぎうら・しげのぶ）

　縄文土器の北限は今のところ南千島で，北海道東部とほぼ軌を一にした文化の展開が認められる。なおこれ以北には続縄文土器が分布する

1　千島の地勢と現状

　北海道の東北部からカムチャッカ半島南端に向かって緩やかに弧を描き，太平洋とオホーツク海をわかつ飛び石状の島々が千島列島（クリル諸島）である。その全長は延々約1,090kmにも及び，大小23の島嶼からなっている。北端の占守島を除く，他の島々はいずれも火山活動によって形成された火山島で，火山地帯特有の湖沼の多い地勢をなしている。したがって，平野に乏しく，河川のほとんどは深い渓谷を急流している。海岸線には奇岩が屹立する断崖が連なり，良港に乏しい。
　一方，歯舞諸島は根室半島からつながる大陸棚の一部で，千島列島とは地質構造が異なっている。高山はなく，平坦な台地状の島々が点在している。
　千島列島に沿って千島海流（親潮）が南下するために，島々はその影響下にあり寒冷であるが，南西部では夏期に日本海流（黒潮）が近くまで流れ込むために比較的温和な気候となる。択捉島と得撫島の間の択捉水道が動植物境界線（宮部ライン）になっており，択捉島以南は北海道東部と同じ植生であるが，得撫島以北は亜寒帯に属している（図1）。
　各島々は晴天であれば，島影が眺望できる距離にあるものの，海峡を流れる潮流は激しく，かつ暗礁が多い。さらに，夏期には濃霧が来襲して視界をたびたび妨げる。短い夏を過ぎると荒海になり，冬期間には南部のオホーツク海岸部は流氷で閉ざされる。
　千島列島は現在ロシア連邦共和国のサハリン州に属している。日本側が「北方四島」と呼称しているのは「国後島（露名クナシル）」・「択捉島（露名イトゥルプ）」・「色丹島（露名シコタン）」・「歯舞群島（露名小クリル諸島，ただし色丹島を含む）」で，国後島・色丹島・歯舞群島はユジノ・クリリスク地区，択捉島から新知島まではクリリスク地区，こ

れより北の島々はセヴィロ・クリリスク地区に属している。
　千島は地理的には，北海道と一衣帯水の地であるにもかかわらず，戦後は米ソ冷戦の下で最も厳しい国境管理下に置かれることになり，鉄のカーテンに閉ざされたままであった。地理的には最も近いが，現実的には最も遠い国が千島であったといっても過言ではない。近年の東西冷戦構造の消滅によって，日ロ両国の最大の争点であった北方領土問題も「対立の時代」から「対話の時代」へと国際情勢の流れの中で大きく転換の兆しが見られるようになった。北方四島への査証（ビザ）なし交流や地域住民の相互交流も行なわれるようになった。また，北海道と極東地域との学術的な交流が活発化する中で，千島に関する考古学的な情報も少なからず得られるようになった。
　ここでは，近年のロシア側の成果を踏まえて，南千島の縄文文化を各時期ごとに概観して，周辺地域との関連でいくつかの研究課題を提起したいと思う。

2　千島の遺跡分布と調査の歩み

　千島の縄文文化を論及する前に，遺跡の分布について触れなければならない。戦前・戦後を通して南千島・北千島で数多くの遺跡が調査されている。しかし，調査された遺跡は道路が整備されている海岸部の集落周辺に集中しており，海岸段丘上・内陸部の河川中・上流域・湖沼周辺には及んでいない。地域別にみると，南千島は色丹島・国後島南部・択捉島中央部はある程度調査が行なわれているが，歯舞諸島・国後北部・択捉島南北端は調査例が少ない。中千島は戦前は農水省の管理下にあり，民間人の立ち入りが禁止されたために日本側の調査が行なわれなかった。近年のロシア側の調査でも得撫島・知里保以島・新知島などで調査がなされているにすぎない。北千島では，戦前の鳥居龍蔵・馬場脩・林金吾などが幌筵島（パラムシル）北

部・占守島北半部を調査している。

　また，遺跡の時期は続縄文・オホーツク文化期の遺跡が圧倒的に多く，縄文期の遺跡は稀少である。これは調査が海岸部に偏在していることに起因すると思われる。戦前，色丹島を調査した杉山寿栄男は，海岸部には続縄文・オホーツク文化期，山寄りの地域では縄文期の遺跡が多いと報告しており，このような遺跡分布の状況は他の島でも共通すると指摘している[1]。

　千島の調査・研究の歩みについては，すでに菊池俊彦が概要をまとめており[2]，戦前の研究について筆者も論及したことがある[3]。したがって，ここでは近年の主な調査状況について紹介するにとどめたいと思う。

　戦後の千島研究はソ連側に委ねられることになるが，戦後はしばらくの間空白状態に置かれていた。戦後初めて千島を調査したのは，ソ連科学アカデミー物質文化史研究所極東調査隊のチェバローヴァ女史で，1956年にアライト島から色丹島まで全島を踏査した[4]。

　1960年代に入ると，ユジノサハリンスク教育大学のV. A. ゴールベフによって南千島・中千島（得撫島・新知島）の調査が継続的に行なわれた[5]。さらに，1970年代に入ると，サハリン州郷土博物館のV. O. シュービンが北千島の幌筵島・占守島を調査した。1983年には，ソ連科学アカデミー民族学研究所のYu. E. ベレースキンらが択捉島のタンコーヴァエ湖畔で配石を伴う続縄文期の墳墓を調査している[6]。

　1983年には，サハリン州郷土誌博物館のM.M.プロコーフィエフが南千島の択捉島のプラストール湾（別飛湾）・クリルスキー湾（紗那湾）・クィブィシェフスキー湾（留別湾），後に色丹島の遺跡も調査している[7]。

　1985年には，ソ連科学アカデミー民族学研究所レニングラード支部のA. B. スペヴァコフスキーらが色丹島のデリフィン湾（ノトロ湾）で続縄文・オホーツク文化の遺跡を発掘している[8]。1987年にはシュービンが中千島の北知里保以島・新知島の続縄文期の遺跡を調査している[9]。

　最近では，ユジノサハリンスク教育大学の学生O. A. チャンツェフとA. V. フェティコフが択捉島中央部の遺跡[10]，国後島の郷土研究者ブィジャーノフが同島の遺跡[11]，セヴィロ・クリリスクの中学校教諭のA. P. マルシュクと同郷土研究者A. V. ソヴェンコが幌筵島・占守島の遺跡を踏査している[12]。シュービンによる中千島のクリル・ロシアの集落の発掘も継続して行なわれており，得撫島アリュートカ湾（小舟湾）の調査には日本の研究者も参加している[13]。

　このように，千島全域にわたって調査が実施されているが，そのほとんどは図・写真の少ない概報であり，中には日本側の編年と著しく異なるものや問題意識の相違，さらには調査方法に問題がある例もあり，これらの成果をそのまま容認できない。また，調査されている遺跡は続縄文・オホーツク文化期が圧倒的に多く，縄文文化の遺跡は戦後のロシア側の調査でも非常に少ない。したがって，現段階では千島の縄文文化の全体像を描出できる資料が出揃っていないのが実情である。

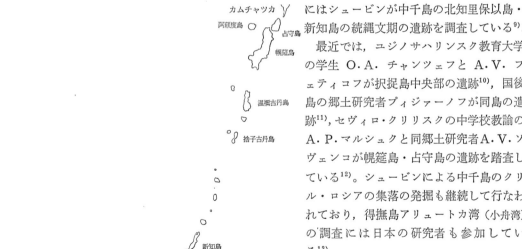

図1　千島列島（クリル諸島）

63

3 縄文文化の北限と東限

　日本の縄文文化が北方諸地域にどのように伝播・拡散しているかについては，戦前から大きな関心が払われていた問題であった[14]。戦前においては，伊東信雄が南樺太出土の資料を集成している[15]。その中で伊東が確実な縄文土器としたのは「遠淵式」と仮称した土器群で，後に伊東は北海道の続縄文期前葉の宇津内式に比定している[16]。戦後のロシア側の調査でも，北海道の縄文土器に比定できる明確な発掘資料は今のところ検出されていない。

　南樺太では，ススヤ・オホーツク文化期の遺跡が圧倒的に多いことが知られている。これは調査が海岸部の集落周辺の平坦地や低位段丘に集中しており，未開発な海岸段丘や内陸部の河川中・上流域での調査が少ないことに起因するとの指摘もなされている。

　事実，真岡（ホルムスク）・大泊（コルサコフ）出土とされている円筒式・入江式・船泊上層式などの不確実な戦前の資料もあり，利尻・礼文島における縄文文化の濃密な遺跡分布を考慮すると，その可能性は否定できないように思われる[17]。また，北構保男は木村信六が収集した資料の中に本斗出土の確実な縄文土器を確認しており[18]，平川善祥・山田悟郎両氏によると，サハリン州郷土博物館が所蔵している木村信六コレクションの中に，樺太本斗郡出土の船泊上層式の土器片を確認したとのことである。

　また，近年の日ロ共同調査では，サハリン西海岸のポリェーチェ4遺跡から条痕文土器が出土しており，石刃鏃文化に伴出することが確認された[19]。北海道の縄文早期の石刃鏃文化期の土器群との関連が注目される。一方，サハリンで最も古い土器とされている宗仁式についても，北海道北東部の縄文早期前半に位置づけられている平底土器群との関連が指摘されている[20]。

　津軽海峡は，縄文時代の各時期を通して文化伝播の障害とはならず，逆に促進したと思えるほどであるが，宗谷海峡ではどうであろうか。北海道に近いサハリン南西部の調査が進んでいないことも考えられるが，サハリンで出土した縄文土器はあまりにも僅少である。津軽海峡を挟んで北海道南部と東北北部が広範な文化圏を形成したようなあり方は現状で見る限り，宗谷海峡には認められないようである。おそらく縄文時代の各時期を通して北海道北部とサハリン南部が同一の文化圏に包含されることはなく，文化的な断絶があったと思われる。

　サハリンの調査が進展しておらず，しかも断片的な資料しか得られていない段階で，縄文文化の北限は論及できないが，少なくとも南樺太の西海岸・アニワ湾沿岸に波及していると見て大過ないであろう[21]。

　一方，東限にあたる千島列島では，戦前の段階で南千島に縄文土器が分布することが知られていた。さらに，中千島・北千島にも波及することが，石川貞治・北構保男・林金吾などによって論及されている。石川は，中千島の捨子古丹島で縄文が施されている土器を発見しているが，これが縄文土器であるのか続縄文土器であるのかは不明のままである[22]。北構が報告した新知島ブロートン湾出土の土器は続縄文期初頭の土器である[23]。

　また，林金吾が北千島の占守島の国端岬で，「捺痕の浅い微縄文のある薄手の土器の一片」を採集している[24]。筆者もサハリン州郷土博物館で同様の特長を有する占守島出土の土器片を実見しているが，おそらく中千島で確認されている続縄文系の土器群の一種と思われる。

　したがって，千島列島における縄文土器の北限はいまのところ択捉島までである。しかし，続縄文土器が北千島まで波及していることを考慮すると，択捉島以北にも分布圏を拡げる可能性もある。

4 千島列島の先史文化の概要

　千島の旧石器の遺跡は，北千島の占守島のコーズィレフスク（片岡）・ボリショエ湖岸（別飛沼）で発見されている[25]。その石器はチョッピング・トゥールやチョッパーと報告されており，同様の礫器がカムチャツカ半島南端のロパトカⅣ遺跡からも検出されている[26]。しかし，これらが日本の前期旧石器に対応する石器とする説には疑問が多いようである[27]。

　南千島では択捉島のオーリャⅠ遺跡で初めて確実な資料が出土している（図2-1～3）。1は立川ポイントと称されている有舌尖頭器で基部を欠いている。2・3はそれに伴うと思われる掻器である[28]。このほかにも戦前の表採資料であるが，国後島古釜布出土の有舌尖頭器がある[29]。したがっ

て，旧石器末期には北海道の有舌尖頭器文化が択捉島まで伝播していたことは確実である。以下，縄文各期を概観したいと思う。

(1) 縄文早期・前期

南千島で発見されている縄文土器の中で最も古いと思われる土器は，図3—1に示した択捉島キトーヴァエ遺跡出土の早期の浦幌式である。表採資料であるために伴出関係は不明であるが，柳葉形尖頭器もあり石刃鏃は発見されていないが，石刃鏃文化が択捉島にも及んでいると考えて差し支えないであろう[30]。

次の前期の資料としては，図3—2の択捉島紗那出土の押型文土器があげられる[31]。紗那の海岸寄りの砂丘上の竪穴群付近で採集されたもので，横位の羽状の押型文が付けられた繊維を含む土器である。根室市温根沼遺跡・斜里町朱円遺跡で出土している縄文前期の尖底押型文土器群と同系統の土器であり，少なくとも一時的には択捉島から網走・根室の海岸部にかけて，同一文化圏に包括されたと見てよいと思われる[32]。

(2) 縄文中期

このステージとしては，図3—6に示した択捉島紗那出土の北筒式土器があげられる[33]。この土器はやや細長い筒形の器形で，平縁に近い口縁部には肥厚帯がめぐり，その直下に円形刺突文を等間隔につけている。肥厚帯の上には，縦に短い沈線を連続施文している。地文は羽状縄文で，底部にそって縦に平行する沈線が付けられている。これと同タイプの細長い筒状の土器は，羅臼町チトライ川北岸遺跡[34]・根室市別当賀一番沢川遺跡[35]でも確認されており，根室地方のトコロ6類からトコロ5類への移行期の特徴的な土器群である。

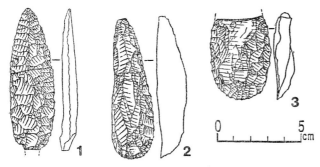

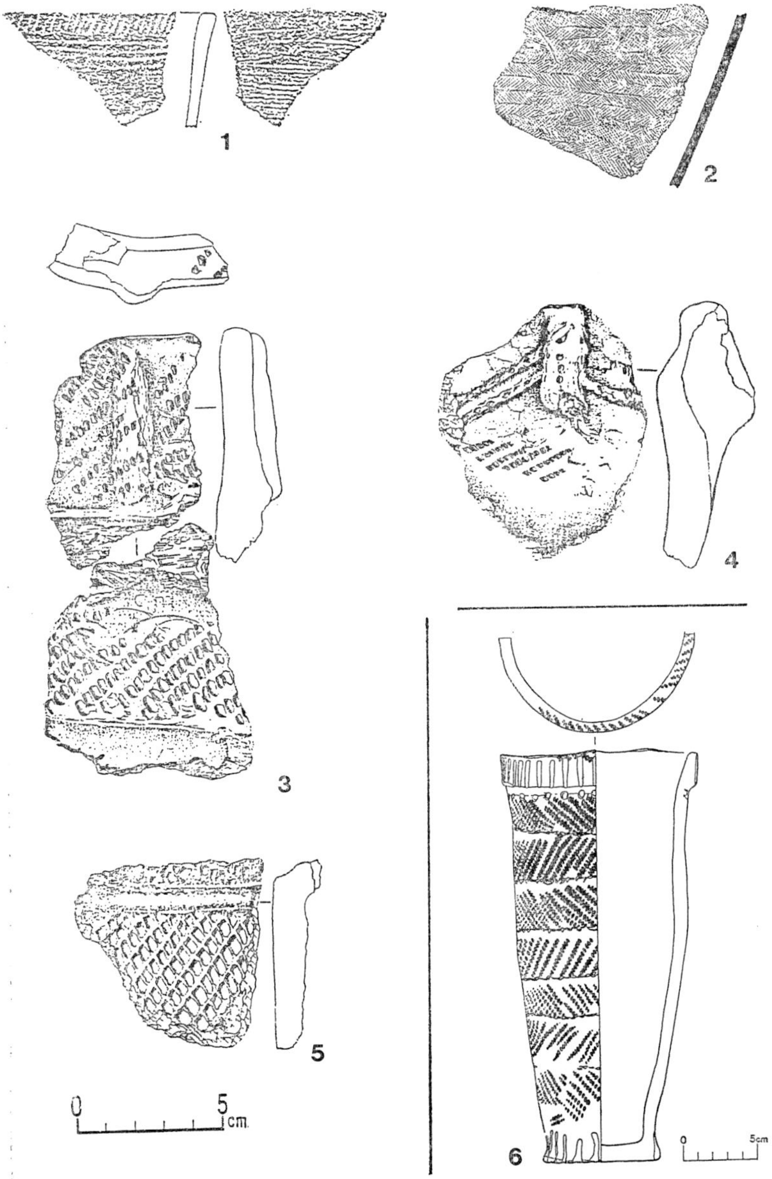

図2 択捉島オーリャⅠ遺跡出土の旧石器

図3 千島出土の縄文土器
1 択捉島キトーヴァエ遺跡，2・6 同紗那，3・4 同レイドォーヴァⅢ遺跡，5 同レイドォーヴァⅣ遺跡（1は縮尺不明）

65

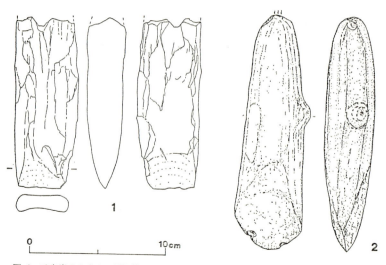

図4 千島出土の丸のみ形石斧と有角石斧（1択捉島ニウモイ遺跡，2国後島古釜布）

チュバローバ女史が調査した択捉島年萌のカサトカ遺跡で発見された肥厚帯と円形刺突文のある羽状縄文を地文とする土器も北筒式である[36]。また，戦前に千島全域を調査したS・ベルグマンが択捉島留別で採集した口縁部に山形突起と隆起帯をもつ土器も北筒式の新しいタイプと思われる[37]。

このような土器は択捉島のレイドォーヴォⅢ・Ⅳ遺跡からも検出されている。図3―3～5がその土器である。3は羅臼式あるいは観音山式とされている北筒Ⅲ式で，口縁部に縦位に貼付帯があり，円形刺突文はなく体部に無文帯がある。4・5も北筒式の新しいタイプの土器群であろう[38]。

このほかにも色丹島のポンデバリからはトコロ6類（北筒Ⅱ式）が出土している[39]。同島斜古丹でも北筒式と思われる土器が検出されている[40]。このように南千島には北筒式が広範に分布しており，根室地方と大差ない文化が盛行したことは疑問の余地がないようである。

また，択捉島のニウモイ遺跡からは，図4―1に図示した丸のみ形石斧が出土しており，その系譜が注目される[41]。北海道の丸のみ形石斧は細身のものとやや幅広のものと2タイプがあり，前者は主に石狩川中流域に濃密に分布しており，後者は石狩川中流域と北見地方に分布するが出土例は少ないようであ

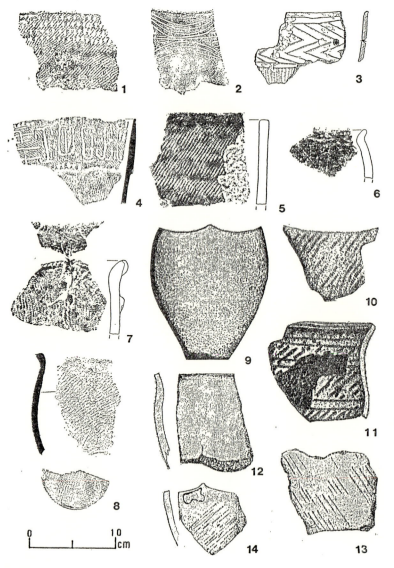

図5 千島出土の縄文・続縄文土器
1～3色丹島斜古丹，4国後島古釜布アイヌ地遺跡，5～7得撫島アリュートカ湾岸遺跡，8新知島ブロートン湾，9～11新知島ブロートナ湾遺跡，12・13北知里保以島ペスチャーナヤ湾遺跡，14新知島ザーパトナヤ・クリェシニャー岬遺跡

る[42]。両者の関連や所属時期については必ずしも明確になっていないが，縄文中期の北筒式に伴うとする説が有力視されている。ニウモイ遺跡の例は，後者の幅広のタイプに属するが，北千島の阿頼度島(ライド)でも類似した形態の丸のみ形石斧が報告されている[43]。北千島・カムチャツカ方面との関連にも留意しなければならないと思われる。

(3) 縄文後期・晩期

縄文後期の確実な資料は今のところ明らかではないが，晩期はいくつかの遺跡で確認されている。晩期前半の資料は，色丹島斜古丹で出土している[44]。図5-1〜3は，色丹島斜古丹出土のもので，1は爪形文を横位に4列めぐらしており，2は沈線で円弧文，3はジグザグに直線的な沈線文を施している。いずれも北海道東部の晩期前半の土器群と共通する特長を有している。

図5-4は，国後島フルカマップアイヌ地遺跡出土の土器で，やや太い沈線で複雑な文様が描かれており，胴部に段をもっている。北海道東部の晩期後半の幣舞式(ぬさまい)である[45]。また，国後島ニキシロ浜中遺跡の竪穴住居からは，縄文晩期終末の緑ヶ岡式に比定される口縁部に3条平行縄線文を施した丸底の深鉢形土器が出土している[46]。

晩期には，「有角石斧」と呼称されている特異な石斧がある。石斧の片側辺に，瘤状の突起が1ないし2個つけられた特異なタイプの石斧で，根室・網走地方のオホーツク海岸や国後島で確認されている[47]。図4-2は国後島古釜布出土の有角石斧である[48]。国後島では，泊(トマリ)・古釜布・東沸(トウフツ)・ニキシロで出土しており，この石斧の分布でも明らかなように，縄文晩期では少なくとも国後島までは道東部と同一の文化圏にあったと考えて良いであろう。

5 中千島の続縄文土器

南千島では，続縄文文化の遺跡が数多く発見されている。土器型式では興津式・宇津内Ⅱa式・宇津内Ⅱb式・下田ノ沢Ⅰ式，下田ノ沢Ⅱ式・後北C_2式・後北D式・北大式などが確認されている。すなわち，北海道東部で知られている土器群がすべて存在していることになり，おそらく根室地方と全く同様な文化的な変遷がなされたであろう。

続縄文土器は，前述したように中千島・北千島にも分布圏を拡大している。図5-5・6は得撫島アリュートカ湾岸遺跡の土器で，5は下田ノ沢Ⅰ式，6・7は下田ノ沢Ⅱ式と報告されている[49]。図5-8が新知島ブロートン湾[50]，同9〜11が新知島ブロートナ湾遺跡，同12・13が知里保以島ベスチャーナヤ湾遺跡，同14が新知島ザーパトナヤ・クリェシニャー岬遺跡の土器である[51]。いずれも，続縄文前葉の興津式・下田ノ沢Ⅰ式に類似する一群の土器である。したがって，中千島までは続縄文文化は確実に分布するようである。縄線文を主文様とする土器群はカムチャツカ半島でも出土しており[52]，その関連が今後の研究課題となるであろう。

また，続縄文期の所産と考えられている石偶（岩偶）・柄付きナイフなども続縄文土器と同様にカムチャツカとの関連で追究しなければならない文化的な要素である[53]。釧路管内の厚岸町下田ノ沢遺跡では，下田ノ沢Ⅰ式に伴ってグイマツ製の皿状木製器が確認されている[54]。周知のとおり，グイマツは北海道に自生しておらず，千島との文化的な交流によってもたらされたと推定される。近世に見られる厚岸地方と南千島との密接な関係は続縄文期まで遡ることも充分考えられよう。

6 まとめ

千島列島の縄文文化と続縄文文化について，研究の現状や今後の研究課題を含めて概述した。縄文土器の分布は今のところ南千島に限られており，得撫島以北には確認されていない。縄文土器が分布する南千島では北海道東部とほぼ共通しており，この地域にしか見られないような特異な遺物も全く認められない。すなわち，北からの文化的な影響をあまり享受することはなく，北海道東部とほぼ軌を一にした文化的な展開がなされたと推定される。冒頭で述べたように，千島列島は択捉水道を境にする宮部ラインで，動植物相を異にしている。このような生態系の相違が縄文文化の北進に関連しているのかもしれない。

一方，得撫島以北には，続縄文土器が分布しており，中千島・北千島を経てカムチャツカ半島にも達する可能性もある。中千島では，続縄文以外の土器は検出されていないことから，北海道とほぼ変りない続縄文文化が盛行したと考えられる。このように続縄文文化が千島，あるいは樺太に文化圏を拡張する背景には，本州との文化的・経済的な結びつきが急速に高まったことによるもので

あろう。しかし，ラブレット・石偶・柄付き石製ナイフなど北方地域との関連を想起する文化要素もあり，広い視野から追究しなければならないであろう。

なお，本稿の執筆に際して，菊池俊彦・豊原熙司・平川善祥・山田悟郎・北沢実・M.M.プロコーフィエフの諸氏にご助言を賜ったことに対して衷心より深謝するしだいである。

註
1) 杉山寿栄男『日本原始繊維工芸史 原始篇』雄山閣，1942
2) 菊池俊彦「ソ連邦における樺太・千島の考古学研究動向」考古学ジャーナル，124，1976
3) 杉浦重信「戦前における南千島の考古学研究」『富良野市郷土館研究報告』No.1，1993
   同「黎明期の千島考古学と石川貞治」知床博物館研究報告，14，1993
4) R.V.チェバロウ 大塚和義訳「エトロフ島の新石器時代遺跡（クリール列島）」『シベリア極東の考古学①極東篇』河出書房新社，1975
5) V.A.ゴールベフ『サハリン州の遺跡』（露文）ユジノサハリンスク，1973
6) Yu.E.ベレースキン「エトロフ島（クリル諸島）レイドーヴァ村タンコーヴァエ湖地区における1983年7月のソヴィエト科学アカデミー民族学研究所クリル諸島探検隊の活動に関する報告」（露文）レニングラード，1984
7) M.M.プロコーフィエフ「サハリン州クリリスク地区択捉島における1983年の野外シーズンの遺跡調査について」（露文）《内部発行》ユジノサハリンスク，1984
8) A.B.スペヴァコフスキー「シコタン島の古代墳墓とアイヌの起源問題」（露文）ソヴィエト民族学，5，1989
9) V.O.シュービン「1987年のクリル諸島の野外調査」『サハリン・クリル諸島の野外調査』（露文）ユジノサハリンスク，1989
10) O.A.チャンツェフ，A.V.フェティコフ「エトロフ島西海岸中央部の遺跡見学のいくつかの成果」『サハリン・クリル諸島の考古学研究Ⅱ』（露文）ユジノサハリンスク，1989
11) F.I.プィジャーノフ「クナシリ島の遺跡」『サハリン・クリル諸島の考古学研究』（露文）ユジノサハリンスク，1988
12) A.P.マルシュク，A.V.ソヴェンコ「北部クリル諸島の考古学的な発見」『サハリン・クリル諸島の考古学研究Ⅱ』（露文）ユジノサハリンスク，1989
13) V.O.シュービン 兪松根訳 菊池俊彦校注「千島列島における18–19世紀のロシア人集落」北海道考古学，26，1990
    右代啓視・手塚 薫「ウルップ島アリュートカ湾岸遺跡出土の遺物」『1991年度北の歴史・文化交流事業中間報告』北海道開拓記念館，1992
14) 甲野 勇（司会，座談会記事）「北海道・樺太・千島の古代文化を検討する―古代北方文化の構造と系統―」ミネルヴァ，1–5・7・8，1936
15) 伊東信雄「樺太出土の縄紋土器」文化，4–3，1937
16) 伊東信雄「樺太先史時代土器編年試論」『喜田博士追悼記念国史論集』1942，「樺太の土器文化」『縄文土器大成5―続縄文』講談社，1982
17) 註15)に同じ
    新岡武彦「樺太真岡出土と称せられる土器破片に就いて」利礼郷土研究，8，1951，大場利夫「樺太出土と伝えられる縄文式土器片」貝塚，32，1951
18) 北構保男「千島の縄文土器」古代文化，14–1，1943
19) 木村英明「南サハリンの遺跡と調査」AMSUニュース，3・4，1994
20) 山浦 清「樺太先史土器管見（Ⅱ）」考古学雑誌，71–3，1986
21) 菊池俊彦は北樺太のイムチンⅡ遺跡第1文化層出土の斜行縄文・羽状縄文と思われる土器を北筒式土器の波及として考えている（「＜書評＞R.S.ヴァシーリェフスキー，V.A.ゴールベフ著『樺太の古代聚落（ススヤ遺跡）』」北海道考古学，14，1978）。しかし，その後サハリンでもこの種の土器は検出されておらず，直ちに北筒式に結びつけることは現状では困難であろう。
22) 石川貞治「千島巡航紀事」『北海道庁地質調査鉱物調査第二報文』北海道庁，1896
23) 註18)に同じ
24) 林 金吾「北方千島の土器」朝日新聞7月12日記事，1941，『日本北地の古文化と種族』『ロシア人日本遠訪記』付篇，1953
25) O.A.サローヴァ「クリル諸島の旧石器時代に関する問題によせて」『古代（旧石器時代）のシベリア・中央アジア・東アジア』（露文）ノヴォシビルスク，1976
26) T.M.デコヴァ『南カムチャッカの考古学―アイヌの移住の問題と関連して』（露文）モスクワ，1983
27) 菊池俊彦「加藤晋平『シベリアの先史文化と日本』」考古学研究，32–4，1986
28) 註7)に同じ
29) 豊原熙司・北沢実両氏のご教示によると，帯広百年記念館が所蔵している松井彦松コレクションの中に，国後島古釜布出土の有舌尖頭器が1点あるとのことである。これについては，加藤晋平がかつて指摘したことがある（『北アジアⅡ（シベリア）』『世界考古学事典』平凡社，1979）。
30) 木村英明「北海道の石刃鏃文化と東北アジアの文化」季刊考古学，38，1992
31) 澤 四郎「南千島発見の押型文土器資料につい

32) 大沼忠春は北構コレクションの中に中千島出土の押型文土器があると述べている。しかし，同コレクションを調査したが，このような資料はなく，北構自身も否定している。おそらく誤認と思われる（大沼忠春「北海道の押型文土器」考古学ジャーナル，267，1986）。
33) 野村　崇『南千島択捉島出土の北筒式土器』北海道開拓記念館研究年報，14，1986
34) 豊原熙司・涌坂周一『羅臼町文化財報告9　チトライ川北岸遺跡』羅臼町教育委員会，1985
35) 北構保男編『根室市別当賀一番沢川遺跡発掘調査報告書』根室市教育委員会，1986
36) 上野佳也「ソ連極東学術調査団エトロフ島調査報告を中心とした南千島の考古学的考察」考古学雑誌，48—4，1963
　　註4)に同じ
37) I.シュネル「ストックホルム極東古代博物館に現在収蔵された極東の国の先史学的な遺物」極東古代博物館紀要，4（英文）ストックホルム，1932
38) 註7)に同じ
39) 犀川会『北海道原始文化聚英』1933
40) 林　金吾「色丹島の千島アイヌ族」『南千島色丹島誌』アチックミューゼアム彙報，47，1940
　　木村信六・和田文治郎・林　欽吾『千島・樺太の文化誌』北海道出版企画センター，1984
41) 福士廣志「南千島エトロフ島シャナ出土の石器について」留萌市海のふるさと館紀要，2，1991
42) 加藤晋平「丸のみ形石斧について―北海道の出土例を中心として」考古学雑誌，48—4，1963
　　森　秀之「空知地方に多出する『丸のみ形石斧』に関する考察」空知地方史研究，24，1990
43) 新岡武彦「日本北辺の丸鑿形石斧」北海道考古学，5，1969
44) 註40)に同じ
45) 村田吾一・本田克代「国後島の遺物」北海道考古学，5，1969
　　村田吾一・本田克代『国後島の遺物（付篇国後島の想い出）』羅臼町文化財報告，5，1980
46) 名取武光『アイヌと考古学㈠』名取武光著作集Ⅱ，北海道出版企画センター，1972
47) 稲生典太郎「北海道オホーツク沿岸出土石器の一部に就いて」史前学雑誌，10—1，1933

杉浦重信「北海道・南千島の有角石斧について」青山考古，6，1988
48) 武市長次・本田克代「中標津町武佐（イロンネ）出土の遺物」郷土研究なかしべつ，5，1988
49) 註13)右代・手塚
50) 註18)に同じ
51) 註9)に同じ
52) W.ヨヘルソン『カムチャッカにおける考古学的調査』（英文）ワシントン・カーネギー研究所，ワシントン，1928
53) 佐藤達夫「流鬼考」MUSEUM，197，1967
　　木村英明「続縄文文化の生産用具」どるめん，10，1976
54) 澤　四郎編『北海道厚岸町下田ノ沢遺跡』厚岸町教育委員会，1972

参考文献
清野謙次『日本貝塚の研究』岩波書店，1969
酒詰仲男『日本の貝塚（外篇）』金曜会，1955
V.O.シュービン「サハリン州の古代文化」『サハリン発掘の旅』みやま書房，1990
杉浦重信「北海道の独鈷石について」『十勝考古学とともに―少壮の考古学研究者佐藤訓敏君を悼む―』十勝考古学研究所，1991
杉浦重信「千島考古学文献目録　邦文編」根室市博物館開設準備室紀要，7，1993
杉浦重信「千島考古学文献目録　欧文編」根室市博物館準備室紀要，8，1994
杉山寿栄男『考古図録大成　14輯　縄紋土器』日東書院，1931
T.V.ステシェンコ，S.A.グラティシェフ「クリル諸島の古代遺跡」『サハリン州の考古学研究』（露文）ウラジオストック，1977
滝口　宏「エトロフ島の土器」古代，11，1953
鳥居龍蔵「考古学民族学研究・千島アイヌ（仏文）」『鳥居龍蔵全集5』朝日新聞社，1976
馬場　脩「考古学上より見たる北千島」『人類学先史学講座10・11』1939
馬場　脩『樺太・千島考古・民族誌』1～3巻，北海道出版企画センター，1979
A.K.ポノマリェンコ『東カムチャツカのイテリメンの古代文化』（露文）モスクワ，1985
山内清男『日本遠古之文化』1939

西九州の骨角器文化

島津義昭・山下義満
（熊本県教育委員会）（熊本県教育委員会）
（しまづ・よしあき）（やました・よしみつ）

西九州は自然の多様性に富んだ地域であるが西九州型結合釣針に
代表される特異な文化も存在し，その伝統は近年まで生き続けた

　骨角器には生産用具として用いられたものと，装飾・呪術用具として用いられたものがあるが，遺物の多くが貝塚などで発見される事が多いことから，なによりも漁撈具としての骨角器がわれわれの眼につくのである。しかし山間部にある岩陰遺跡でも良好な状態で骨角器が出土しており，その使われ方についてヒントを与えてくれる。

　さて，日本列島の漁撈活動は，縄文時代にその始まりがあり，長い時間の中で次第に発展してきたのは良く知られているが，その多様な自然を反映して地域性も顕著である。渡辺誠氏の研究によると漁撈文化の地域性は次のようになる[1]。

(1) 青森県北部から北海道地域の寒流域。離れ銛によるトド・アザラシ・オットセイなどの海獣類の捕獲が特徴的。
(2) 仙台湾を中心とする東北地方の太平洋岸。離れ銛が暖流域に南下してマグロ漁用に変化。釣針も発達して，マグロ・マダイ・サメ・イルカなどを盛んに捕獲し，外洋性漁撈のセンターを形成。
(3) 縄文海進によって入江の広がった東関東は内湾性漁業のセンターを形成。網やヤスを多用しスズキ・クロダイなどの浅海河口性の魚類を捕獲。また土器製塩も行なわれる。
(4) 中部・西日本は(3)の影響下に河川漁業が展開するが，やがて(2)の影響も南下してくる。
(5) 南北九州の多島海地域。韓国東南部との密接な関係下に，西北九州型釣針や石鋸などの特徴的な外洋性漁業の発達した地域である。ただし，その影響力は(2)のように大きくなく，ようやく弥生時代になって東進する。
(6) 珊瑚礁海域の沖縄地方。シャコガイなどの貝錘を使った網漁が特徴的。

　このような，地域の特性がみられるのであるが，本稿で取り上げ論じるのは(5)の地域に含まれる。この地域でみられる骨角器を概観し，その特性について考えてみたい。

　西九州は九州の脊梁山地の西側，東シナ海に面する地域であるが，島原半島と天草の島々によって区切られた，八代海や有明海のような内湾的な海もあり，自然の多様性に富んだ地域である。

1　漁撈具としての骨角器

　この地区の代表的な遺跡である沖ノ原遺跡を例にとる。沖ノ原遺跡は熊本県天草郡五和町沖ノ原の砂丘にある遺跡で，昭和34年以来4次の発掘調査が行なわれ，大きな成果をあげた[2,3]。

　骨角器を多く出土したのは第1・4次の調査である。砂丘の先端部におよそ南北21m，東西13mの貝塚があり，試掘調査で多くの遺物が出土した。骨角器にはヤス・銛・鏃・釣針などの漁具と鮫歯製垂飾がある[4]。

(1) ヤス　5cm前後のものが多く，多く鹿の中手・中足骨を使用している。また，エイの尾棘製のものも出土している（図1—1〜5）。
(2) 銛　銛には2種類ある。図1—6は先端が三角形をなし胴部に2個の突起を持つもので，端部を失っているが，完形品なら9cm前後と推定される。図1—7・8は小型の銛で，大きさに幅があるが小はおよそ4cmから7cm前後である。完形品は長さ6.5cm。鹿の中手・中足骨を使用し，先端部を鋭く研ぎ出して作る。田中良之氏によって開窩式銛頭と考えられた[5]。
(3) 鏃　6cmから12cmまで大小ある。断面形が丸いものと三角のものがあり，前者が小で，後者が大である（図1—9〜11）。
(4) 釣針　単式と組合せ式がある。単式釣針（図1—13〜15）は小形で全長が4cm前後であるが，組合せ式釣針（図1—16〜18）は，軸長が14cmにも及ぶ大型品である。軸は曲軸をなすものと直軸があり，後者は湾曲部も兼ねている。いずれも鹿角の分岐から作られ

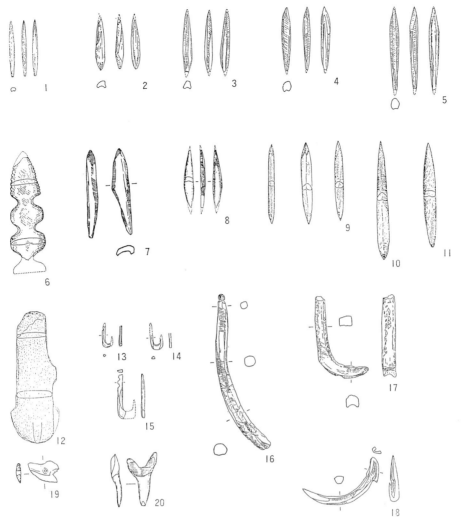

図 1　沖ノ原遺跡出土骨角器

ている。鉤はイノシシの下顎犬歯から作られ，軸と組み合わされる。軸湾曲部は緊縛を効果ならしめるために，溝状をなしている。
(5)　斧　鯨骨製。胴部に突帯をもつ。また刃部も肩をもっている（図 1—12）。
(6)　鮫歯製垂飾　イタチザメの歯根部に一孔をうがったものと，アオザメの上顎前歯を研磨したものが出土した（図 1—19・20）。

(1)〜(4)の骨角器は西九州の代表的な漁撈具の組合せである。このような道具を用いた対象魚が何であったかについては，同時に出土する魚骨の分析とともに総合的に考えていく必要がある。開窩式銛頭や結合釣針が捕獲対象とする魚はマダイ，クロダイ，マグロなどの大型回遊魚であるとみられるが，具体的にどのように捕獲したのであろうか。

マグロの捕獲について，近世の天草での事例を紹介してみたい。天草周辺でのマグロ漁は冬期に行ない，捕獲例は多くはないが，大型釣針で釣り，船近くまで引き寄せ離頭銛を打ち込み捕獲したという。この場合，銛を打つ距離は人により異なるが 5m ほどであった。マグロはかなり疲れているため泳力は落ちており狙いやすい。狙うのは目と鰓の中間である。ここは小骨が多く銛が外れにくいという。銛が打ち込まれてマグロはさらに弱るが，銛を打ち込まれた衝動で暴れることも多く，銛頭から牽引された紐は50尋（約 90m）ほどを準備していたという。マグロが釣針に掛かって，船に引き上げるまで約 1 時間を要し，これらの作業に 3 人が必要であった。

離頭銛の使用法については 2 つの方法が考えられる。通常時速 40km 以上で泳ぐマグロのような

71

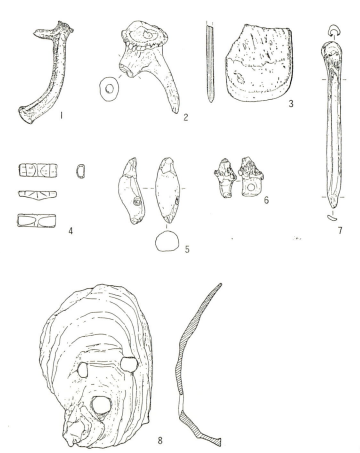

図 2 各種の骨角器
1 鹿角斧（御領貝塚），2 同（天岩戸岩陰），3 骨斧（御領貝塚），4 管状垂飾（御領貝塚），5 牙玉（天岩戸岩陰），6 鹿角垂飾（天岩戸岩陰），7 箆（天岩戸岩陰），8 貝面（阿高貝塚）

魚に対し，直接銛を打ち込むことは極めて困難である。この場合には上に述べたように，釣針で捕獲し，そのスピードを制限し銛を打ち込むのである。つまり，釣漁と突漁が組み合わされた漁撈形態である（a型）。一方，比較的スピードを持たないものは，直接銛を打ち込むことが出来る（b型）。対象魚にエイ・サメなどがある。サメなどはやわらかい腹部を狙い，貫通させ，回転させていた（図5）。

沖ノ原遺跡をはじめ，西九州の骨角器にみられる，離頭銛と大型釣針の組合せは，すでに縄文時代にa型の漁撈が行なわれていた可能性が高いことを示すものとおもわれる。

2 斧・箆としての骨角器

骨角で斧を作ることは多くない。鹿角はその形から，多少の手を加えれば柄付の斧になる。鯨斧に至っては，強度の点でやわらかな土を掘るくら

いの用しか果さなかったのではなかろうか。

(1) 鹿角斧　落ち角を利用した斧である。角座部分が落角のまま残っているが第1枝の先端に刃を付けている。また角幹の先端は滑らかに加工している。長さ約 28cm をはかる。御領貝塚出土[6]。角幹を切断したものが天岩戸岩陰[7]から出土している。御領貝塚例とは異なり，大きく振り下ろすことは出来ないから，手持ちの掘り具として用いられたものか。

(2) 骨斧　クジラの脊椎骨の椎体部の両面を研磨して刃部としている。現長 24.5cm，厚さ 1cm 余る。御領貝塚出土。

(3) 箆　鹿の中手・中足骨を半截して一端に刃をつけている。天岩戸岩陰出土の完形品は全長 17.8cm，最大幅 2.1cm を測る。三万田式と伴った。

3 装飾・呪術用具としての骨角器

骨角器のもう一つの使用分野が装飾・呪術用具である。多くの種類がある。

(1) 貝玉　轟貝塚では，轟期の壮年女性の埋葬人骨が検出されたが，頸部前面にはイモガイの殻頂部を輪切りにして穴をあけたもの3個，背面からはアマオブネ殻頂部に穴をあけた3個が出土した[8]。

(2) 管状垂飾　人骨を利用したもの。全面が摩れており磨耗している。表面にはX字状のつなぎ紋が印刻されている。大野貝塚出土[6]。御領期のものとみられる。

(3) 牙玉　ゴンドウ鯨製。天岩戸岩陰出土。縄文後期。

(4) 鹿骨垂飾　萎縮した奇形の鹿角に一穴をあけ垂飾品としている。天岩戸岩陰出土。

(5) 貝面　目の表現に2穴と3穴のものがある。2穴のものは幅 15.5cm。黒橋貝塚出土。阿高式〜出水式にともなう。3穴のものは，イコボガキの右殻をうまく利用してつくられている。目の2穴と口の1穴が穿ってある。

貝面の周辺は部分的に加工してある。上下20cm，幅14.4cmをはかる。実際に装着できる大きさである。阿高貝塚出土[9]。

なお，これらのほかに貝輪や髪櫛などもあるが，今回は取り上げない。

4 骨台

鯨を利用した顕著な例は，脊椎骨を土器製作台として使用していることである。これに最初に注目したのは三島格氏である[10]。中期の阿高系土器の底部に残るアバタ状の凹凸に注目し，それが鯨の脊椎骨の椎体部の反転したものであることを実証した。

鯨の脊椎骨の圧痕の残る土器は，現在51ヵ所で出土しており，土器型式は縄文中期後半の阿高式土器から後期前半の南福寺式，出水式の阿高系土器に見られる。九州山地の西側，中九州を中心に分布するが，北は五島列島，対馬にもあり，南と薩摩，大隅半島に及んでいる。注目すべきはその分布が必ずしも海岸部ばかりでないことである。とくに分布の中心域である熊本平野から白川を遡った阿蘇地方や大野川の上流域にもある。ここでみられる土器は胎土や施文法がその土地のものであるので，土器自体が移動したのではなく，脊椎骨の土器製作台が移動したと推測される。すなわち，脊椎骨がある価値をもって移動したと考えられるのである[11]。

ところで，土器製作台と考えられる遺物は熊本県阿高貝塚，黒橋貝塚，南福寺貝塚などで出土しているが，いずれにも磨滅が著しいものがある。阿高貝塚のものはナガスクジラかマッコウクジラの成獣，南福寺貝塚のものはシャチかコイワシクジラの可能性がある。

5 西九州の骨角器文化

以上，中九州の骨角器を概観した。ここには，西九州のみの独自的なものはみあたらない。しかし，漁撈具において北九州地域とともに同一に分布し，日本列島のなかでも特異な一群が存する。西九州型結合釣針である。渡辺誠氏により先駆的に研究されているように，朝鮮半島で石製軸と骨角器の針の組合わせとして始まったものが，西北九州において骨角軸に変容したものである。従来は対馬海峡を隔てて，石軸と骨角軸が分布するとみられていたが，近年，石製軸が熊本県天草郡大矢遺跡[12]でも出土し，海を通じての交流が想像以上に深いことを示した。

6 近現代の骨角器

天草地方の近現代の骨角器の使用事例を紹介する。

(1) 擬似針　ウルメイワシ・イカにみたててカ

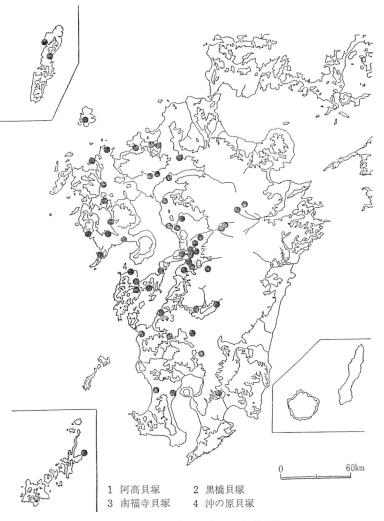

1 阿高貝塚　2 黒橋貝塚
3 南福寺貝塚　4 沖の原貝塚

図3　鯨骨出土遺跡分布図（金田一精氏原図）

図4 擬似針

ツオ・シビ（マグロの幼魚）を狙う。擬似針はギドンメと呼ばれる頭部と，鶏毛の二構造になっており，鶏毛に釣針を仕掛ける。頭の部分には浮子の効果をもつ鉛を使用しているが，そのなかに骨角が使用される。これらは海中で反射したり，白く目立つためであるという。魚はこの部分に魅せられ食いつくのである。材料はアワビ貝が主であるが，大きなものほど光沢があるとして好まれた。ウルメイワシに見立てたものにはアワビ片のほか，サザエの芯やサンゴなども使用された。獣骨ではウシ・鹿角・犬・猫の骨が使われた。カツオ漁に使う擬似針はツノと呼ばれたが，角を利用し製作されていた名残りであろう。

(2) タコ壺　小形のイイダコをとるものでアワビなどが利用された。食用のほかに鯛釣り用としても捕獲された。

(3) 杓子　シュイシャクシ（汁杓子）とよばれ，イタヤガイが使用された。割り竹で貝を挟み，貝に穴をあけ紐で固定し柄とした。

これらは，直接，古い時代と結びつかないまでも，近年まで骨角器の伝統は生き続けていたというべきであろう[14]。

註
1) 渡辺　誠「漁撈文化の考古学」『九州歴史大学講座』7，1992
   渡辺　誠「縄文・弥生時代の漁業」季刊考古学，25，1988
2) 限　昭志編『沖ノ原遺跡』五和町教育委員会，1984
3) 坂田邦洋「北久根山土器の設定」考古学論叢，3，1975
4) 三島　格「九州および南島出土の鮫歯製垂飾につ

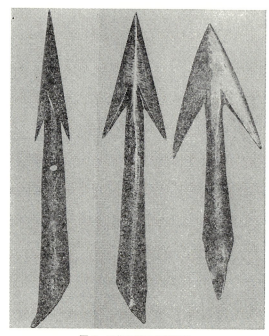

図5　近代の回転式離頭銛

昭和14，15年ごろ，熊本県牛深市においてマグロ漁に使用された回転式離頭銛。右は全長10.5cm，幅3.4cm，中・左（中は側面写真）は全長11.9cm，幅2.3cm。全長・幅に若干の違いがある。右は魚体内で回転させ，左は魚体を貫通させ回転させることに効果的であった。漁民の経験が見事に形に表われている。

　　いて」『日本民族文化とその周辺』1980
5) 田中良之「縄文時代西北九州の離頭銛頭について」FRONTIER，1，1978
6) 三島　格「原始」『城南町史』城南町史編纂会，1965
7) 松本健郎「天岩戸岩陰遺跡」『菊池川流域文化財調査報告書』熊本県文化財調査報告書31，1978
8) 江坂輝彌・渡辺　誠『装身具と骨角製漁具の知識』考古学シリーズ13，1988
9) 島津義昭「縄文時代の貝面—阿高貝塚出土品—」郵政考古紀要，1992
10) 三島　格「鯨の脊椎骨を利用せる土器製作台に就いて」古代学，10-1，1962
11) 島津義昭「鯨の考古学序説」『九州歴史大学講座』7，1992
12) 山崎純男「大矢遺跡調査概報」本渡市教育委員会，1993
13) 島津義昭「日韓の文物交流」季刊考古学，38，1992
14) 図1は註3）4）5）であげた坂田邦洋氏，三島格氏，田中良之氏の各報告・論文の図を使用させていただいた。図2は同じく註6）7）9）であげた三島格氏，松本健郎氏および島津原図。図4・5は山下義満原図。

特集 ● 縄文時代の新展開

宗教の問題

縄文時代において宗教はいかにして存在したであろうか。配石遺構や住居跡,さらに土器・土偶から宗教の問題を追ってみよう

海辺の配石遺構／柄鏡形住居址考—その後／
人面装飾付土器の形態と分布／縄文の宗教

海辺の配石遺構
——岩手県門前貝塚——

陸前高田市立博物館　岩手考古学会会員
佐藤正彦・熊谷　賢
(さとう・まさひこ)　(くまがい・まさる)

岩手県門前貝塚で発見された配石遺構は弓矢状の形をなしていることから狩猟・採集に関連し,また天文にも関係した儀礼の場とみられる

　岩手県における貝塚研究は,明治時代から大正時代にかけての人類学上の人種論争が盛んであった時期には人骨目当ての発掘,昭和になってからは,大学などによる学術調査によって成り立ってきたが,その調査のほとんどは貝層を中心としたものであった。概して岩手県の貝塚の貝層は,丘陵周縁の斜面部に形成されることが多く,前述した調査のほとんどは,それらの箇所およびその上位の丘陵の鞍部を対象としたもので,貝層の下位の斜面と低地が顧みられることはほとんどなかった。

　1989年から1991年にかけて行なわれた門前貝塚の発掘調査は,貝層の下位を調査対象としたもので,その結果,多数のフラスコピット・小穴・配石遺構群が検出され,貝層下の斜面と低地の調査の必要性をあらためて投げかける結果となった。ここでは,貝塚の集落形成の一例として配石遺構を中心に報告する。

1　遺跡の位置と環境

　門前貝塚は,岩手県陸前高田市小友町字門前地内に所在する。ＪＲ大船渡線小友駅より北東へ約500mの地点にある。

　陸前高田市は,岩手県の東南端,東経141°44′〜141°28′,北緯38°56′〜39°07′の範囲にあり,宮城県に隣接し,三陸リアス式海岸のほぼ中央部に位置している。

　地勢を概観すると,周辺の海岸線は,リアス式海岸特有の複雑な鋸歯状の海岸線をなし,本市においては市域の東側に位置する広田半島が南東方向の太平洋に大きく突き出し,西方には,湾口部約3.5km,湾奥まで約7kmの逆U字状の広田湾を形作っている。この広田湾の周辺には,国指定史跡の貝塚である中沢浜貝塚(縄文早期〜晩期,弥生時代,平安時代)をはじめ,大陽台貝塚(縄文前期〜中期),獺沢貝塚(縄文後期〜晩期),堂の前貝塚(縄文中期〜後期),二日市貝塚(縄文前期〜晩期),牧田貝塚(縄文前期〜中期)など,著名な貝塚が多い。

　遺跡は,市街地東部の大船渡市との境界にそびえる箱根山より東南方向に張り出す丘陵の西側小丘陵上に位置し,遺跡の前面には,広田半島とを区切るように,北西から南東方向に広がる幅500m,長さ3kmほどの標高7m以下の低地帯が広がっている。低地帯は,現在では干拓によって水田,畑地として利用され昔日の面影を残していないが,昭和30年代頃までは,広田湾側の低地帯の

5分の1ほどが干潟で，アサリなどの砂泥性の貝類が多数採集された。またハクチョウの渡来地として国の天然記念物に指定されていた箇所でもあり多くの水禽類が見られ，過去においては狩猟・採集・漁撈に適した地であったと思われる。この遺跡の前面の低地には，ヨシなどの植物遺存体が多量に埋没しており，縄文時代には干潟が入り込んでいたと考えられている。

調査は，県道広田半島線の改修に伴うもので，1989年から1991年の3ヵ年に及び，調査面積は約1,200m²である。

2 集落内における配石遺構の位置

遺跡の乗る小丘陵は，標高8〜30mである。縄文時代における住居址は，標高20〜25mの南北130m・東西100mの平坦地に埋蔵しているものと予想され，貝塚は平坦地の周縁を巡るように標高17〜25mの地点に6ヵ所点在している。調査は，遺跡の西側斜面を対象としたが，標高9〜15mでフラスコ型・ビーカー型の67基からなる大型ピット群（うち5基から人骨を検出），9m付近から168基からなる小ピット群，8〜9mにかけて配石群を検出した。遺物包含層は，この配石群の検出面よりさらに下面に続き，一番深い箇所で1mほどの深さがあり，縄文中期後葉の土器・骨角器が出土している。この配石遺構下は湧水が著しく，植物遺存体が多量に埋没し，木製品の出土の可能性もあるが，調査では木片数点を得たにすぎない（うち1点にのみ加工痕あり）。

3 配石遺構

発掘区の下位，標高約9mの地点の2層中において帯状に広がる多量の礫の出土を見た。礫は海蝕を受けた花崗岩質の円礫・楕円礫を主体とするもので，その数2tトラック4台分に達する。整理期間の都合上出土した礫の半分ほどしか整理できなかったが，出土礫の半数は海蝕礫で占められている。海蝕礫は，遺跡の周辺からは産出せず，最低1kmほど離れた海岸線から搬入されたものと考えられる。各礫にはレベル差があるものの，意図的に礫を帯状に集積したものと思われ，配石遺構として取り扱った。また，この帯状の礫の広がりの中には部分的に礫を集積させた箇所，列状に礫を配置したもの，弓矢状に礫を配置したもの，径1m以上の大型礫を据えたものなどが含ま

れ，多種類の配石で一群の配石を形成していたものと考えられる。ここでは，帯状の配石・列状の配石・弓矢状の配石・大型礫に区分をして説明を行なう。

(1) 帯状の配石

A5〜A9グリットから，I2〜K7グリット付近まで，幅10m，長さ30mほどに弧状に広がる帯状の配石で，ほぼ小穴群と同じ広がりを示し，帯状の礫の拡がりの西側には，幅4mほどの礫の空白域が弧状に接しており，空白域を挟んで西側には弓矢状の配石がある。

帯状の配石は，花崗岩礫が主体であるが，出土した礫のすべてを持ち帰り，その半分ほどを分析したが，礫は全体の半分ほどで7,401個，総重量2,622kgである。礫は海蝕を受けた花崗岩質の楕円礫や円礫が4,123点（全体の68.5%），他は不定形の花崗岩礫が多い。礫の大きさは，風化が著しいものを除いた3,684点を計測したが，平均は長軸8.15cm，短軸6.30cm，厚さ3.98cm，重さ353gである。

この帯状の配石内には，報告書作成の段階では気づかなかったが，その後の図面縮小の過程において，B〜F列の列状に礫が密集する箇所が5基あることが判明し，無作為に礫を配置したのではなく，規則性を持ったものである可能性がでてきた。その性格については考察の項でふれる。

(2) E7集積

E7グリットにおいて検出した。立石（E7立石）を中心に，長径25cm以上の楕円礫や長方形の礫を「コ」の字状に配置し，内側に，平坦面を有する長方形や正方形の礫を据えたものである。立石は，花崗岩質の扁平な礫で20cmほどが露出する。内側に据えられた礫は花崗岩質のもので，熱を受けぼろぼろになっているものがみられるが，周辺からは，炭や焼土の拡がりは検出していない。

配石下から土坑1基を検出している。形状は円形を呈し，断面形は開口部から底部にかけて直壁状に立ち上がるビーカー状を呈している。規模は，開口部径125cm±・底部径90cm±で，深さは75cmを測る。埋土は，暗褐色土・黒褐色土・褐灰色土で7層よりなり，自然堆積である。埋土より骨片が数点出土しているが，種は不明である。

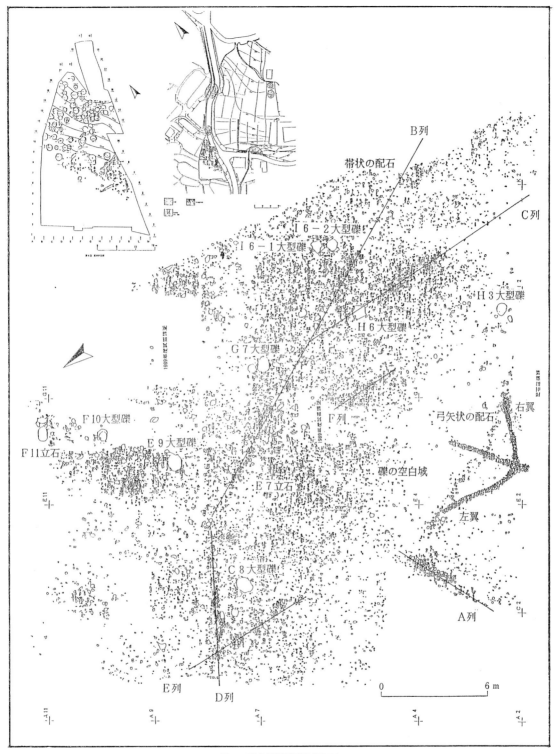

図1 門前貝塚配石遺構配置図

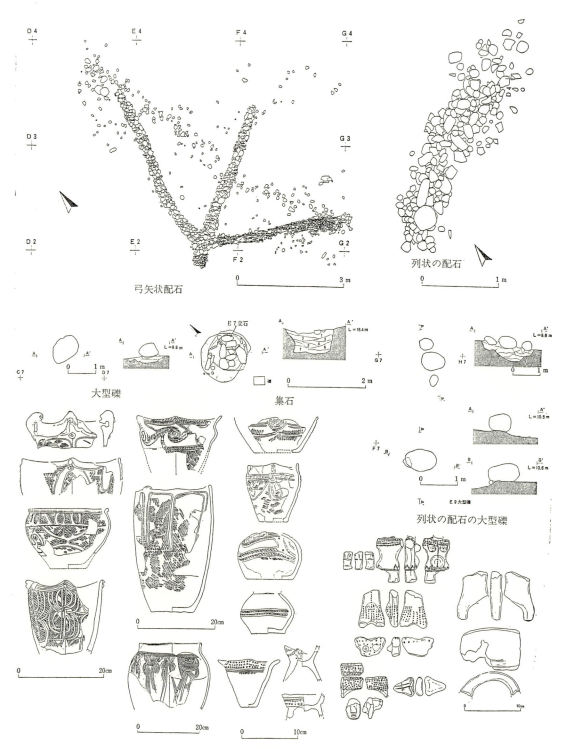

図 2 配石遺構と出土土器・土製品

図 3 G 7 大型礫

(3) 列状の配石（A列）

C3・C4・D3・D4 グリットにおいて検出した。列状に石を配置したもので，長さ 3.4m・幅 1m ほどで礫の空白域において途切れている。礫は花崗岩質の円礫と楕円礫を主体としている。

(4) 大型礫

2層において8個[1]の大型礫を検出した。いずれも搬入されたと思われるものである。地元住民からの現位置における埋め戻し保存の強い要望により，一部転落の危険性の少ない礫についてのみ幅 20cm ほどのトレンチを入れ断面を観察したが，礫は移動せず，礫の下面は調査していない。

G7 大型礫　G7・G8 グリットにおいて検出した。長径 85cm・短径 67cm，長径 52cm・短径 43cm，長径 41cm・短径 29cm の 3 個の礫を配置したものである。礫下に 20cm 幅のトレンチを入れてみたが，人為的な掘り込みが観察され，ピット上位に礫を据えたものと思われる。礫はいずれも花崗岩質で，海蝕を受け丸みを帯びている。

E9 大型礫　E9 グリットにおいて検出した。大型の花崗岩の楕円礫を，斜面を整地し平坦面を設け据えたもので，大型礫の下部には幅 40cm ほどの偏平な礫を嚙ませ，石の転落を防いでいる。礫の大きさは，長径 117cm・短径 81cm・厚さ 65cm ほどで，検出した大型礫中最大である。この礫とほとんど同一サイズの礫が C8 グリットにおいて検出されている。礫の周辺からは，多量の土器片の出土をみた。

C8 大型礫　C8 グリットにおいて検出した。長径 115cm・短径 80cm・厚さ 50cm ほどの大型の花崗岩質の楕円礫である。礫下に幅 20cm ほどのトレンチを入れてみたが，人為的な掘り込みが観察され，ピット上位に礫を据えたものと思われるものである。

この他，H3 大型礫 (67×60cm)・I6—1 大型礫 (77×76cm)・I6—2 大型礫 (71×64cm)・H6 大型礫 (87×71cm)・F10 大型礫 (69×56cm) を検出している。

(5) 立石

F11 立石　F11 において検出した。溝の上位に斜めに 80×52cm，厚さ 32cm ほどの花崗岩質の大型礫を据えたものである。大型礫の下には，51×31cm，39×26cm，34×17cm ほどの礫が，平らに据えてあり，周辺から土器片 373 点の出土をみている。この礫は斜面に対して斜めに据えてあるため，遠くからでも非常に目立つ礫であった。

(6) 弓矢状の配石

弓矢状あるいは矢印状の配石である。弓矢を想定しての説明が理解しやすいので，便宜上弓矢状の配石の用語を用いた。D4・E2・E3・E4・F4・G3 グリットの，標高約 7.8m の地点において検出した。主軸は，N-55°-E である。主軸の長さ 4.85m，最大幅 7.55m，左翼（北寄りの配石）が 4.80m，右翼 4.32m である。

配石は，幅約 60cm・深さ約 24cm の船底状の溝の中に，溝の底面まで花崗岩質の円礫・楕円礫や，砕石を埋め込み，弓矢状に配置したものである。弓の部分の左翼と弦に相当する部分は，海蝕を受けた円礫・楕円礫を主体とし，左翼には礫石器 1 点・石皿の破片 1 点・男根状の石棒頭部 1 点・敲石 2 点が混入する。弓の右翼に相当する部分は磨滅を受けていない砕石からなり，矢に相当する部分は先端部が砕石，柄の部分は円礫・楕円礫と砕石の混合と，意図的に種類の異なる礫を各部分に配置して，弓矢状の形状を作りだしている。表面に露出した石の総数は 1,350 個である。

この配石遺構の性格は，海と山からの石によって作りだされていることから，狩猟・採集に関連したものである可能性があり，弓矢であると想定した場合，矢の方向が当時湾入していたであろう干潟方向を向いていることからして，海からの魔の進入を妨げるための呪術的な施設であった可能性もある。また，後述するように，方位との関連

も考えられ，さまざまな性格をもった信仰の場であった可能性がある。

4 出土遺物

出土遺物については，2層を配石群の層としてとらえ，2層出土のものはすべて配石遺構に伴う遺物として取り扱ったが，資料の大部分は帯状の配石からの出土である。

出土遺物は，土器・土製品・石器があり，時期は縄文後期前葉のものである。

土器は，コンテナ30箱ほどが出土し，とくにミニチュア土器の出土が目立つ。土製品は，土偶18点・土版1点・耳飾り4点・腕輪1点・土製円盤が48点出土した。土偶は，頭部1点，肩部5点，腕4点，胸部～脚部1点，腹部～脚部1点，胸部1点，腹部1点，脚部1点，足3点である。

石器は，発掘によって6,317点と膨大な量が出土しているが，うち2層中からのものとして2,272点がある。その内訳は，石鏃1,091点・尖頭器82点・石錐97点・石匙18点・不定形石器815点・石錘1点・礫器19点・打製石斧5点・磨製石斧48点・磨石15点・凹石8点・敲石9点・石皿20点・石製円盤5点・石刀1点・石棒36点・石製品2点で，石鏃が全体の48.02％を占めている。この石鏃については，あまりにも出土数が多いことから，据えられたものだとの仮説をもち，2層出土のもので出土状態の判明しているすべての石鏃の先端部の方位を測定したが，全方位を向き，とくに偏った方位に集中するということはなかった。

しかし石鏃の出土地点には偏りがみられ，集中する箇所はI6大型礫周辺141点，列状の配石周辺34点で，逆に弓矢状の配石周辺は15点と少ない。また，C8大型礫においては，C8グリットよりの出土は皆無であったが，その周辺グリットから69点出土している。

出土した石鏃の形状は，無茎鏃，有茎鏃があり，形状のわかるもの827点中，無茎鏃650点（凹基鏃503点・平基鏃82点・円基鏃43点・尖基鏃22点），有茎鏃177点である。

5 考察とまとめ

門前貝塚から検出した配石群の性格は依然不明な点が多いが，最近になって興味深いことが判明した。偶然の一致かもしれないが，以下の点である。

① 弓矢状の右翼の線は，ほぼ冬至の日の出の角度と一致している。
② 調査においては，立石が2個検出されているが（F11大型礫とE7集石），このうちE7集石の立石（以下E7立石）と列状の配石（A列）を結んだ線は，ほぼ夏至の日の出の角度と一致している。
③ 2個の立石を結んだ線は，北と東をほぼ45°の角度で分割している。
④ B列とD列の交点とE7立石を結んだ線は，ほぼ南北方向と一致する。C列・F列も同様である。
⑤ G7大型礫の上位の礫とE7立石を結んだ線は，冬至の日の出の角度とほぼ一致し，礫上で弓矢状の配石の中軸の延長線と交わる。
⑥ C列上にはH6大型礫があり，H6大型礫よりI6-1大型礫を見通した線は，ほぼ東西方向と一致し，同一線上に長さ40cmほどの花崗岩質の楕円礫が東西方向を示すように据えてある。この礫の断面は円形であるが斜面に対し不自然な出土で，方位を意識して据えた可能性のある礫である。同様の礫の出土は，G7大型礫とE7立石の中間付近にもみられ，南北方向を向いている。
⑦ B列とC列の交点と，弓矢状の配石の右翼・左翼・中軸の交点（交点X）を結んだ線は，夏至の日の出の角度と一致し，さらに3層検出のI8大型礫が，この線上に載っている。
⑧ B列とD列の交点から，E9大型礫を見通した線は，ほぼ東西方向と一致している。
⑨ D列とE列の交点と，C8大型礫，E7立石，I6-2大型礫は同一線上に位置するが，性格は不明である。
⑩ 弓矢状の配石の弦は，B列とほぼ平行関係にある。

以上のことから，門前貝塚の配石遺構は天文に関係している可能性が高く，また，海と山の石を用いて弓矢状の配石を作っていることなどからして，狩猟・採集と天文に関係した儀礼の場というとらえ方をしている。

註
1) 報告書では7個として報告している。風化によって原型を留めない礫1点を含めた数である。

参考文献 『門前貝塚』陸前高田市教育委員会，1992

柄鏡形住居址考——その後——

川崎市青少年創作センター所長
村田文夫
（むらた・ふみお）

柄鏡形住居址における狭長な出入り口部の存在は，石棒や立石を両脇に嵌め込んだ例からも家人が通過することに意味があると考えられる

　柄鏡形住居址とは，縄文時代中期終末から後期前葉までの比較的に短期間，関東地方西部・中部地方・東北地方南部にいたる地域の丘陵・台地部分からおおく発掘されている特異な平面形状をした住居遺構のことをさしていう。

　遺構命名の由来は，そのおおくが円形系の「主体部」に細長い「張り出し部」がついていて，それが和鏡である柄鏡の「鏡部」と「柄部」に類似しているところによる。命名者は桜井清彦氏で，同氏の指導で発掘調査した神奈川県横浜市磯子区洋光台猿田遺跡の典型的な事例にそくして命名された。近時，その猿田遺跡の柄鏡形住居址（図1—1）の全容が公開[1]されたことはたいへんよろこばしいことといえる。

　わたしもこの特異な形状をもつ柄鏡形住居址に関心をいだき，これまで二，三の機会をとらえて卑見[2]を発表してきた。しかし，最初の拙論から数えるとすでに20年近くの歳月を経過しており，とうぜん資料の絶対数も増え，また問題のとらえかたも多様にして深化している。たとえば，上野佳也氏は考古学としての成果のうえに社会的エントロピーという情報心理学の概念を導入して，この時代の特性を捉えようとされている[3]し，最近では，文化人類学者の吉田敦彦氏が，狭長な出入り口をもつ柄鏡形住居址の構造的な特徴から，これは母神の産道を通過して生と再生の神秘を体験する厳かな門である，というような衝撃的な発言[4]をされている。いよいよ調査・研究は佳境に入らんとしている。

　そうした調査・研究の現状を簡明にまとめることは容易なことではない。が，恣意的になることをご諒解頂いて，以下に若干の卑見をまじえながら，最近における主要な調査遺跡や研究の現状を概観していきたいと思う。

1　敷石・敷板された住居址

　東京都と神奈川県の境界域を遡上する多摩川に沿った地域には柄鏡形住居址が多く発掘されている。赤城高志氏はそれらの遺跡のなかから，遺存状態が良好な東京都秋川市前田耕地遺跡1号住居址（堀之内Ⅰ期）と八王子市深沢遺跡ＳＢ02（堀之内Ⅰ期），調布市上布田遺跡ＳⅠ04（称名寺Ⅰ期）をとりあげて"敷石"本体の石質・重量・面積・被熱状況などに関する微視的な分析[5]をされた。その成果のなかでも，前田耕地・上布田遺跡では，火災住居址でないにも拘わらず被熱礫が意外に多いという事実，あるいは前田耕地・深沢遺跡では，敷石のなかでも大型（面積としても広い）礫が明らかに炉址——主体部と柄部の連結部——柄部にかけて意識的に敷設されているというような指摘は注目されよう。とくに前者でいえば，被熱礫の存在を住居廃棄時の火入れ儀礼と安易に結びつけて解釈されがちであったが，事実は敷石じたいを意識的に再利用している可能性のあること，後者でいえば，炉——連結部から柄部につながるスペースを絶対視している柄鏡形住居址の本質的な性格が反映されていると理解できるからである。

　ところで敷石敷設の範囲であるが，これが全面・部分敷石というような単純な分類におさまらず，とくに後者ではじつに多彩であることが発掘所見から観察できる。たとえば，長野県佐久市吹付遺跡4号住居址（加曽利ＥⅣ期，図1—2）をみてみよう。この遺構の主体部平面形は隅丸長方形で，それにながい柄部に4個の埋甕が設置されていたが，敷石は主体部中央の石囲炉を中心に270×250cmの方形範囲にのみ敷設され，しかも柄部と連結する南側一面を除く北・東・西の三面の縁には，結界域としての小礫が立ち並べられていた。また方形敷石部分の四隅には1本ずつ柱穴が掘られ，さらに奥部の両脇には丸石がきちんと置かれていたのである。明らかに主体部は立体的な構造をふくめ方形区画を意識しての境だとされている。敷石からはずれた部分，すなわち壁にいたるまでの無敷石部分は，おそらくロームブロックのようなもので貼り床状にし，敷石面とのレベル差を調整していたのであろう。

81

こうした主体部内を方形の原理で敷石区画する事例は，長野県平石遺跡2号住居址，長野県埴科郡円光房遺跡13号住居址（ともに加曽利EⅣ期）などでも確認でき，とくに円光房遺跡の場合，石囲炉に接する奥部敷石には，180×80cmをはかる超大型の閃緑岩一枚が据えられていた。つまりそこが特別視された"座"であることを示唆しているのである。

長野県東筑摩郡北村遺跡は，多数の遺存良好な縄文人骨が発見されて一躍その名を全国的に馳せたが，この遺跡から発掘された住居遺構にも瞠目すべき所見がおおい。ＳＢ566遺構（堀之内Ⅱ〜加曽利ＢⅠ期）は，柱間配置から先にふれたように主体部内が「方形」に間仕切られた可能性が高く，奥壁寄りの柱間には炭化材が横たわっていた。さらに衝撃的なのが，同遺跡のＳＢ555遺構（加曽利ＢⅠ期，図1—3）で，「炉を取り囲むように床面に密着してクリの炭化板材が出土した。おそらく敷かれていたのであろう」と報告されている。炭化板材は，炉を中心とした四面に方形に敷かれていた。こうした敷石ならぬ"敷板"された範囲が方形である点は，吹付遺跡4号住居址の"敷石"の範囲と脈絡している。"敷板"住居址は，静岡県田方郡大塚遺跡9号住居址（堀之内Ⅱ期）からも発見されている。

ちなみに縄文期，建築材としてクリ材が重用されていた事実はよく周知されているし，板状に細工して生活材として利用していた事実も，すでに長野県平出遺跡ル号住居址や同県百駄刈遺跡1号住居址などの事例から窺うことができる。板状の敷物などは結構普遍的な存在であったのかも知れない。

北村遺跡では，このように主体部は"敷板"されていたが，その半面，柄部は幅広く張り出し"敷石"がみっちり敷かれていた。柄部に上屋施設が架構されていたかどうかの議論は別にして，あらためて柄部に敷石を敷設するという強い因果性を知ることができるのである。

敷板住居址も特異であるが，東京都八王子市落越遺跡の住居遺構も個性的である。すなわちB地区10・12号住居址（ともに後期前葉，図1—4）は，円形の壁沿いに敷石敷設する「部分敷石」であるが，炉を中心とした無敷石の床面には，ロームブロックが混入した褐色土からなる厚さ5〜10cmの貼り床がなされ，その貼り床が壁沿いの敷石を覆っていたと報告されているからだ。10号住居址の場合，柱の掘り方角度に垂直と内傾の二者があるので，これを二時期の重複とすれば，当初は壁沿いの敷石が露出し，その後貼り床が敷石を覆ったという復元案もできなくはない。しかし，いずれにしろ一旦敷設された敷石部分を覆うという行為は，皮相的には敷石行為じたいを否定するものである。が，たんに貼り床をしなおすだけであるならば，その時点で敷石をはずしても一向に構わない。にも拘わらず敷石を残している点に，じつは敷石の生命が脈絡していたものと理解をしたいのである。

2　壁際に配礫された遺構

柄鏡形住居址の主体部の縁辺部に敷設された河原石などは，必ずといってよいほど横むきに立てられている。これまでその理由をあまり問うことはなかったが，神奈川県秦野市寺山遺跡1号住居址などのような主体部の外側に柱穴が位置する事例をながめていると，これが壁体内側の下部を区画する"縁石"であったことが想定できる。げんに静岡県大塚遺跡10号住居址では，縁石を固定させる栗石（小礫）まで確認されている。つまり敷石縁石と外側柱穴との間には，本来土壌が充填されていたが，その部分が発掘所見として確認できない場合は，"縁石"だけが横むきに立てられた状態で発掘されるわけである。

この多くの遺跡で，発掘時には確認がむつかしい壁体の土壌的痕跡をつたえる所見が，群馬県小室遺跡の柄鏡形住居址（加曽利EⅣ期）ではとらえられている。報告書では「混石土層で壁を作り」と称し，「土手状の混石土層が最も厚くしっかりした層をなしていたのは東北部である。この付近では敷石面と同じ面を下辺として高さ18cm，幅35cmあり，敷石の近いところに比較的大きな石（7×6cm）が密集しており」とある。吹付遺跡の9号住居址（加曽利EⅣ期）でも「柱穴を結んだ壁下には，小石を土石混合状にした土堤をめぐらしていた」と報告されている。群馬県前橋市荒砥二之堰遺跡33・34号住居址（堀之内Ⅰ期）の所見も柱穴に沿って小礫が床面に盛りあげられていた事実を証左している。こうした知見と関連づけて，神奈川県平塚市王子ノ台遺跡20号配石遺構（後期中葉以前）と東京都東久留米市新山遺跡20号住居址（加曽利EⅣ期）の発掘成果をみてみよう。

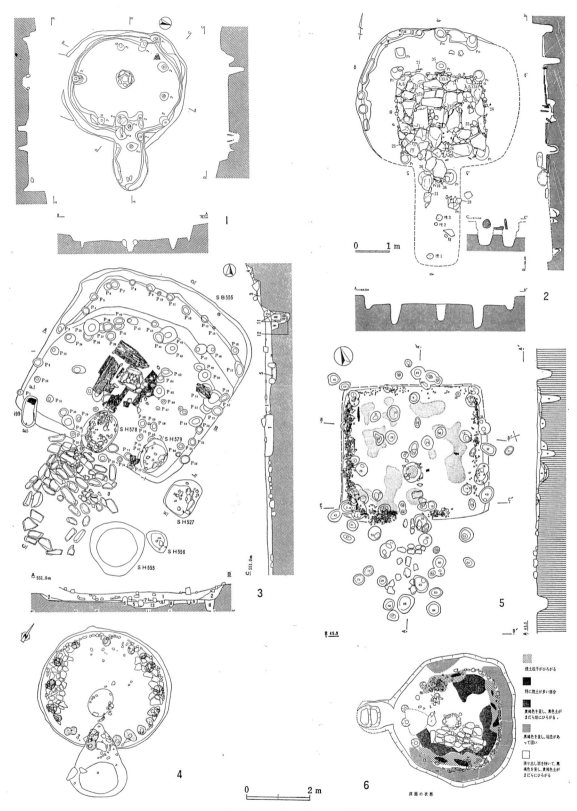

図 1 柄鏡形住居址などの諸相 (1)

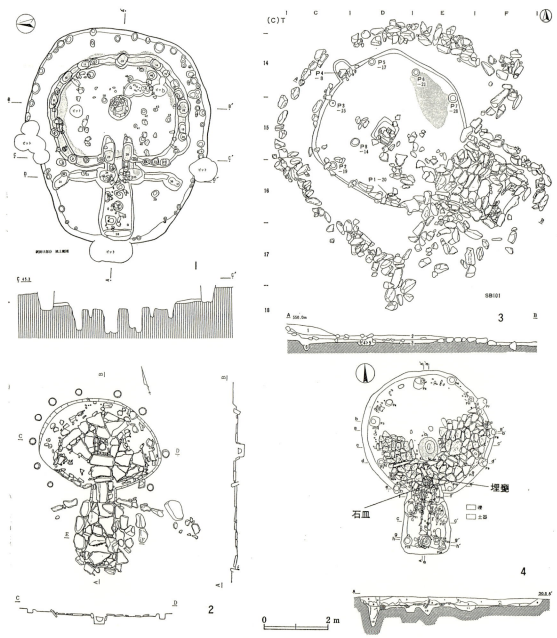

図2 柄鏡形住居址などの諸相（2）

　王子ノ台遺跡20号遺構（図1—5）は配石遺構とされているが，これは鈴木保彦氏などが「環礫方形配石遺構」[6]と呼称してきたものだ。主体部の壁沿いに配された小礫は，床面と同一レベルに幅20〜40 cm，高さ約 30 cm に認められ，礫の隙間には「土」が混ざり，炭化材（クリ）が礫をおさえるようにして出土したという。わたしはこの点に関する秋田かな子氏の指摘[7]を基本的には支持したい。つまり，壁体周辺部分だけの工事設計仕様を復元すれば，①柱の据え付け，②柱間にクリの木材（板か）をわたす，③竪穴壁面と柱間との隙間に小礫と土の混合物を塗りつけた，という工程になろう。つまりこれは，小室遺跡や吹付遺跡の柱間で確認された「土手状の混石土層」や「土石混合状にした土堤」による壁体工事と設計仕様的にはほぼ同じなのである。

　一方，新山遺跡20号住居址（図1—6）は典型的な柄鏡形住居址で，壁から少し離れるようにして小型の自然礫が積みあげ配列されている。この遺構は現状保存するため，自然礫の下部が発掘されて

84

いないが，部分調査で幅10cm前後の周溝と柱穴が存在することは確認されている。この小礫の環状配置と下部の周溝・柱穴は通有の設計仕様である。むしろ注目されるのは，小礫が環状に配された内側の土壌が「黄褐色を呈し，黒色土がまばらにひろがる」のに対し，小礫から外側は「黒褐色を呈し，粘性があって固い」土質で，その境界が縁石を挟んで明瞭である点である。おそらく周溝の位置に柱が立ち，そこに小礫（と土？）を配したさほど高くない結界壁を造り，そこから壁外周に向かって粘性のある土壌でテラス風にした固い空間が確保されていたものと復元できよう。

環礫方形配石遺構の主体部からはおおくの場合，厚く堆積した焼土や獣骨片が発見されるので，小礫の特異な配列とあわせて祭祀的性格の強い遺構とみられてきた。だが，いま挙げてきた発掘所見を忠実に復元してみると，遺構を遺棄する時点で"火入れ"などの祭祀的儀礼が仮に想定できたとしても，小礫の配列と遺構遺棄時もしくはその後の火入れの祭祀とが連動していたとみる積極的な根拠は乏しい。ましてや柱穴や壁際に沿って小礫を配さなければならない必然性はほとほとみいだしえないのである。結論的には，一種の壁体工事の存在をつたえる痕跡と想定でき，遡源は主体部敷石の「縁石」にまで辿ることができよう。

また，いわゆる環礫方形配石遺構と壁外に柱穴が穿たれた柄鏡形住居址，それに神奈川・千葉県下から発掘される中期末葉〜後期中葉の竪穴住居址などの平面形を比較してみると，いくつかの類似性が指摘できる。たとえば，神奈川県王子ノ台遺跡J-11号住居址（加曽利EⅣ期，図2-1）は，楕円形の竪穴内に柄鏡形住居址がすっぽりおさまる特異な平面形で，とくに柄部から外側壁に延びる「遮蔽施設」は注目される。だがこの遮蔽施設は，長野県平石遺跡15号住居址（堀之内Ⅰ期，図2-2）などで確認されている柄部の「ハ」の字状配石や千葉県市原市祇園原遺跡などの柄部付き住居址でみられる出入り部から外界へむけ「ハ」の字状に連綿とつづく柱穴・溝と事実上は類似の構造なのである。神奈川県愛甲郡宮ヶ瀬遺跡群（馬場No.6遺跡・加曽利BⅠ期）や静岡県大塚遺跡9号住居址（堀之内Ⅱ期）では，そこに複数の立石が聳えていた。ひるがえって考えるに，祇園原遺跡の柱穴・溝部分には，立石にかわる構造物として，丸太状

の材が連続的に埋めこまれていたのではなかろうか。

前出の静岡県大塚遺跡の柄鏡形住居址は，報告者によって「配石囲繞円形（方形）竪穴家屋址」と呼称されている。その特徴として，壁外をかこむ周堤礫があげられているが，類似の遺構は北村遺跡SB101遺構（堀之内Ⅱ期，図2-3）や宮ヶ瀬遺跡群（馬場No.6遺跡，北原No.9・11遺跡）などでも発掘されている。「上屋構造を類推すると，壁際に柱を建ててこれに桁を巡らし，放射状に垂木を架けて壁外に周堤を降ろし屋根を葺いている。周堤の礫は壁体または垂木の裾を補強したものと思われる」（北村遺跡報告書）。ちなみに長野県平石遺跡や東京都小金井市はけうえ遺跡では，壁外に柱穴が等間隔にめぐるが，柱穴位置を周堤礫に置き換えれば，大塚遺跡・北村遺跡の事例に類似の平面形状となることがわかろう。

ただし宮ヶ瀬遺跡の場合，周堤礫中にも立石がふくまれ，同じ系統をひく神奈川県相模原市稲荷林遺跡（堀之内期）でも周堤礫中に約1m間隔で高さ60cm前後の立石が外傾して聳え，遺構中心部は方形状に土盛りされていた，とされる。

わたしはこうして祭祀的性格の要素を強めながら次代に脈絡していく石造記念物群のなかに，ひるがえって，柄鏡形住居址の原型をみる思いがするのである。

3 狭長な柄部と宗教的な演出装置

柄鏡形住居址における特徴的な柄部（張り出し部）の造作については，中期後葉加曽利EⅡ期前後の埋甕埋設に付帯して，壁外に小張り出し部を突出させる事例（いわゆる，潮見台型）があるので，遡源をそれに求める山本暉久氏[3]に代表される考えがある。しかし，わたしは初現の加曽利終末期から"和鏡の柄部"としてながく壁外へ張り出した特徴的な構造は，前階梯の小張り出し部とは似て非なるものであることを再々主張してきた。つまり柄鏡形住居址の場合，埋甕などの設置にくわえて，狭長な柄部を通過して主体部にいたるという構造的な装置，炉にいたるまでの間に敷設された尺白く浮かびあがる敷石装置などの演出空間が，何よりもこの遺構を特徴づけている。

たとえば，神奈川県南足柄市塚田遺跡から発掘された柄鏡形住居址SI-02, 03, 15（中期終末〜後期初頭・図3, 4）などは，炉辺部・連結部から緩

図3 塚田遺跡の柄鏡形住居址SI-02（奥はSI-03）

図4 塚田遺跡の柄鏡形住居址SI-15
（写真は調査団長安藤文一氏撮影による）

やかなスロープ（階段）を描きながら先端部の出入り口部にいたる造作である。敷石は，その狭長な部分に沿って敷設されているわけで，その見事な設計仕様は，写真でもわかるように驚愕にあたいしよう。SI-15の最先端に大きな立石状の河原石を据える構造も示唆的である。ちなみに，柄部基部や先端に認められる対ピットの幅は 40～50cm 前後で，これは辛うじて大人の肩幅に相当している。

東京都調布市上布田遺跡のSI04柄鏡形住居址（称名寺I期，図2—4）は，柄部と主体部の連結部に埋甕と大型の石皿が隣あわせて装置されていた。埋甕は通有の形態であるが，石皿は中央部分が磨り潰されて大きな穴が開き，磨り面を出入り口に向けて横に寝かせて埋められていた。しかも縁部分が敷石面より 15cm 前後飛び出しているので，この石皿と埋甕を一緒に跨がないと主体部とは往来できない仕掛けになっている。埋甕の把手上端が擦られたようにして剥落しているので，粗忽者（そこつもの）が住んでいたのであろうか。この埋甕と，中央部分が磨り潰されて貫通する石皿のセットは，おなじ性原理を象徴するものとして理解しておきたい。

上布田遺跡例ほど顕著でなくても，主体部と柄部が連結する箇所に二者を結界する装置がまま散見できる。たとえば，長野県平石遺跡では「框石」（かまちいし）と称する結界石が柄部敷石のなかに嵌めこまれている。群馬県小室遺跡では，連結部の敷石三枚が主体部や柄部より約 40cm も高く据えられ，東京都新山遺跡20号住居址では，この部分にロームブロックをおおく含む黒褐色土が約 7cm の厚さで土手状に堆積していたのである。

この連結部の結界装置に関連して注目されるのが，群馬・長野県下の柄鏡形住居址にしばしば認められる「箱状石囲施設」の存在である。最近，鈴木徳雄氏[9]などによって指摘されているように，炉として使用した痕跡がそこにはないので，埋甕容器と同義に理解するのが妥当であろう。そもそも埋甕の定義として，それが土製容器でなく，たとえば遺物として痕跡がのこらない布状のものであってもこれを是とすべきであることは，すでに長野県茅野市棚畑（たなばたけ）遺跡の事例などにそくして指摘した[10]ことがある。したがって，柄鏡形住居址の柄部先端や連結部に土製容器としての埋甕が発見されなくても，然るべき位置に恰好の小ピットが掘り込まれていれば，箱状石囲施設と同様，それもまた同義に理解されよう。

一方，埼玉県和光市丸山遺跡群中の義名山（ぎなやま）遺跡4-A・B住居址（称名寺II期）の出入り口部の前方には，住居に付帯する土坑があり，埋甕が埋設されていた。埋甕は，現存部高さ 50cm・胴部径35cm をはかる大型品で，口縁部を欠損，胴部下半には二次穿孔が認められている。埋甕の容量は，二次葬による成人骨収納の甕棺サイズにも匹敵するほどだ。これらの点から類推して，「想定連結部の下部に東西 1.4m，南北 1.2m，深さ0.2m の不整方形の土坑が発見され，この土坑埋土表面とその上にのる小石は数 cm 沈下している」（福島県田村郡西方前遺跡1号遺構）というような発掘所見は，そこが埋葬のための空間であった可能性を端的に示唆していよう。ちなみに，出入り口部の

前方に大型土坑が付帯する事例は，東京都多摩市道1458遺跡や千葉県祇園原遺跡38号住居址などでも確認でき，それぞれに注口土器の優品が副葬されていた。土坑内には，義名山遺跡のような甕形容器を用いず，おそらく直接的に遺骸を埋葬し，家人達がその上を頻繁に往来したのであろう。

4 おわりに

ここで触れた以外に，柄部先端の出入り口部に高さ30 cmの小立石を両脇にきちんと嵌め込んだ静岡県大塚遺跡4号住居址（曽利IV期），同様に柄部と主体部の連結部の両脇に石棒2本を嵌め込んだ静岡県三島市北山遺跡12号住居址（加曽利B期）など，石棒・立石に関する興味ある所見もあがっている。おそらく屹立した男性標榜の狭間を家人が通過することに意味性を負荷させたのであろう。

これに関連するが，柄鏡形住居址の主体部内に長さ50 cm前後の大型石棒が屹立した状態で復元できる事例（千葉県市川市曽谷貝塚17地点第11号住居址，神奈川県横浜市松風台遺跡第3号住居址など），あるいは石棒を意識的に破砕した事例（東京都東久留米市新山遺跡第20号住居址）などが比較的数多く報告されている。こうした希有な発掘所見をも石棒流行の単なる社会的・時代的風潮の一環として総括してしまうとすれば，それはあまりにも寂しかろう。そのほか，埋甕内に黒曜石・チャート・安山岩のチップを多量に納入した埼玉県大宮市西大宮バイパスNo. 5遺跡1号住居址（称名寺期）の報告などは，石鏃製作や狩猟儀礼との関わりが彷彿でき，つよい興味を喚起される。

また，福島県田村郡柴原A遺跡や同県西方前遺跡のように，河川の氾濫によって瞬時に埋没した希有の集落址の報告，あるいは柄鏡形住居址を含む家々と石棒製作址とがセットになった神奈川県南足柄市塚田遺跡の概要も公開された。

しかし，遺憾ながら，そこから提起される話題に詳しく触れる余裕はない。

ただ，最後にあえていえば，現下の研究趨勢に逆らうことになるが，個別の遺構・遺物の検証を不十分にしたままで安易に集落址論などに論議の場をもとめることに，わたしはつよい抵抗感をおぼえている。だからこそ比較的ディテールにこだわった記述をしてきたつもりである。つまり豊穣な資料を目の前にした今こそ，往時の経済基盤などを視野にいれながら，柄鏡形住居址の調査研究上のキーワードともいえる［狭長な柄部の構造と宗教性］・［石造記念物としての盛衰］・［出土状態から濃厚な宗教的営為が示威される石棒・立石］など，遺構・遺物が語る原点に立ち帰って，その意味するところを吟味すべきであろう。

註

1) 山本暉久「横浜市洋光台猿田遺跡発見の柄鏡形住居址とその出土遺物」縄文時代，4，1993
2) 村田文夫「柄鏡形住居址考」古代文化，27－11，1975，村田文夫「続・柄鏡形住居址考」考古学ジャーナル，270，1979，村田文夫『縄文集落』ニュー・サイエンス社，1985
3) 上野佳也『日本先史時代の精神文化』学生社，1985
4) 吉田敦彦「柄鏡形住居に見る女神の子宮と産道」東アジアの古代文化，77，1993
5) 赤城高志「縄文時代柄鏡形敷石住居の微視的分析」『人間・遺跡・遺物（わが考古学論集2）』1992
6) 鈴木保彦「環礫方形配石遺構の研究」考古学雑誌，62－1，1976
7) 秋田かな子「柄鏡形住居研究の視点」『東海大学校地内遺跡調査団報告』2，1991
8) 山本暉久「敷石住居出現のもつ意味（上・下）」古代文化，28－2・3，1976，山本暉久「敷石住居終焉のもつ意味（1〜4）」古代文化，39－1〜4，1987
9) 鈴木徳雄「敷石住居址の連結部石囲施設」群馬考古学手帳，4，1994
10) 村田文夫「長野県棚畑遺跡縄文ムラの語り」縄文時代，3，1992

＊紙数の関係で引用した文献名を絞らせて頂いた。同様の理由から遺跡報告書関係も割愛させて頂いた。関係者にはその失礼をお許し願いたい。なお，本文中に掲げた図版は，各原報告書から転載させて頂いた。転載にあたり，若干の加除筆をさせて頂いた点もあわせてご了解願いたい。

なお，神奈川県塚田遺跡については，安藤文一氏に発掘中の現地をご案内いただき種々のご教示を得た上に写真の提供までいただいた。深謝申しあげる次第である。

人面装飾付土器の形態と分布

名古屋大学文学部研究生
吉本　洋子
（よしもと・ようこ）

いわゆる人面把手は人面装飾付土器のもっとも発達した形態。縄文宗教解明の鍵を握る代表的な資料である

1　筆者の関心

従来人面把手とよばれてきたものについては，中村日出男[1]・上川名昭[2]両氏の先駆的業績があるが，以来約10年を経過した。その間の資料増加は著しく，そのため器形および装飾部位のさまざまなヴァリエーションを明確に分類して，基礎的な資料の再整理を行なう必要性が生じてきた。時期的・地理的分布および出土状態についても同様である。

そのため最近指導教授の渡辺誠先生と連名で「人面・土偶装飾付土器の基礎的研究」を発表した[3]。その発表に際し，いわゆる人面把手が把手状になっていない例も多いこと，また把手状であってもそれで土器を持ち上げることなどは不可能であり，宗教的機能をもった装飾と考えるべきなので，これらを上川名氏の見解を尊重し，同じ部位に土偶が付けられているものもあわせて人面・土偶装飾付土器とよぶことにした。

その人面・土偶装飾付土器は，耳飾りの着装や髪形・表情などから，多くの先学により原則的にシャーマン・女神的性格の盛装した成人女性の特殊な場合の姿と考えられ，縄文時代の宗教観念を研究する上での重要な資料であり，その解明の糸口をつかむことが，筆者の人面装飾付土器への関心である。

そしてすでに八幡一郎[4]氏によって指摘されてはいたが，資料増加の結果，人面が各種の器形にみられることが一段と明確になってきた。その機能・性別にも多様性が想定されるのであり，今回は主体をなす煮沸用深鉢形土器に限定したが，人面装飾付土器には他に吊手土器・浅鉢形土器などもあり，別に検討を加える必要があると考えている。それを具体的に言えば，人面装飾付土器の主体が深鉢にあるばかりでなく，その煮炊きの機能が宗教的行為ととくに密接な関係にあると考えられたためである。他の器形についても他日を期したい。

2　形態分類

人面・土偶装飾付土器は，筆者たちの調査によれば1994年7月末現在，293遺跡より443点の出土が確認されている。

人面装飾付土器は，人面装飾のみられる位置によってまずⅠ～Ⅳ類，そして不明をⅤ類に大別し

表1　形態別数量表

	A	B	C	D	計
Ⅰ	9 (2.0%)	0 0	0 0	0 0	9 (2.0%)
Ⅱ	53 (12.0%)	1 (0.2%)	3 (0.7%)	0 0	57 (12.9%)
Ⅲ	22 (5.0%)	16 (3.6%)	23 (5.2%)	16 (3.6%)	77 (17.4%)
Ⅳ	10 (2.2%)	5 (1.1%)	164 (37.0%)	70 (15.8%)	249 (56.1%)
Ⅴ	0 0	0 0	0 0	26 (5.9%)	26 (5.9%)
小計	94 (21.2%)	22 (4.9%)	190 (2.9%)	112 (25.3%)	418 (94.3%)
DⅠ	4 (0.9%)	0 0	2 (0.5%)	0 0	6 (1.4%)
DⅡ	3 (0.7%)	0 0	0 0	0 0	3 (0.7%)
DⅢ	1 (0.2%)	0 0	4 (0.9%)	0 0	5 (1.1%)
DⅣ	0 0	0 0	8 (1.8%)	2 (0.5%)	10 (2.3%)
小計	8 (1.8%)	0 0	14 (3.2%)	2 (0.5%)	24 (5.5%)
複合型	0 0	0 0	1 (0.2%)	0 0	1 (0.2%)
計	102 (23.0%)	22 (5.0%)	205 (46.3%)	114 (25.7%)	443 (100.0%)

	前期			中期			後期			晩期		
	前葉	中葉	後葉	初頭	前半	後半	前葉	中葉	後葉	前葉	中葉	後葉
ⅠA類												
ⅡA類												
ⅡB類												
ⅡC類												
ⅢA類												
ⅢB類												
ⅢC類												
ⅣA類												
ⅣB類												
ⅣC類												
DⅠA類												
DⅡA類												
DⅢA類												
DⅢC類												
DⅣC類												
混合型												

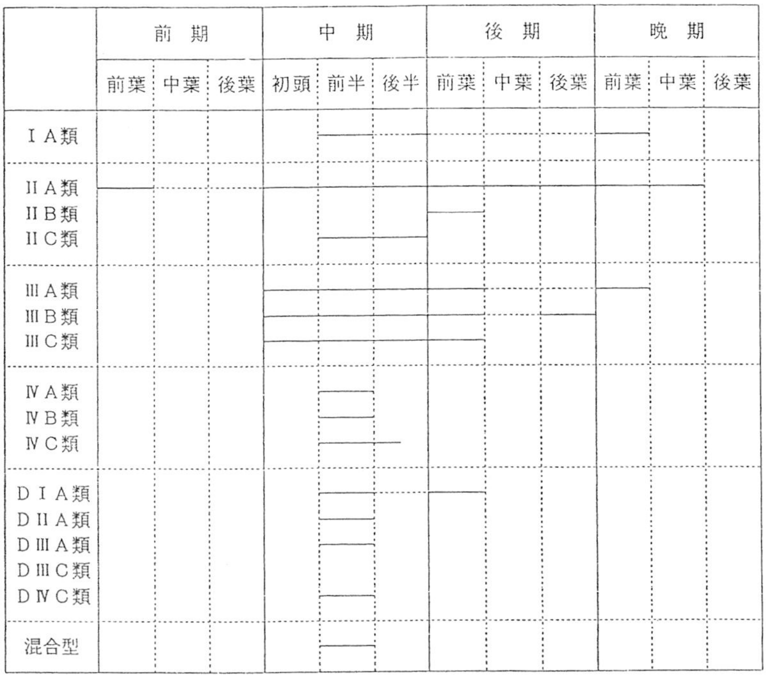

図1 人面・土偶装飾付土器の編年

た。Ⅰ類は深鉢の胴部に，Ⅱ類は口縁部に，Ⅲ類は口縁部上に，そしてⅣ類はⅢ類がさらに発達して大型化・立体化し，中空になるなど顕著な把手状を呈するようになる。

また顔の深鉢に対する向きから，外向きをA類，両面にみられるものをB類，内向きをC類，不明はD類とする。次にこれらと同様な位置に土偶表現を伴う土偶装飾付土器を，上記各類の前に土偶の略のDの字を冠して取り扱うことにする。各形態ごとの数量は表1に示すとおりである。人面装飾付土器が主体を占め，418例で94.4％，その中でも多いのはⅣ類で56.1％，次いでⅢ類17.4％，Ⅱ類12.9％，Ⅰ類2.0％の順であり，土偶装飾付土器は少なく，24例で5.4％である。

3 時期的・地理的分布

これら4類のうち最初に出現したのはⅡ類で，宮城県柴田町上川名貝塚例（口絵7-1）の縄文前期前葉であるが，その後，中期初頭まで中断するのが現状である。中期初頭にはⅡ類とともにⅢ類が出現し，著しく発達する。

そして中期前半にはⅣ類も出現し，最盛期を迎える。Ⅰ類と土偶装飾付土器もこの時期に出現する。これは人面装飾の起源が口縁部にあり，この部分が波状に次第に高くなり，把手状に発達する

素地になっていることを明示している。

しかし中期後半になるとⅣ類などは急速に減少し，Ⅱ・Ⅲ類・DⅠ類が少数ながら断続的に後・晩期まで存続し，縄文晩期から弥生時代にかけての人面装飾付土器や土偶形容器につながっていくと考えられる。以上の編年的な関係を整理すると，図1のようになる。

つぎにこれらの出土地は図2のように，北海道西南部より岐阜県にかけての東日本に限定されているのが主要な特徴である。形態別にその地理的分布をさらに細かく見ていくと，

Ⅰ類はⅠA類のみであるが，青森県階上町野場5遺跡をのぞき，山梨県から茨城県にかけての地域に出土する（図2）。

Ⅱ類はもっとも分布範囲が広く，大部分は宮城県柴田町上川名貝塚例を代表とするA類で，93％を占める（口絵7-1）。

Ⅲ類は，Ⅱ類と分布範囲はほぼ同じであるが出土数が増加し，またその細別において，A類（図4-1）が29％，B類（同-2）が20％，C類（口絵7-2）が30％を占め，B・C類の比率が高くなったことが特徴的である。他に顔の向き不明のD類が出現している。

出土数において約6割を占めるⅣ類の地理的分布は上記のⅡ・Ⅲ類とは異なり，それらの分布範囲の南部に偏在するようになる。Ⅰ類のそれに類似するが，分布密度においては大きな違いがある。東京都・山梨県・長野県を中心に，群馬県・千葉県・埼玉県・神奈川県・静岡県の範囲内より出土している。そしてⅢ類を介してⅡ類とはA～C類の関係が逆転し，A類（口絵7-3）が4％，B類（図4-3）が3％，C類（口絵7-4）が66％を占めるようになる。つまりⅡ類～Ⅳ類にかけて外向きのA類よりも次第に内向きのC類の比率の増加していることを知ることができる。またⅢ類では21％であった不明としたD類も38％を占めるようになる。これはⅣ類の重要な特徴である立体化・大型化に伴い，欠損時に土器本体から遊離し易く

なったためであり，このことも本類の特徴とみることができる。

D類は全体的には類似した分布を示すが，本稿では省略する。ただしⅢC類の人面装飾とDⅢC類の土偶装飾とが向い合った複合型が栃木県矢板市坊山遺跡に1例みられることを指摘しておく。

こうした形態別の時期的・地理的分布を考察すると，改めてⅣ類やDⅡ〜Ⅳ類はきわめて限定された時期・地域に発達し，従来勝坂式文化圏の代表的遺物とみなされていたことが再確認される。したがって前期から晩期にいたる人面装飾付土器の普遍性と中期前半に特定地域にⅣ類などが発生した特殊性を明確に分けて，検討を加える必要がある。

4 Ⅳ類の特殊性

Ⅳ類の特殊性を明確に示すものの一つに土器本体をも含めた大型化がある。最大のものでは60cmを越える。ボリューム感のある遺物を実大の写真図版に紹介できないのは残念である。その大型化を客観的に理解するために従来試みられていなかったことであるが，顔面サイズの計測を行なった。その計測部位は顔面サイズのうち，高さは頭頂部から首の付け根まで，幅は耳飾りを含めた最大値である。

その結果は，図5のようにⅠ〜Ⅲ類とⅣ類の大小2群に分かれた。ただし正確にはⅣ類には大小2群が共存している。サイズからみても，Ⅰ〜Ⅲ類とⅣ類の小型例が前期から晩期までの一般的なサイズであり，中期前半に一時的な大型化が行なわれたことが確認される。サイズの大小は，高さ・幅とも13cmが目安となる。Ⅳ類内でも，ⅣC類は大型化が著しく，また他が高さと幅の比が1対1であるのに対し，1対1.3と幅の拡大が顕著である。これはⅣC類の典型的な形態である，口縁部に首と耳飾り部分を付けた三角形の安定した大型化のための造形によると思われる。とくに大型化の進んだ時期は中期前半の藤内・井戸尻式期で，東京都西部から山梨県東部地域，甲府

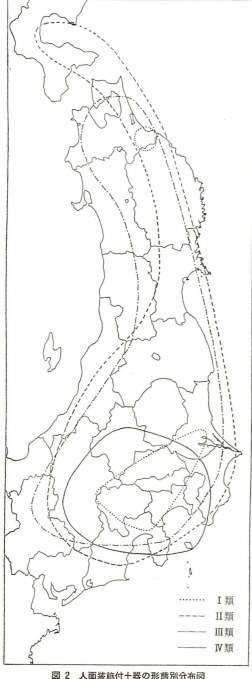

図2 人面装飾付土器の形態別分布図

……… Ⅰ類
――― Ⅱ類
―・― Ⅲ類
――― Ⅳ類

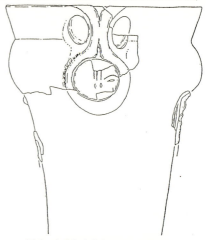

図3 東京都府中市清水ケ丘遺跡出土
ⅠA類人面装飾付土器（報告書より）

図4 人面装飾付土器の諸形態（縮尺不同）
1埼玉県所沢市和田遺跡, 2青森県八戸市風張I遺跡, 3長野県高森町吉田本城遺跡, 4東京都武蔵村山市屋敷山遺跡, 5長野県豊丘村伴野遺跡第2例, 6茨城県石岡市宮平遺跡, 7東京都秋川市草花松山前遺跡, 8山梨県道志村神地遺跡, 9長野県箕輪町大出遺跡出土

91

盆地，八ヶ岳西南麓，および伊那谷地域で，これはまた人面装飾付土器の主要発達地域をそのまま反映している（図6）。

Ⅳ類では成人女性を示すと考えられる耳飾りの着装例が出現するが，このことは人面装飾付土器とみみずく把手と区別する重要な視点である。

また特殊な容貌のみられることも特徴的である。具体的には，まず第1は，目・鼻・口の表現をまったく欠く場合である（口絵7−5）。埼玉県狭山市宮地遺跡第3例に代表されるそれらは，埼玉・東京・山梨・長野の各都県よりの9例にみられる。ⅣB類のうちでも長野県塩尻市北熊井中原遺跡例・同伊那市南福地遺跡例の2例には，外側の顔に目・鼻・口が表現されていない。両面に顔のみられる表現のもつ意義については，今後の重要な検討課題である。

第2は，片目が故意に潰れている例が東京都武蔵村山市屋敷山遺跡例（図4−4），同秋川市二の宮森腰遺跡例，神奈川県横浜市青ケ台貝塚例にみられることは，江坂輝彌氏が紹介している[5]が，片側の眉と目が表現されていない

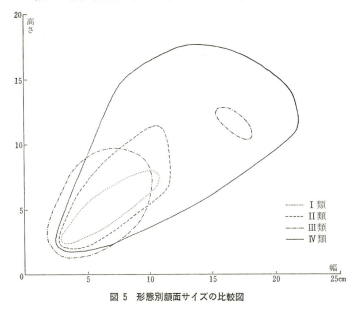

図5　形態別顔面サイズの比較図

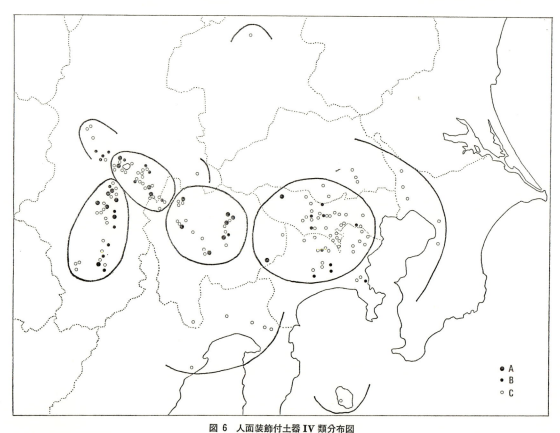

図6　人面装飾付土器Ⅳ類分布図
A：顔面サイズのタテ・ヨコがともに13cmを越す例，B：いずれか一方が13cmを越す例，C：それ以下の例を出土している遺跡

92

東京都府中市清水ケ丘遺跡例（図3）もある。また長野県高森町平林遺跡例・同豊丘村伴野原遺跡第2例（図4—5）のように，兎唇かと思われる例もある。

第3は鼻の表現で，大部分の場合平らないわゆる豚鼻である。しかし茨城県石岡市宮平遺跡例（図4—6）および東京都国立市南養寺遺跡第1例のように，鼻筋の通った例もみられる。これが縄文人本来の鼻の様子であることは，ほとんどの土偶が豚鼻でないことからも知ることができる。Ⅳ類に典型的な豚鼻は当時の重要な狩猟対象動物であった猪がデフォルメされたものであり，猪は鹿と異なり多産系の哺乳類で，人面として表現された女神との観念的な連続性に基づくものであると考えられる。したがって，女神の特徴をさらに強調するかのように，東京都秋川市草花松山前遺跡例（図4—7）では頭上に猪が表現されている。

図7 髪形の諸形態
上：東京都立川市大和田南遺跡第1例，下：同八王子市椚田遺跡第3例

第4は，山梨県道志村神地遺跡例（図4—8），長野県伊那市南福地遺跡例，同南箕輪村浅間塚遺跡例のように頭上に蛇（マムシ）の表現がみられることである。これは長野県岡谷市榎垣戸遺跡例（口絵7—6）のように口縁部の人面の反対側にマムシがみられることと同じ意味である。渡辺誠氏は縄文中期の装飾付土器について，人面・マムシ・猪などを別個に取り上げるのではなくセットでとらえ，マムシは男性を示し，それらの性的結合によって生じる新しい命の食べ物を，神とともに食べた宗教的行事を示唆していると考えている[6]。それを裏付けるように出産を表現したと思える土器胴部に顔がのぞいている例が山梨県須玉町御所前遺跡例（口絵7—4）にあり，長野県伊那市月見松遺跡例（口絵7—7）はそれが退化して土器胴部が円になったものと見られる。

第5は，容貌と不可分な関係にある髪形である。Ⅰ〜Ⅲ類と異なり大型化ばかりでなく，立体化したⅣ類には，顔面部とともに頭部全体の造形性が顕著に発達し，髪形を示唆する場合も多い。今後，人面装飾付土器の機能を解明する上で，これはきわめて重要な要素の一つである。土偶と比較した場合，時期的・地理的に限定された分布状態を示し，髪形からみると土偶よりその表現にデフォルメが強い例が多い。すなわち髪形にみられる女性の社会的な立場において両者には違いが認められ，人面装飾付土器の方がよりシャーマン・女神的様相が強いと思われる（図7）。

第6は，血を示す丹塗りの痕跡のみられる例が長野県伊那市南福地遺跡例などにあることが指摘できる。そして丹塗りの伝統はもっとも古い前期前葉の宮城県上川名貝塚出土例（口絵7—1）にまで遡ってたどることができる。

第7は，吉田敦彦氏が神話学・民俗学からのアプローチで，燃え盛る炎で身を焼き食物を生み出す女神，オオゲツヒメなどとの関係を論じている[7]が，そうした観点から従来土偶などの研究では入墨と解釈されてきた長野県箕輪町大出遺跡例（図4—9）・東京都町田市藤の台遺跡例などの目の下の縦線を，女神の苦痛と歓喜の涙の痕と解釈することも可能となってきた。

以上の容貌の問題のほかに，一般論としてとくに目のつりあがっていることや潰された目のことなどから，怪異な容貌とよばれることもあった。しかし実際に見て観察すると，まず筆者たちの調査では少し過度な表現ではないかと思われた。そ

の見方に個人差はやむを得ないが，しかしその背景として原始的な宗教や祭式についての広範な知識の有無にも若干問題があるように思われる。

5 機能と出土状況

江坂輝彌氏は，勝坂式土器文化にみられる人面把手付深鉢土器は一般の深鉢同様に煮沸道具として使用された痕跡が認められることと，内部のものを見守るように人面が付けられ，その背面の環状把手部分に蛇の装飾のみられることの多いこの土器は，一遺跡からの出土数が少なく，恐らく一集落で一時期に1点位しか作られなかったものとみて，祭儀などの時に神に供献する食物などの特殊なものを煮沸する用具と考えた[8]。

宮坂光昭氏は，煮炊きの痕跡が明瞭であること，しかも発達した把手状装飾は日常的な煮炊きのために使用されたとは考えられず，神に捧げる煮沸兼献上具であり，その行事は顔面把手付土器煮沸祭祀と呼ぶことができるとの同様の趣旨の見解を述べている[9]。さらに吉田敦彦氏は，煮炊きの用具であると同時に胴の部分が膨らんでいて，人の顔がつく土器の形を，妊娠した女性の姿に見立てて，神聖な女神像を見た[10]。

煮炊きの痕跡に加えて，多くの場合人面装飾付土器は底部が打ち欠かれていることが注目される。それが人為的であることが証明されたのは，長野県松川町北垣外遺跡例である。ほぼ完形で土壙から発掘されたが，底部は残っていなかった（酒井幸則氏御教示）。そうした観点からⅣ類のすでに復元された人面装飾付土器をみてみると，ほとんど例外なく底部を欠損している。中期初頭のⅢ類には底部欠損例は少なく，中期前半のⅣ類に伴う特殊な現象といえる。渡辺誠氏は，使用後の汚れによる聖性の喪失を恐れて，底部を損壊して埋設した縄文人の意思を想定している[11]。

また山梨県須玉町御所前遺跡例は炉石の半分を抜かれた廃絶時の住居の床に，故意に粉砕されたような状態で出土した（山路恭之助氏御教示）。土器破壊のすごさに加え，住居まで廃絶して同様の意図を果たそうとしたと見ることもできる。

さらに山梨県須玉町下津金遺跡例は，顔面部が土器から離れた後も石皿の上に立てられて埋置されていたこと[12]，同甲府市上石田遺跡例は磨石の上に顔面部を下にして出土した[13]と報告されているが，東京都三鷹市ICU北西部遺跡第2例では，土器から離れた人面装飾の底部に人為的に磨いたと思われる痕跡が認められた。こうした事実は，土器から離れた後も，人面部は特殊な意味を持ち続けたことを考えさせる。

6 土偶との関係

繰り返すようであるが，耳飾りを付けていること，また男性を象徴するマムシの表現とセットをなすことなどから，人面は実際には縄文人の意識した女神である。その一方で土偶についても同様な指摘が行なわれている。この両者の関係が今後の重要な検討課題である。

筆者が先に検討した山梨県釈迦堂遺跡群出土土偶の髪形との比較が，まず最初になされるべき研究課題である。それに巨視的にみるならば，全国的に分布する土偶に対し，人面装飾付土器は東日本に限定され，西日本にまったく見られないというきわめて大きなズレがある。そのズレこそ両者の性格を強く示唆している。

その上もっとも顕著なことは，髪形の違いである。すでに記したように，それらの検討の上に，土偶と人面装飾付土器の性格の違いにおいて解明を進めていきたい。

註
1) 中村日出男「顔面把手出土地名表」考古学ジャーナル，63，1971
2) 上川名昭「顔面装飾についての一考察」玉川学園女子短期大学紀要，3，1973
上川名昭『縄文中期文化論』1983
3) 吉本洋子・渡辺誠「人面・土偶装飾付土器の基礎的研究」日本考古学，1，1994
4) 八幡一郎「縄文土器の人物意匠について」考古学雑誌，41—4，1956
5) 江坂輝彌「顔面把手新例紹介」考古学ジャーナル，44，1970
6) 渡辺誠「縄文土器の形と心」双葉町歴史民俗資料館紀要，1，1992
7) 吉田敦彦「象徴儀礼としての出産」イマーゴ，5—7，1994
8) 江坂輝彌「土偶芸術と信仰」『古代史発掘』3，1974
9) 宮坂光昭『原村誌』上，1985
10) 吉田敦彦『昔話の考古学』中公新書，1992
11) 渡辺誠「人面把手付き土器の廃棄」史峰，18，1992
12) 小林知生「山梨県考古資料」山梨大学学芸学部研究報告，5，1954
13) 上川名昭『上石田遺跡』1977

縄文の宗教

学習院大学教授
吉田敦彦
（よしだ・あつひこ）

縄文時代には土偶や土器，建物など信仰にかかわる遺物・遺構が
存在するが，全時期を通して大地母神の意味をもちつづけていた

1 女神像としての土偶

　縄文時代の宗教を考えるために，もっとも重要な手掛かりを与えてくれるのではないかと思われる遺物として，言うまでもなく土偶がある。早期から晩期まで，縄文時代のほとんど全時期を通じて作られ続けた土偶は，周知のように性別が表現されている場合には，すべてが女性像として認識できる。その上に最古のものの一つとされている，茨城県北相馬郡の花輪台貝塚出土の例を見てもすでに，両方の乳房が異常なほど大きく表わされている上に，下腹部も円味を帯びて脹らんだ形をしており，子供を妊娠し生んで育てる母親としての働きに関係する体の部分を，ことさらに強調して表わそうとした意図が，はっきりと見られる。

　ところでこのように，乳房，腹，臀部，女性器など，女性の母親としての働きに肝心な体の部分を誇張して表現した像を作ることは，これも周知のように，現在の人類の亜種であるホモ・サピエンス・サピエンスの出現と同時に始まった。今から3万数千年前にホモ・サピエンス・サピエンスの活動が始まり，後期旧石器時代の幕が開くと，ヨーロッパではその最古の時期とされているオーリニャック期にすでに，専門家たちによって一般に「先史時代のヴィーナス像」と呼ばれている，そのような像が，石やマンモスの牙などを材料にして処処で作られたことが，よく知られている。

　オーストリアの南部のヴィレンドルフで発見された，高さ11cmほどの石灰石の像や，南フランスのオート・ガロンヌ県のレスピューグで発見された，マンモスの牙に彫られた高さ13cm余りの像など，もっとも代表的とされている例では，これらの像の手と腕は，巨大な双の乳房の上に，乳を出そうとして押しているようにして置かれている。また目鼻などは表現されていないが，顔はうつ向いて，乳房と腹と女性器の方向にはっきり向けられている。それで目が表わされてはいないにもかかわらず，これらの像はその姿勢からあ

図1 茨城県花輪台貝塚出土の土偶
（南山大学人類学博物館蔵，サントリー美術館『土偶と土面』より）

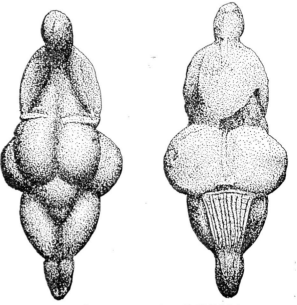

図2 南フランスのレスピューグで発見された，
先史時代のヴィーナス像

たかも，乳房から出る乳によって養われている子と，腹に妊娠されている胎児と，女性器から生まれつつある子に，じっと慈愛の眼差しを注いでいるように見える。しかも乳房や腹，臀部などの現実の人間の女性にはけっしてありえぬほどの脹らみ方から見て，それらの子は，それぞれが1人ずつであるよりは，むしろ夥しく多数なのではないかと思われる。つまりこれらの像は，ただの人間の母親ではなく，同時に多数の子を妊娠し生み育てるという三重の母の働きを果たしている，女神の姿を崇拝の対象として表わしたものであることが，明らかだと思えるのだ。

現在の人類の宗教はこのように，人間の生活に必要なあらゆるものを，無数の子として妊娠しては生み出し育てて，人間を養ってくれていると信じられた真に有り難い母神の姿を，像によって表わして崇めることで始まった。そして人間の信仰の最古の対象であったその母神は明らかに，万物の母と観念された大地そのものの神格化されたものであったにちがいないと想定できる。縄文時代にわが国で作られた土偶も，すでに上述したような形態上の特徴から見て，当時の人々にとって明らかに，ヨーロッパにおける後期旧石器文化の担い手だったクロマニョン人たちが，いわゆる「先史時代のヴィーナス像」によって表わして崇めたのと，同じ大地母神を表わした女神像としての意味を持っていたことが，確実であろうと思える。つまり縄文時代を通じて，人々の信仰のもっとも主な対象であったのはやはり，万物をたえず妊娠しては生み育てる働きによって，世界そのものを成り立たせ，また人間の生活も可能にしてくれている大地の神格化された母神であったことが，土偶の存在からはっきり確められると思われるわけだ。

2　地母神信仰の変化

ところでこのように，縄文時代を通じて大地母神の像としての意味を持ち続けたことが確実と思える土偶のあり方には，縄文時代の中期になると急にいろいろな点で，大きな変化が起こっていることがよく知られている。この時期になると土偶は，前期までのものがすべて粗雑に作られ単純な形状であったのとちがって，ずっとより精巧に作られるようになり，形もさまざまに複雑化して多様になる。また大きさも，前期までのものがすべ

て高さが10cm以下の小形のものばかりだったのに対して，急に大形化して，中には30cmを越す高さのものも見られるようになる。それでそのことからこの時期に，土偶が人々の生活の中で持っていた意味に，何か重大な変化があったことが，推測できるのではないかと思われる。

この時期の土偶はまた，同じ時期の土器などとちがって，完全な形のままで発見されることがきわめてまれにしかなく，ほとんどすべてが破壊された状態で出土している。その上に同じ場所から見つかった破片を合わせて，もとの完形を復元できることもほとんどない。それでそのことからこの時期には人々は，前期までとはちがっていろいろな工夫を凝らし入念なやり方で作るようになった土偶を，最後にはすべて破壊した。そして破片を分けて離れた別々の場所に持って行くという取り扱い方をしていたことが，明らかだと思われる。

それはこの時期を境にして人々が，土偶によって表わされた大地母神に対して，殺されては体を破片に分断されることによって，その破片にされた体のいろいろな部分からそれぞれ，人間の生活に必要なさまざまなものをふんだんに生じさせることをくり返すという信仰を持つようになった。それでその信仰に基づいて，女神を殺し，死体を破片にして分ける儀礼を，女神の像である土偶を破片に分断しては分けることで，実施するようになったのだと，推測することができるのではないかと思われる。

地母神についての信仰のこのような重大な変化はおそらく，この時期にわが国で里芋などの芋の栽培が始まったことと結びついて起こったのではないかと想像できる。そのことはこの時期に，関東地方の西部から中部地方，北陸地方にかけての地域で，一般に「打製石斧」と呼ばれているタイプの石器が，急にきわめて大量に作られ使われるようになったことからも，強く示唆されるのではないかと思われる。なぜならこの石器は，「石斧」と呼ばれていても実際には，水成岩質の脆い河原石で作られているので，斧としては役に立たず，土掘りのために使われたことが明らかと思える。それでこのような土掘りの道具が，急に大量に使用されるようになったのは，この時期にこの地域において，江坂輝彌氏などによって主張されてきているように，里芋などの芋の栽培が始まったためと考えると，よく説明がつくと思えるからだ。

そのことはまた，これも江坂氏らによって主張されてきているように，この時期にこの土掘りの道具の石器が大量に使用されたのと同じ地域で，「キャリッパ型」と通称されている形状の深鉢形の土器が，やはりさかんに作られている事実からも，裏付けられるのではないかと思われる。なぜならこの土器は，胴のくびれた箇所の内部に，蒸気が通る中敷きを置き，その下に水を入れ上に食物を載せて火にかけると，恰好な蒸し器として使用できる。それでこのような蒸し器に最適な形の土器が，この時期に急に数多く作られるようになったわけもやはり，里芋の栽培の開始と結びつけることで，無理なく説明できると思えるからだ。

　この時期の深鉢形の土器の中にはまた，専門家に「人面把手」と呼ばれている，土偶の顔とそっくりな顔を表わした飾りが，口の縁に付けられたものがある。それらの深鉢は，その「人面把手」の下の胴の部分にきまって，大きく膨れた箇所があるので，土器の全体が明らかに妊娠した女性の姿を表わしているように見える。それでこれらの人面把手付きの深鉢もやはり，土偶によって表わされたのと同じ大地母神の妊娠した姿を表わした，女神像としての意味を持っていたことが，明らかだと思われる。そうするとこの深鉢の中で煮炊きされたり，キャリッパ型の場合には蒸されたりしてできる食べものは，土器によって表わされた女神の妊娠した体の中で，ふんだんに作られる。そして土器によって表わされた女神は，自分の子にほかならぬそれらの食べものを，体から惜しみなく生み出しては，人間たちに与えて食べさせてくれていることになると思える。

　そのようにして食物が料理されるためには，深鉢は言うまでもなく火にかけられる。そして長時間にわたって，紅蓮の炎に包まれ，猛烈な熱によって焼かれることになる。それは当時の人々にとってまさに，深鉢によって表わされた女神が，尊い体を猛火で焼かれている。そしてその苦痛に耐えながら女神は，深鉢の中で料理されつつある食物を，体内で育んでは，自分たちのために生み出そうとしてくれていると，生々しく感得されたのだと思える。

　里芋などの作物の栽培は，それを開始したこの時期の人々によって，有り難い大地母神の体を傷つけ，分断する行為であるように感じられたにちがいない。その上にその栽培は当時には明らかに，原始的な焼き畑で行なわれていたと推定できる。だから芋などの作物が，栽培されて地中から産出されるためには，大地母神はそのたびに体を分断される上に，さらに火で焼かれる。そしてそのようにして体を傷つけられて殺されたり，猛火で焼かれて苦しむことをくり返しながら，作物や食物などを，人間のために生み続けてくれる大地母神の受苦と恵みによって，自分たちが生かされているという信仰を，当時の人々は持つようになった。

　それで当時の人々はその信仰に基づいて，一方で大地母神の姿を表わした聖像であった土偶を，数多く作っては破壊した。そしてそうすることで彼らは，大地母神を殺してはその尊い体を破片に分断し，それらの破片の一つ一つからそれぞれ，自分たちが生きて行くために必要な作物などのよいものを，ふんだんに生じさせようとする儀礼を，女神の有り難い恵みに感謝しながら，真心をこめてくり返した。それからまた他方で彼らは，その同じ大地母神の姿を，深鉢形の土器によっても表わした。そしてその土器を火にかけ，その中で芋などの食物を美味しく料理しては食べることを，これも大地母神を崇めるための重要な儀礼としてくり返した。深鉢を使ったこの儀礼によって彼らは，火で焼かれ苦しみながら体から食物をふんだんに生み出してくれる地母神の有り難い働きを表現し，土器から料理されて出てくる美味しい御馳走を味わうことで，女神の恵みを生々しく体験し感謝していたのだと思われる。

3　釣手土器と火の信仰

　縄文時代の中期の人々はまた，食物とともに人間の生活にとってもっとも肝要な火もやはり，土偶や深鉢形の土器によって表わされたのと同じ大地母神が，苦しみながら彼らのために生み出してくれる，子の神だと見なしていたのだと思われる。そのことをわれわれは，この時期に作られた「釣手土器」によって，はっきりと知ることができる。

　この土器は皿か鉢のような形の主体部の上に，把手のような飾りが，全体を覆うように付けられ，それに複雑な装飾や文様が施されている。そしてその飾りの部分の頂点が，本体の中心のちょうどま上に位置するように作られているので，上から吊るして使うともっとも安定する。また油や

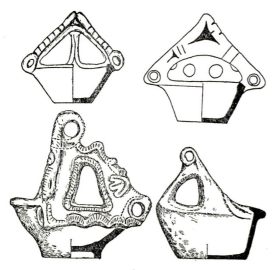

図 3　井戸尻遺跡出土の釣手土器（『井戸尻』より）

すすによる汚れや，焼けこげた跡がはっきり見られるので，「釣手」と呼ばれる飾りの部分によって屋内に吊るされ，本体の部分に油を入れて燃やすことで，ランプのような使われ方をしたことが確実だと考えられている。

ただしランプと言っても，どの家でも使用された日常の用具ではなかった。なぜならこの土器は同じ時期の他のタイプの土器と比べて，発見される数がきわめて少ない。またほとんどが前述したように破片にされた状態で見つかる土偶とはまさに正反対に，完全なままかそれに近い状態で出土するものが多い。そのことからこの土器は，日常の生活のためでなく，特別な場合にだけ用いられ，貴重な品として大切に扱われていた。つまりこの土器をランプのように使って，その中で火を燃やすことには，当時の人たちにとって重要な祭りとしての意味があったことが，明らかだと思えるのだ。

そしてこの釣手土器の中にもやはり，釣手部の頂点に顔がはっきり表わされているものがある。それでその場合にはこの土器も，上述した人面把手付きの深鉢と同様に，全体がきわめて明瞭に，腹が大きく脹れた女性の体を表わすように見える。つまりこの釣手土器も，妊娠した母神の像としての意味を持っていたことが，明らかだと思えるのだ。

そうするとこの土器の中で火が燃やされるときには，その火は妊娠した女神の腹の中から外へと燃え出る。そして釣手土器によって表わされた女神の体を，数千年後に土の中から掘り出されてもなお，その跡がはっきり見えるほど，激しく焼き焦がすことになる。それでその場合にはこの土器によって表わされた女神は明らかに，火をまず胎児として腹の中に宿す。それからその火を，体を焼かれて苦しみながら，子の神として体から生み出していることになると思える。

つまり当時の人たちは，殺されては分断された体から作物などを生じさせ，またその場合にも火で焼かれながら，美味しく料理された食べものを体から生み出してくれる大地母神は，人間の暮らしに欠かせぬ火もとうぜん，その尊い体から出生させ，人間に与えてくれると信じた。それでその信仰に基づいて彼らは，これもその大地母神を表わした聖像としての意味を持っていた釣手土器の中から，火をさかんに燃え出させる祭りを行なった。そしてその祭りによって，尊い母神が体を焼かれて苦しみ，果てはおそらく焼け死ぬような目にもあいながら，人間のために火を妊娠し生んでくれる有り様を，生々しいやり方で表現し，その火の恵みを母神に感謝することを，くり返していたのだと思われる。

4　祭壇の出現

縄文時代の中期のあいだに人々はまたしだいに，自分たちの居住する住居もまた，大地母神の体と同一視する信仰を持つようになった。そのことをわれわれはこの時期の後半に起こった，住居の内部構造の変化から窺うことができるように思える。なぜなら中期の後半になると，この時期の前半には，住居の中央にあった炉の位置が，入り口と向かいあった家の奥の壁により近い場所に移される。それで炉と奥壁との中間のスペースが，前の時期の約半分近くにまで狭まる。そしてその狭くなった奥壁と炉のあいだの空間に，石壇や敷石，立石，石棒などによって構成される，組石の施設が設置される。その結果，それらの組石と炉の中間には多くの場合に，人が1人坐れるだけの余地も残らなくなる。

奥壁を背にし入り口に面した炉端と言えば言うまでもなく，農家では近年まで一般に「横座」と呼ばれて，家の主人の座る席とされてきた。縄文時代の住居でもそこはとうぜん家の主人か，もしそうでなければ，主人以上に敬われねばならぬものが，占めるべき場所と見なされていたにちがい

図 4　長野県唐渡宮遺跡から出土した，埋甕に描かれた絵

ない。このことから中期の後半に，家の主人に代わってその場所を占拠するようになった石組の施設が，当時の人々にとって明らかに，神聖な祭壇としての意味を持っていたことが想像できる。

それとともに，その祭壇の手前の炉は，それ以前の時期のものに比べてずっと大形化し，焼土の堆積などから，生活の必要のため以上に盛大な火が燃やされた痕跡が，はっきり見られる。これは中期の中葉までは，集落共同の広場にそのための施設を設け，その中央に大形の石棒を立てて行なわれていた祭りの場所が，この時期になると住居の内部に移され，奥壁の前の祭壇に，ずっと小形化した石棒やその他の立石を聳立させ，その前の炉で供犠のための火をさかんに燃え上がらせるというやり方で，実施されるようになったことを示すと考えられる。そしてこの時期になると，小形化するとともに，住居址から発見される例が圧倒的に多くなる石棒は，周知のように典型的な形状では明らかに，勃起した男性器をリアルに象っており，大地母神へのもっとも好適な捧げものであると同時に，その母神の産出力をいやが上にも増進させる呪物としての意味を持っていたことが明らかだと思われる。そのことは石棒が，土偶と同様に，明らかに人為的に破損されたと思える状態で，発見される場合が多いことからも，裏付けられるのではないかと思える。

5　埋甕の意味

このような変化に伴って，中期の後半の住居にはまた，入り口のところに甕の形をした深鉢形の土器を埋設する，「埋甕」の風習が見られるようになる。この風習の意味と目的は，周知のように渡辺誠氏によって，きわめて明快に説明されている。それによれば当時の人たちは死んで生まれたり，あるいは生後すぐに死んでしまった赤ん坊を憐れんで，このようにして，住居に住むものたちがいつもその上をまたいで通る場所にわざわざ，甕に入れて埋葬してやった。それはそうすればその甕を母となるべき女性がまたぐときに，その中に葬られている死んだ子の魂が，股間から体内に入って，受胎されまた生まれてくることができると，当時の人々が信じていたからだと言う。

渡辺氏によれば，長野県諏訪郡富士見町の唐渡宮遺跡から出土した埋甕にはまさしく，この信仰を生々しく表現したと思われる絵が描かれている。つまりその絵には，埋甕に葬られた赤児の魂が，大きく開かれた母となる女性の股間から，今まさに体内に入って受胎されようとしている有り様が，驚くほどリアルに描写されていると思えるので，そのことを氏は，こう的確に解説されている。

「大型の『埋甕』の外面下部に，まさしく子供の魂が女性の胎内に入るところを，黒色顔料で描いた珍しい絵がある。2本線で描かれた両足は左右に大きく踏んばり，下腹部には楕円形の女性性器が誇張され，ここから地面に向かって4条の線が垂れている。これは死んだ子供の魂が，大地からかげろうのごとく母親となるべき女性の胎内に入る様子を示しているのである」（梅原猛・渡辺誠編『縄文の神秘』学習研究社，1989）。

この埋甕の習俗は，この時期に内部に前述したような祭壇が設置されるようになり，それに伴ってそれ自体が祭場としての意味を持つことになった住居が，そのことの結果として当時の人々によって，大地母神の体を表わすと見なされるようになったために始まったと考えると，よく理解できるのではないかと思われる。なぜならその場合に住居への入り口はごく自然に，女神の体への入り口である産道に見立てられたにちがいないと想定

99

できる。それで当時の人たちは，その産道に見立てられるようになった場所の床面に接するようにして，これも大地母神の体を表わす意味を持ったと思える，深鉢形の土器を埋設した。そしてその中に死んで生まれたり，生まれてすぐに死んでしまった，可哀想な赤ん坊を埋葬してやった。それは彼らが，そうしてやればその赤ん坊の魂が，大地母神の子宮からその産道を通って，住居に出入りする女性の体内にもっとも早く受胎される。そしてこの世にまたもう一度，生まれてくることができると信じていたからだと思われる。

このことはさらにまた，埋甕と石棒とのあいだに明瞭に見られる結び付きによっても，強く裏付けられるのではないかと思える。中期の後半の住居址からは事実，石棒がしばしば，埋甕の側にかつては直立させられていたと思える状態で出土しており，また埋甕の内部から出土した例もあることが報告されている。それは前述したように勃起した男根を表わしており，産出力を増進させる呪物としての意味をもった石棒を，このようなやり方で埋甕と結び付けることによって，その力に助けられて埋甕に埋葬された赤児の魂が，いやが上にも速やかにまた母の体内に受胎され，つつがなく再生することを願ってされたことだったと想像できるからだ。

6　柄鏡形住居は祭場

縄文時代の中期の末から後期の前半にかけての時期になると人々は，祭場をこのように大地母神の体内つまり産道と子宮に見立てた信仰を，さらにいっそうはっきりと表現した構造を持った建物を作るようになった。それは入り口の部分が，多くの場合に円い形をした建物の主体部から，ちょうど鏡の柄を思わせるような細長い形で，突き出したような形状をしていることから，一般には「柄鏡形住居」と呼ばれている。だが「住居」と呼ばれていても，この建物はじつは明らかに，当時の人々が日常に起居したり生活した場所ではなかったと思える。なぜならこの建物は，同時期の通常の竪穴住居よりも，一まわり狭く作られている上に，その址から日用の什器だったと思えるような土器や石器は，きわめてわずかしか発見されていない。また床の中央にはきまって炉が設けられているが，その炉にも暮らしのために常用された痕跡は見られない。しかも通常は集落の中に，他の住居と区別されて，一軒だけ設けられていたので，そのことからも他の竪穴住居に住んでいた集落の人々によって，何か特別の目的のために共同で利用された施設であったことが推定できるからだ。

その上にこの建物の床面には，全面か一部に石が敷きつめられていることが多い。それでそのことからは，中期の後半の住居の内部に設けられた，石の祭壇および敷石との関係が想定できるように思える。つまり中期の末になると人々は，その前の時期にいったん，住居の奥の部分を占めるようになっていた，祭場としての石組の施設を，より大きく広げて屋内の全部あるいは大部分にまで拡大した。それでその変化により，住居の一部分だけには納まりきらなくなった，その祭りの場所にする目的で，住居とは別に，このいわゆる「柄鏡形住居」を，それぞれの集落に建てるようになったのだと思えるわけだ。

この建物の特殊な形状は，それが大地母神の体に見立てられた祭場であったと考えることで，よく理解できるのではないかと思える。なぜならこの建物の本体であるいわゆる「鏡」の部分を，女神の子宮に見立てると，そこに入るための通路だったと思える，いわゆる「柄」の部分は，その子宮に至る産道を表わすのに，まさにこの上なく適切と思えるような形をしているからだ。

大地母神の体に入ることは，言うまでもなく死を意味する。だから当時の人々は，祭りのためにこの特殊な構造の祭場に入るそのたびごとに，自分たちがそのことでいったんは，象徴的な死を遂げると意識していたのだと思える。だが彼らはそのことをまた，女神の子宮の内部に入ることで，そこに胎児として妊娠されることでもあると見なしていたと想像できる。そしてそこで祭りを執行し終えてはまた産道に当たる「柄」の部分を通り抜けて建物の外の世界に出てくるそのたびごとに彼らは，自分たちが大地母神の体内に横溢している無限な生命力に浴することで，生命を更新されては再生する喜びを，味わっていたのにちがいない。そしてそのことで彼らは，自分たちもまた万物の母である大地の子宮に妊娠されてその産道を通って生み出される，大地母神の子にほかならないことを，生々しく実感しては，大地が自分たちにとってもまさに母であると，確認していたのだと思える。

銅鐸と古墳時代の木製品
大阪府下田遺跡

出土直後の銅鐸

扁平鈕式四区袈裟襷文銅鐸
（器高 21.7 cm）

古墳時代前期の溝
弥生時代河道が埋没して形成された溝
で，最大幅 10 m，深さ 1.5 m である。

大阪府堺市下田遺跡では，石津川の旧河道と河畔に埋納された銅鐸が検出された。また古墳時代前期には河道が埋没して形成された溝から布留式土器とともに多量の木製品が出土した。木製品は威儀具・武具のほか，多種多様で，卓越した集落の存在をうかがわせるものであった。

　　構　成／仁木昭夫・西村　歩
　　写真提供／㈶大阪府埋蔵文化財協会

木製品検出作業風景

大阪府下田遺跡

木製品出土状況
農具・建築部材・四方転
びの箱などが点在する。

環頭形木製品出土状況（長軸19.5cm）

四方転びの箱（幅約22cm）

刀剣装把具（把頭）
（長軸10.3cm）

短甲（全高38.0cm）

琴（残存長40.2cm）

韓国 新鳳洞遺跡

百済馬具類の新資料

清州新鳳洞遺跡は百済時代の大規模な古墳群で，忠北大学校博物館による第3次調査の結果，東斜面から土壙墓112基と石室墳2基が発見された。土壙墓は稜線の下端部から上端部に向かって順次築造されており，各種の馬具類と百済圏では初めての鉄鏃群（塊）と盛矢具の附属品などが出土し，石室墳からは鉄製冑が出土した。土壙墓は4世紀初め～5世紀中葉ごろ，石室墳は5世紀中～後葉ごろと推定される。

構　成／趙詳紀
写真提供／忠北大学校博物館

109号墳遺構出土状態

109号墳出土鉄鏃群

109号墳出土銅地金装製心葉形金具

97-1号墳出土鐙

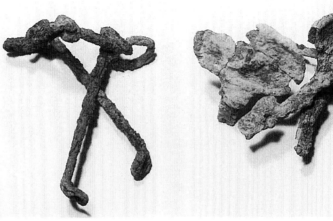

60号墳出土轡　　　　　83号墳出土轡

韓国新鳳洞遺跡

1号石室墳遺構出土状態

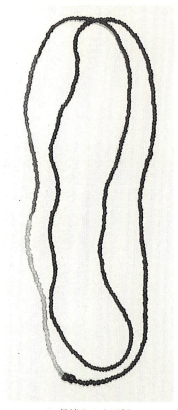

74号墳出土小玉類

108号墳出土環頭大刀

鉄斧（左から28号、31号、92号、37号墳出土）

25号墳出土把手付杯

40号墳出土灰色軟質有蓋壺

31号墳出土甕

● 最近の発掘から

銅鐸と古墳時代の木製品 ――大阪府堺市下田遺跡

仁木昭夫・西村　歩　(財)大阪府埋蔵文化財協会

　下田遺跡は大阪府堺市下田町に所在する縄紋時代〜古墳時代の遺跡である。下田遺跡については下田遺跡調査団による1988年度の発掘調査で石津川旧河道が検出され，その埋積土から蓋・琴などを含む木製品がまとまって出土して以来，関心が寄せられていた。この度，1993・94年度に(財)大阪府埋蔵文化財協会が都市計画道路常盤浜寺線の建設に伴って，過去の調査地点の至近距離で発掘調査を実施した。その結果，弥生時代中期・古墳時代初頭〜中期の集落跡，さらに88年度調査の石津川旧河道に連続すると考えられる弥生〜古墳時代の河道を検出した。河道の川岸からは銅鐸埋納坑が検出され，また河道が自然埋没して形成された溝からは，古墳時代前期前半の古式土師器のほか多種多様の木製品が出土し，多大な成果があげられた。

1　遺跡の位置と環境

　下田遺跡は堺市最大の河川である石津川の下流域左岸に位置する。石津川の開析した左岸の丘陵先端部（三光台地）には弥生時代の大集落である四ツ池遺跡が立地している。下田遺跡はこの三光台地北端東縁と石津川との間に位置し，地理的には石津川の形成になる沖積平野上の標高7m前後の地域にある。遺跡周辺には四ツ池遺跡をはじめとして著名な遺跡が点在しており，石津川をはさんで右岸には百舌鳥古墳群，石津川の上流域には陶邑窯跡群が展開する。

2　弥生時代の河道と古墳時代の溝

　調査区南西部で最大幅約35mの河道を検出した。旧石津川の一時期の流路で北東から南西に流れる。深さ−4mまで確認したが深度は不明である。川岸付近の埋土中から弥生式土器や古式土師器が多量に出土している。須恵器は一片も含まない。河道西岸矩面の埋土中より弥生時代中期土器の出土をみている。
　河道は徐々に埋まり古墳時代前期前半頃には北岸に沿って幅を狭め，幅6〜10m，深さ1〜1.5mの規模の溝となる。中央で大きく南西方向に向きを変える。方向転換地点の北岸矩面には浸食の様子を観察しうる。しかし常時激しく水は流れておらず，滞水して澱んだ状態の時期もあり，旧石津川の流路が変わり三ケ月湖のような閉鎖的な水域であったことがうかがえる。埋土は有機物を含んだ泥土状を呈し，とくに下層にその傾向が強い。埋土中には多量の古式土師器とともに貝・昆虫・骨・種子などの動植物遺体のほか，漆塗りの威儀具・祭具・武具・農具・工具・建築部材・櫂・四方転びの箱・朱塗りの刀剣の柄や琴など多種多様の木製品を包蔵している。

3　銅鐸の出土状況

　河道および周辺部の調査用に設けた断面観察用の畔内より銅鐸埋納坑を検出した。埋納坑は層位的にみて溝形成以前の河道北岸より検出しており，弥生中期遺構面より上層にあたる。現時点での埋納の時期は弥生時代中期（畿内第Ⅳ様式）以降古墳時代前期前半以前であると考えられる。検出面の標高はT.P.6.1mをはかり，低地部での検出に一例を加えるものである。埋納坑の径41cm，深さ28cmをはかる。銅鐸検出時の露呈面は地震の噴砂（淡い黄色土系の微砂）の影響を一部うけているが，灰色土系の微砂質土に包まれて，鈕をおよそ西側やや下方に向け鰭を立てた状態で出土している。扁平鈕式（内外縁付鈕式）四区袈裟襷文型式で，総高21.7cm，最大幅13.5cm（鰭を含む）をはかる。

4　木製品

　埋没して溝状となった河道から多量の布留式土器とともに木製品が出土した。土器は壺・甕・高杯・鉢・器台・蛸壺などである。木製品は河底付近に漂着した状況を示す。その種類は多岐にわたるが，破損により用途を特定できない遺物も多い。
　環頭形木製品は用途は不明ながら，緻密かつ繊細な細工の上に黒漆が施され，まさに威儀具と呼ぶにふさわしい優品である。類例がいくつか知られているが，そのうちで最も遺存状態の良好な遺物である。
　武具・武器には短甲・刀剣装把具がある。短甲はヤナギ属の木を素材とする。前胴・後胴のいずれかは決定し難いが，体幹に沿わせるべく微妙な湾曲がある。側縁が上方に立ち上がり，頸部付近には2ヵ所の紐掛け孔を穿つ。胴部に単純な線刻を施す。裾に走る縦方向の亀裂を，その両側に補修孔を設けて補修している。頸部紐掛け孔が摩耗し，また装飾性に乏しいことから，実用品と考えられる。刀剣装把具は刀剣の把頭で，全体的に朱が塗布されている。片面には鋸歯文が1列彫刻される。ま

105

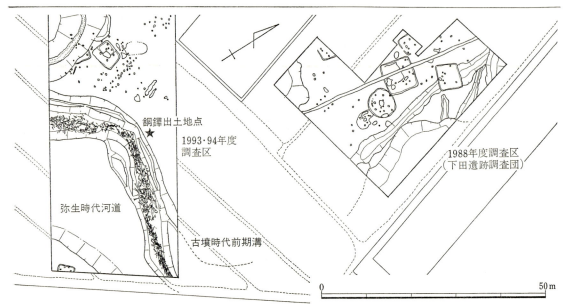

下田遺跡主要遺構配置図

た他面は小孔や小溝などの細工があり，その状況からサーベル状の護挙が装置されていた可能性も考えられる。

祭祀具には武器形木製品・船形木製品がある。武器形木製品には小型の剣形木製品・大型の大刀形木製品がある。船形木製品は平底の丸木船状に作られている。

楽器として琴が1点出土した。上板のみで尾を欠失し、集弦孔を含む頭側が残存していた。羽子板状を呈し、側縁付近には共鳴槽連結のための細長い孔を穿つ。半月状の集弦孔には、細かい12条の線刻を施した集弦装置が木釘で固定されている。この線刻から、12本の弦が集弦孔に集約されていた可能性も考えられる。このような装置はこれまで知られておらず、またそこから導かれる弦数も既知の出土琴と比べて倍に達しており、この問題については多方面から検討が加えられる必要があろう。

農具には鍬・泥除・鋤・杵・鎌柄・槌状木製品などがある。鍬は直柄広鍬・直柄横鍬・曲柄又鍬の3種類が確認されている。広鍬には未製品も含まれ、また鍬に付属する泥除も出土した。鋤は数個体が含まれるようである。杵は竪杵で、通有の形態のものが出土している。

建築部材は木製品中で最も量的に多いとみられるが、使用部位を特定できない遺物が大半である。長い丸材は柱・垂木などと考えられる。性格を特定できる部材として高床倉庫の梯子が数個体出土している。

日常生活品・雑具には腰掛・木鎚のほか、槽・盤・四方転びの箱などの容器類がある。四方転びの箱は、台形の小型板材を4枚組み合わせて作られた箱状の遺物である。周辺に小孔を設けて綴り合わせるので破損しやすく、下田遺跡からは崩壊した板だけが出土した。用途は不明であるが、大陸系の木工技術である規矩術によって製作されたもので、在来技術の所産ではない。

この他に船舶関係の道具として櫂の出土をみている。

なお腰掛には年輪年代測定が可能な個体が1点含まれ、奈良国立文化財研究所に分析を依頼し、A.D.240年代の実年代が得られている。資料には素材の伐採年まで数十年以内という証拠があり、さらに使用年数を含めると埋没時期は3世紀後半～4世紀頃と考えられる。

5 まとめ

下田遺跡は石津川が形成した沖積平野上に展開する遺跡で、弥生中期に始まり古墳初頭～前期を最盛期とする大規模な集落である。とくに古墳前期の木製品は質量ともに際立っており、下田集落が4世紀の泉州地域における拠点的地位を保持していたことを物語るようである。下田遺跡の北西約800mの台地上には四ツ池遺跡が所在する。四ツ池遺跡は弥生中期に台地上を中心として集落の最盛期をもつが、後期以降には規模を縮小して古墳初頭～前期には河川・海浜部の沖積平野上へ集落が出現することが知られている。その要因は未だ明らかにされていないが、石津川の氾濫原に立地する下田遺跡も、こうした現象の一つの局面と捉えることができよう。これら平野部における集落群の出現は、丘陵上の四ツ池集落の消長と表裏一体であり、つまりは古墳時代に至って居住地の移行が行なわれた結果であろう。そして下田遺跡は遺物の特殊性から、四ツ池集落の本貫ともいうべき中心勢力、あるいはそれに近い勢力が居を構えた集落ではなかったかと考えられる。そして立地と石津川の古代史に占める重要性も含めて考慮すれば、石津川周辺地域の港湾・水運を統括する要衝だったのではないかと推定される。

●最近の発掘から

密集して発見された百済古墳群──韓国新鳳洞遺跡

趙　詳　紀　　忠北大学校博物館

1　遺跡の位置と環境

　新鳳洞古墳は韓国中西部内陸地方の忠清北道清州市新鳳洞に位置し，地理的な座標は東経127°28′00″，北緯36°39′00″にあたり，海抜50〜114mほどの低い丘陵に百済古墳が集中的に分布する。この遺跡は錦江上流にあり，周辺には支流の美湖川と無心川が流れ，海抜100m以内の低い丘陵性山地と平野地帯が大部分をなしている。この遺跡から西へ1.5km離れた所には原三国時代の大規模な古墳密集地域である松節洞遺跡がある。

2　調査の経過

　遺跡は史跡第319号に指定され，第1次年度の1982年に百済時代の横穴式石室墳1基と土壙墓14基，1990年の第2次年度にはA地区とB地区にわけて調査を実施したが，A地区から土壙墓74基と甕棺墓1基，B地区で土壙墓24基を調査した。B-1号において百済圏域では初めて鉄製短甲が出土し，その重要性が確認されたところである。第3次調査は1992年6月6日〜9月22日まで，1990年に調査したA地区調査区域の稜線下端部（海抜51〜63m）において土壙墓48基，上端部（海抜73〜91m）で土壙墓64基と石室墳2基を調査した。3次にわたる調査の結果その重要性が認識され，清州市では新鳳洞古墳公園として造成を推進中である。

3　遺跡の性格

　新鳳洞遺跡は土壙墓が稜線の下端部から上端部に造成され，海抜89m部分からは土壙墓の密集度も低くなり，石室墳が登場するも一定期間両者は並存する。古墳の密集度をみると南・東斜面に集中的に分布し，北斜面は密集度が低い（図参照）。古墳が分布する範囲は約200,000m²であるが，第3次に調査された面積は約3,000m²で，全面積の約1.5%にすぎない。遺跡は全体にわたって盗掘の被害を受け，遺構がはなはだしく攪乱された状態であったが，一部の遺構は残存状況が良好であった。

（1）　土壙墓

　墓壙は稜線が延び出たところの傾斜面と直交しており，百済時代の古墳はおよそ方位概念よりは自然地形を利用して労働力を節約して築造したものと解釈される。この遺跡は土壙墓の築造初期段階で，稜線の下端部分は副葬遺物が単純で貧弱である。また墓壙底面に川石を敷いたものは3基の石室墳と90B-1号，92-80・83・109・111号土壙墓である。破壊された111号を除いた4基は大体墓壙が大きくかつ深く，副葬された遺物（土器および装身具・環頭大刀・馬具類など）も多い点からその当時の上流階層の人物が埋葬されたものと判断される。また稜線の下端部分（海抜70m以下）では馬具類が全く出土せず，稜線の上端部にいくにつれ，馬具の出土頻度が高くなっている。これは古墳の築造初期には馬具類の使用がなく，一定の時期（A.D. 4世紀後半〜5世紀初め）から身分が高い人を中心に馬具類が使用され，副葬されたものと解釈される。

　60号墳　発掘区域の中間部分にあたる74.5mのところに位置し，この古墳から馬具類が副葬され始めた。木槨墳で副槨が設けられている。墓壙の規模は長さ3.23m・幅1.5m・高さ0.7〜1.13mで，木槨は長さ1.9m・幅1.1mである。遺物は木棺内から小刀子・耳環・小玉，木槨と木棺の間から短頸壺1個が出土し，副槨から甕・壺・把手付杯・鉢・馬具類が出土した。

　80号墳　この遺跡で調査された土壙墓のうちもっとも規模が大きく，2基が並行して築造されていた。下墳の墓壙規模は長さ4.73m・幅2.78m・高さ1.18〜1.92mで，木槨墳であるが内部の攪乱によって規模は確認できない。土壙内から甕・壺・把手付杯・蓋・杯・鉄鏃・大刀片・棺釘などが出土した。上墳の墓壙規模は長さ3.28m・幅1.38m・高さ1.04mで，長さ2.7mの木棺の輪廓が確認され，遺物は壺・鉢が出土した。

　109号墳　発掘区域では上端部の海抜90mに位置し，墓壙の規模は長さ4.32m・幅1.86m・高さ0.2〜1.2mで，木棺の規模は長さ3.3m・幅1.53mである。内部は盗掘によって攪乱され，底面には川石が敷かれている。遺物は主に木棺外から小型杯と鉢と鉄鏃群2群などである。鉄鏃群のうちには，鉄鏃の上に曲玉形金具が1点銹着しているものもある。鉄鏃群の周りからは盛矢具の付属品として鉸具・銅地金装製の方形金具16点・心葉形金具4点が出土した。心葉形金具は周縁に8点の鋲があり，その中央には1個の鋲で固定させ，裏面には革質が厚く銹着している。

（2）　石室墳

　1・2号石室は丘陵斜面に築造され，盗掘によって墳丘は全体的に流失した状態であった。埋葬施設の横穴式

107

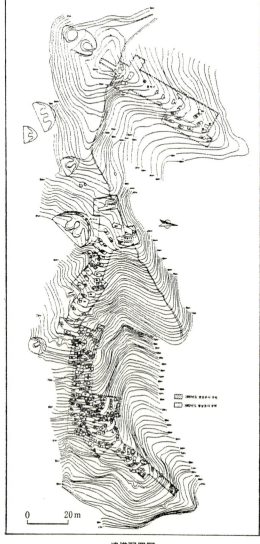

遺構配置図

石室は1・2号とも玄室と羨道部分の壁石上部が失なわれていた。横穴式石室で、羨門部は玄室から南を向いており、棺台は1号は中央部、2号は東に寄って設けられていた。羨道端に続いて墓道がある。玄室と羨道ははなはだしく攪乱された状態であった。石室は出土遺物からみて新鳳洞遺跡ではおおむね遅い時期の5世紀中～後葉と考えられる。

1号石室墳 海抜89mに位置し、石室の埋葬施設は主軸をN-25°-Eにとり、左片袖式で石室の全長は7.3m。玄室は長方形で長さ3.25m・幅2.1m・残存高1.35m・袖部幅0.9mで、羨道の長さ1.8m・幅1.05～1.25m・高さ0.55～0.65m・墓道の長さ2.0mで、ゆるやかに立ち上る。石材は0.3～0.5mほどの花崗岩で、比較的平坦に仕上げられた面が石室の壁面になるようにしている。棺台は玄室中央に長さ2.53m・幅1.25mの規模に割石を使って、長方形に築いたのちに内部の底面に川石を敷いている。玄室底面には全体的に川石を敷いている。遺物は甕・壺・台付壺・把手付杯・杯・鉄鏃・鉸具・棺釘などが出土した。

2号石室墳 海抜91.5mに位置し、石室の埋葬施設は主軸をN-30°-Eにとり、石室は右片袖式で、石室の全長は8.8m、玄室は方形で長さ3.85m・幅3.64m・残存高1.43m・袖部幅2.15m・羨道長2.0m・幅1.35～1.4m・高さ0.88m・墓道の長さ2.9m・幅1.35～1.4m・高さ0.45～0.68mである。玄室と羨道部底面には川石、墓道には割石が敷かれている。墓道底面は比較的平坦で、西壁側に短頸壺4点、中央部で鉢1点が出土した。棺台は1号のような形式であり、玄室の東側に長さ2.4m・幅1.48mの規模に割石を利用して長方形に築いた後に、内部底面に川石を敷いている。棺台中央部で小玉と鏃、石室西側の攪乱部分から壺と鉢、底面から鉄製冑・鉄鏃・盛矢具の付属品と推定される心葉形・方形・曲玉形の金具、棺釘などが出土した。この石室出土の鉄製冑は百済圏域では最初の例である。

4 結 び

遺跡は3次にわたる調査の結果、百済圏域で土壙墓が大規模に密集分布していることが確認された。現在までに調査された220余基の百済土壙墓と3基の石室墳の調査でその性格を一部分でも窺えるようになった。第3次の調査で出土した遺物のうち土器は百済土器である甕・壺・鉢型土器・蓋・杯などであるが、40号出土の灰色軟質有蓋壺はこの遺跡が最初であり、大型把手付杯など新鳳洞遺跡の出土土器は百済圏の他遺跡の出土品と比較しうる地域的な特性をあらわす遺物とみられる。鉄器類において武器類は鉄刀子・鉄鏃などが多量に出土し、大刀・環頭大刀・鉄鉾は少ない。108号出土の環頭大刀は銀製環頭である。工具類は鉄鎌・鉄斧・鉄鑿などで、鉄斧中、鋳造鉄斧は28号においてのみ出土した。馬具のうち轡と鐙が共伴する遺構は4基で、鐙だけ出土する遺構は2基、轡だけ出土する遺構は6基である。石器類は93・102号で小型の砥石が出土した。

新鳳洞遺跡の土壙墓の築造時期は4世紀初め～5世紀中葉、石室墳は5世紀中～後葉ごろと判断される。

以上、清州新鳳洞遺跡の第3次発掘調査について簡略に述べた。第3次発掘調査の報告書は1995年上半期に刊行される予定である。

(飜訳・中山清隆)

連載講座
縄紋時代史
24. 縄紋人の集落（4）

北海道大学助教授
林　謙作

3.「見なおし論」の評価（2）

3-2. 移動と定住（2）

　移動と定住。この問題を正しくとらえるには，すくなくともつぎの三つのカテゴリーをはっきりと区別しておかねばならない。第一は，縄紋集落の研究の歴史のなかで，「定住」がどのような意味でとり上げられたのか，という問題である。これは第二のカテゴリー，つまり縄紋人の移動／定住の実情とはべつの問題なのだが，いまの移動／定住をめぐる議論のなかには，この点ですでに混乱を起こしている場合もないではない。第三のカテゴリーは，日本列島の社会の歴史のなかでの，縄紋社会の移動／定住の評価である。

　この三つのカテゴリーのうち，第一のカテゴリーを無視して作業をはじめることは無謀というものである。しかし，第二・第三のカテゴリーは，一方の中身があきらかにならなければ，つぎの作業に移れない，という性質のものではない。第二のカテゴリーだけに議論が集中し，第三のカテゴリーはほとんど問題になっていない，というのが現在の縄紋集落論の実情である。しかしつねに第二・第三のカテゴリーのなかに置きかえながら作業を進めなければ，バランスのとれた縄紋集落のすがたを組み立てることはできない。

3-2-1.「原始聚落の構成」のなかの「定住」

　縄紋集落の研究の歴史というコンテクストのなかで，「定住」がどのような意味を持っているのか。その問題は，われわれが「原始聚落の構成」のなかの和島の発言を正しく理解しているかどうか，その問題と切り離すことはできない。なかでも，和島が縄紋時代の集落ではなく，「日本における原始聚落の実相とその変遷」を問題とするなかで，「定住」の問題を指摘していることを見落とすわけにはゆかない。

　岩宿の調査がおこなわれたのは，和島がこの論文を発表した翌年，1949年のことである。当然，和島は縄紋早期以前の集落のすがたには触れていない。しかし花輪台から出土した遺物を，「石器時代の文化として決して始源的な姿」[1]ではない，と評価する。一般的なイメージにしても，より「始源的な」状態が視野のうちになければ，このような評価はくだせない。和島は，このような状態と比較したうえで，「日本石器時代の早期以来傾向として持っていた定住性」[2]を縄紋集落の特徴のひとつとして指摘する。

　ただし，豊かな自然的資源・生産力のある程度の発達・生産力の合理的／効果的な使用という条件のもとで「或る程度の定住」[3]が実現したとしても，「一つ一つの竪穴とその成員」は，生産の場では「聚落全体の組織的な動きに強く規制される一部分として初めて意味を持つ」[4]状態にあった。和島が，このような状態を，「……数個の竪穴が，一単位として聚落の内部に分岐」[5]している弥生時代の集落と対照的なものとらえていたことはあきらかである。和島が「定住性」を縄紋集落の特徴のひとつとしているのは，前後の時代との比較にもとづく，相対的な評価なのだ。

　このような和島の判断は，どこに由来するのか。佐々木藤雄は，マルクス＝エンゲルスの「定住」への関心は，「定住生活の形成に伴う土地占有関係の歴史的形態の変化」を解明することにあったことを指摘する[6]。和島は，彼らとおなじ立場から「定住」の問題をとりあげている。言葉を変えれば，人間が土地を「私有」するようになるまでのいくつかの段階，そのひとつの区切りとし

109

て，和島は縄紋集落の「定住性」を指摘したのだ。人間が土地に対してどのような関係を保っていたのか，そしてそれがどのような条件のもとでどのように変化するのか，それらの疑問を前提として，はじめて移動／定住の問題が歴史的な意味をもつ。「原始聚落の構成」のなかの和島の発言は，そのように読み取るべきだろう。

表1 19世紀アイヌのコタン内の住居戸数 （ ）は場所・番屋所在地のコタン

戸数 地域	1~3	4~6	7~9	10~12	13~15	16~	出典
夕張	10	2	3(2)		1(1)		松浦 1977
十勝	8	5	2	2			同上
釧路	6	6	2			1	同上
知床	1	2(1)	2(2)	1(1)	2(2)	1(1)	同上
天塩	18						同上
モンベツ	7	2	1				遠藤 1985
シビチャリ	1	2	2	1			同上
マクンベツ	1	1			1		同上
チヌイヒラ	1	1					同上
合計	53	20(1)	10(4)	5(1)	3(3)	2(1)	

3-2-2. 欧米人類学・先史学のなかの「定住」

「定住革命」という言葉がよく引き合いに出されるようになった。「自由主義社会」が勝利をおさめ，「革命」の成果がつぎつぎに否定されてゆくなかなので，とくに目立つのかもしれない。それはともかく，V. G. チャイルドは，「新石器革命」の結果としての「都市革命」Urban Revolution の歴史的な意味を検討している[7]。「定住」がどのような条件のもとではじまり，都市形成 Urbanization に向かうのか，それは1950-1960年代のアメリカの Settlement Archaeology の関心のひとつでもあった[8]。しかし，「定住」の問題が欧米の人類学・先史学の研究者の共通の関心の的になったのは，1960年代のなかば，シカゴで開かれたシンポジウム "Man the Hunter"[9] 以後のことなのだ。このシンポジウムのなかでは，狩猟採集民の集団の動き group mobility（集団動態）も，議論のテーマのひとつになっている。

佐原眞や鈴木公雄[10]は，このシンポジウムでとり上げられたいくつかの問題のうち，狩猟採集民の主食の問題を紹介し，縄紋人の食料事情の新しい定説をつくった。海の向こうでは，カロリー・集団動態・人口・分業などを絡みあわせた議論がつづいたが，この国では，カロリー一辺倒になってしまい，反論らしい反論もないままに菜食主義者が圧勝をおさめ，縄紋人はじつは植物採集民だ，ということになってしまった。「コンピューター考古学」の専門家は，人口規模の問題を手前勝手に利用したが[11]，集団動態・分業についての議論は，紹介されぬままになった。

シカゴ・シンポジウムで描きだされた狩猟採集民のすがたは，熱帯の移動性の高い社会 High Mobility Society をモデルとしたものであった。1980年代に入ってから，むかし高級狩猟民と呼ばれていた人びとの複雑化した狩猟採集社会 Complex Hunter-gatherer Society に目が向けられるようになっている[12]。「シンプル・ライフを送る狩猟採集民」というイメージが，狩猟採集民とよばれる人びとの多様な生活や文化を，単純化し過ぎていることに気づいた結果である。「複雑化」した狩猟採集民と「単純な」狩猟採集民をどのように区別するか。こうして，ヨーロッパ・アメリカの先史学・人類学の研究者は，定住と貯蔵に目を向けるようになったのだ。

3-3. 移動の実情

集落の移動は，どのような形をとっていたのだろうか。水野正好は，離村・移村という現象のなかには，「斉一的な村あげての」動きと，「非斉一的な一部家族の」動きが交錯しており，「斉一的離村をおこないながらも（中略）各家族がそれぞれ別地に移村したり，一部家族のみが分散する場合も考えられる」[13]としている。

「見なおし論」の立場をとる人びとが，この点をどのように考えているのか，かならずしもあきらかではない。私が論文に目を通したかぎりでは，水野が「斉一的な村あげての」離村・移村と名づけた動きが基本となっていると考えているのではないか，という印象をうける。いくつかの世帯が移住してきて集落をつくり，やがてまた一斉に他の土地に移住してゆく。そのようなできごとも実際に起きているにちがいない。しかし，一部の世帯がよそに転出したのちも，一部の世帯だけがもとの集落にとどまっている，そのような事態もありえないわけではない。19世紀アイヌの人口動態，それに秋田・大湯環状列石の形成過程，そのふたつの分析結果から，そのあたりの事情を説明しよう。

3-3-1. 19世紀アイヌの人口動態

アイヌ社会の地域的なまとまりの単位については，あらためて紹介することとし，ここでは，彼らが「コタン」とよぶ単位が地域社会の基礎となっていたことだけを指摘しておこう。松浦武四郎の踏査記録によれば[14]，コタンの規模はあまり大きくはない。釧路川流域の踏査記録である『久摺日誌』のなかに，人家16軒という記載がみられるが，これはむしろ例外で，10～12軒以内が普通で，13軒をこえるコタンは，和人の入植地（場所・番屋）に集中しており[15]，戸数3戸以下のコタンが圧倒的に多く，天塩川流域のように，18カ所のコタンがすべて戸数3軒以下という場合もある（表1）。

遠藤匡俊は，1856年～1858年の松浦武四郎の『野帳』[16]にもとづいて，日高沿岸の勇払・沙流・三石・静内など7カ所の地域（図1）のアイヌの人口動態を分析している[17]。そのうちでも，人口移動のもっとも激しい三石の実情をみてみよう（表2）。1856年～1858年までの3年間，同じ場所に住みつづけているのは，カムイコタンの6戸にすぎない。また移住する場合にも，コタンの全世帯がそのまま移住するわけではなく，いくつかの集団に分裂し，別々の土地に移動していることもみのがせない。その場合，ヘハウの住民のうち，7戸がまとまってルベシベに移住しているような場合もある。しかしこれは例外で，むしろオハフ・ショナイ・トクロシャモなどのように，2～3世帯がまとまって同じ土地に移住するという場合が目立つ。水野の言葉を借りれば，斉一的な退去・非斉一的な移住というのが19世紀アイヌの人口移動の実情といえよう。

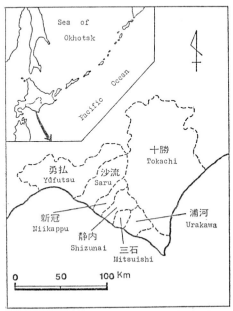

図1 人口移動分析の対象地域（註14）による）

表2 三石の集落・戸数の変動（1856～1858年）（註17）の表6を改変）

コタン名	戸数(1856)	定着戸数	移動戸数	転出先不明	転 出 先	戸数(1858)	転 入 元	転入元不明
A ヘハウ	11	0	11	0	B,O(2),P(7),U	4	C,D(2),F	0
B カムイコタン	10	6	4	0	O(2),P,R	13	A,C,F	5
C ヌフシュツ	9	0	8	1	A,B,L,P(2),Q(2),T(2)	0		0
D オハフ	2	0	2	0	A(2)	0		0
E コイトイ	1	0	1	0	P	0		0
F テコシ	3	0	3	0	A,B,N	0		0
G ウェンネツ	1	0	1	0	L	0		0
H シュモ	2	0	2	0	L,T	0		0
I クト	3	0	2	1	S,U	0		0
J ショナイ	2	0	2	0	S,T	0		0
K ハシネツ	1	0	1	0	V	0		0
L クリマフ	1	0	1	0	T	2*	C,G,H	0
M トクロシャモ	3	0	3	0	T(3)	0		0
N ミツイシ						1	F	0
O シシャモナイ						5	A(2),B(2)	1
P ルベシベ						12	A(7),B,C(2),E	1
Q キムンコタン						3*	C(2)	0
R ブッシ						1	B	0
S ワッカンベツ						2	I,J	0
T シュモロ						7	C(2),H,J,M(3)	0
U タフカルニキ						4	A,I	2
V モヒラ						1	K	0
計	49	6	41	2		55		9

（　）はおなじ土地に移住した戸数，＊2戸が合体し1戸となる

移住・移動の影響は，村落あるいは集落の構成ばかりでなく，世帯の構成——つまり個人の運命まで左右している。1858年，ケリマフのコタンには２世帯が住んでいたが，そのメンバーは，ヌフシュツ・ウェンネツ・シュモから移住してきている。ヌフシュツから転出した２世帯の住民は，キムンコタンでは３世帯のコタンを作っている。生まれた土地をはなれて他所に移住した若者が，移住先であらたに世帯をかまえる，そのような場合は確かにあったに違いない。反対に，移住の途中や移住先で，老人夫婦があいついで死亡し，世帯が消滅する場合もあったに違いない。ヌフシュツ・ウェンネツ・シュモから移住した三世帯は，移住先のケリマフでは二世帯になっている。生計を維持できぬ世帯が，余裕のある世帯に吸収されるという事態も起きていないとはいい切れない。

19世紀後半のアイヌ社会は，和人の侵入によって変容をおこしていた。そのことは十分に考えにいれなければならない。三石のはげしい移動も，漁撈に適した土地を，和人が漁場として独占した結果に違いない。さきにあげたコタン内の住居の数にしても，天然痘の流行などによる人口減少の影響があるにちがいない。しかし，ここに紹介した19世紀アイヌの人口動態が，一時的な災害や気候変動など，悪化した生活条件のもとでの移動・移住の実情を理解する手がかりになることは間違いないだろう。

3-3-2. 大湯環状列石の構成

特別史跡「大湯環状列石」は，万座・野中堂の二つの配石墓群をふくんでいる[18]。ただし，野中堂は保存がきわめて悪く，墓域の変遷をたどることは無理なので，ここでは万座だけをとり上げることにする。このほか，鹿角市教育委員会によって，万座の西北およそ300mにあたる一本木後口でも，配石墓群が検出・調査されている[19]。一本木後口は，万座・野中堂よりも古い年代のものだろう。万座・野中堂の周辺から出土している土器は，大湯式（加曽利B_1併行）が圧倒的に多いが，一本木後口のSX(S)-12，SX(S)-30からは十腰内１式（堀之内１併行）後半の土器が出土している。また，一本木後口の配石墓は，万座・野中堂のような環状ではなく，弧状に配列されている。弧状の配置は，岩手・下村Bや同・湯舟沢などに例があるが[20]，いずれも後期前葉のもので，後期中葉まではくだらない。したがって，万座・野中

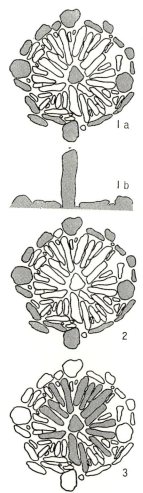

図２　野中堂「日時計」
（註19）による

堂の配石墓のうち，一本木後口と共通する要素を含んでいるものは古く，そうでないものは新しいことになり，配石墓の型式の新旧を手がかりとして，万座・野中堂に葬られているひとびとの動きをとらえることができることになる。

配石墓の型式分類のくわしい筋道は，ほかに述べてある[21]。ここでは，必要最小限の説明にとどめよう。

はじめに，野中堂のいわゆる「日時計」を例として，大湯の配石墓の構成を説明しておく。中心の立石を無視してみると，この石組みは円形に配置した「縁石」（図2-2）のなかに，大ぶりな河原石をもちいた放射状の「置石」（図2-3）を配置したものであることがわかる。万座・野中堂の配石墓は，すべて縁石・置石のふたつの要素をふくんでいる。なお，この「日時計」の縁石は，短軸を垂直に立てて埋め込んである。このような手法を「小口立て」とよぶ。この石組みの場合，長軸を垂直にした長手立ての石材が４カ所に配置してあるが（図2-1b），縁石を構成している石材がすべて小口立てになっている場合を「全周小口立て」，長辺の縁石だけを小口立てにしている場合，「長辺小口立て」とよぶ。

縁石の輪郭は「日時計」のような円形のほか，卵形・小判形が主流を占め，長方形・正方形・菱形などはきわめてまれである。一本木後口・万座・野中堂の主流となる縁石の型式には差があり，年代差を大まかに推定することができる。一本木後口では縁石・置石が分離していない場合が多いが，縁石を確認できるもののうちでは，円形のものが多い。卵形も少数みられ，万座では主流

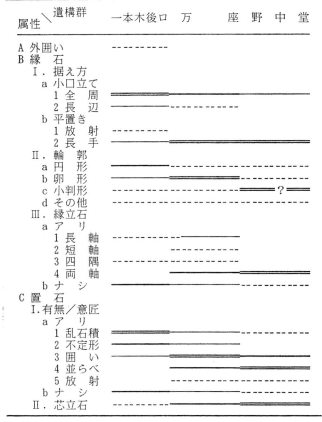

表3 遺構群別の配石墓の属性の比較

表4 石組の属性の新旧の要素

を占めるようになる。野中堂では小判形が主流を占めているようであるが，万座では小判形縁石はきわめて少ない。したがって，一本木後ロ→万座→野中堂という新旧の序列を想定できる（表3）。おなじようにして，一本木後ロと共通するものを古い要素・一本木後ロには見られぬものを新しい要素として，万座の配石墓にみられる属性を整理することができる。それら新旧の要素を整理した結果を，表4にしめした。

縁石の据え方・縁立石の種類・置石の種類・芯立石の有無の四項目をとり上げ，新旧判定の基準とする。四項目すべてに新しい要素が見られるものは最も新しい時期，四項目すべてに古い要素が見られるものは最も古い時期と推定できる。同様に一項目だけに新しい要素が見られるもの，二項目に新しい要素の見られるもの，三項目に新しい要素が見られるものを，それぞれ同じ時期に属するものと考えることにする。このようにして万座の配石は，万座Ⅰ～Ⅳの四時期に編年される（表5）。

ところで，万座(図3a)の内帯・外帯には，それぞれ延べ5基・49基，あわせて53基の配石墓が残っており，いくつかの埋葬区にまとめることができる(図3b)。埋葬区を構成する墓の数には多少の出入りがあるが，3～4基前後に集中する。ところが，Ex-Ⅴ群だけは延べ14基，平均の三倍を超えている。なぜこの埋葬区だけ，異常に墓の数が多いのだろうか。

ひとつの埋葬区に葬られているひとびとが，生前はひとつの世帯を構成していた，と考えてよい。世帯の規模が大きければ，埋葬区を構成する墓の数も大きくなる。ほかの世帯よりも死亡率が高くても，埋葬区の規模は大きくなるだろう。埋葬区の維持されている期間が，他よりも長い場合にも，埋葬区の規模は大きくなる。このほかにも幾通りかの理由を考えることができようが，ここではこの三種類の説明を吟味してみよう。

もし，Ex-Ⅴを埋葬区としていた世帯の規模が，ほかの世帯よりかけ離れて大きかったとすれば，一時期あたりの墓の数も，ほかの埋葬区よりも多くなるはずである。この世帯だけ，死亡率が高かったとしても，おなじことになる。万座Ⅱ期には，この埋葬区の墓の数が他よりもたしかに多くなっている。しかし，この時期のほかの埋葬区（In-Ⅰ, Ex-Ⅵ, Ex-Ⅶ, Ex-Ⅷ）の墓は，いずれも一基にすぎない。つまり，この時期のほかの埋葬区の墓の数が異様に少ないのだ。ほかの埋葬区の墓の数が減っているなかで，Ex-Ⅴだけが減っていないので目立つまでのことだ，といえる。ほかの時期——とくに万座Ⅲ期の墓の数は，ほかの埋葬区と大きな違いはない（表3）。したがって，さきにあげた三通りの説明のうち，世帯の規模・死亡率という説明は

表5 大湯万座の配石墓の編年

	万座Ⅰ	万座Ⅱ	万座Ⅲ	万座Ⅳ
Ex Ⅰ			Ex-36,37,38,39	
Ⅱ	Ex-06	← (Ex-07) →	Ex-01,02,03,04,05	
Ⅲ			Ex-08,09,11	Ex-10
Ⅳ	Ex-12	← (Ex-13a,13b) →		Ex-14
Ⅴ	Ex-15,26	Ex-16,18,19b,27b	Ex-20,21,24,25	Ex-22,23
Ⅵ		Ex-30	Ex-29b,46b	
Ⅶ		Ex-32		
Ⅷ	Ex-34a,34b	Ex-35		
In Ⅰ	In-02,04	In-03		
群 外	In-01b,02	Ex-33	「日時計」	Ex-28

Ex：外帯，In：内帯，( )は時期を確定できないもの

成り立たぬことになる。

　それでは，継続の期間はどうだろうか。たしかに Ex-Ⅴ は，ほかの埋葬区よりさきに成立しているわけでもないし，ほかの埋葬区が廃絶したのちまで続いているわけでもない。しかし，表3を見ればあきらかなように，二期前後で廃絶している埋葬区が多く（Ex-Ⅲ, Ex-Ⅵ, Ex-Ⅷ）[22]，一期だけで廃絶している場合（Ex-Ⅰ, Ex-Ⅶ）もある。しかし Ex-Ⅴ だけは，万座の墓域が維持されていた全期間にわたって，利用されている。言葉を換えれば，ここを埋葬区としていた世帯だけは，切れめなくおなじ場所に埋葬をつづけていたのだ。その意味では，Ex-Ⅴ はほかの埋葬区よりも長い期間にわたって続いており，その結果墓の数が多くなったのだ，と説明することができる。ここで，はじめにとりあげていた縄紋時代の集落の移住・移動の問題が浮かびあがってくる。

　なぜ Ex-Ⅴ だけに，万座Ⅰ期からⅣ期まで切れめなく埋葬がおこなわれ，ほかの埋葬区では中断したり短期間に廃絶したりしているのだろうか。ほかの世帯は，比較的みじかい期間に[23]，万座を墓域として利用できぬほどの距離まで，移動・移住をしていた。しかし，この場所を埋葬区としていた世帯は，移動・移住はしたとしても，ひきつづき死者を万座にはこび，埋葬するのに差し支えない範囲にとどまっていた。このような解釈がもっとも自然なのではないだろうか。この解釈を前提として，万座を墓域としていた人びとの集落の動態を復元してみよう。

　万座を墓域としていた人びとが，ひとつの集落の住民だった，という確証はない。その意味では彼らはひとつの集落というよりは，ひとつの村落の住民と見るほうが正確かも知れない[24]。しかし，ひとつの埋葬区をひとつの世帯が利用していると見れば，一時期あたりの規模は5～6世帯になるから，ひとつの集落の住民と考えても，不自然ではない。ここでは，万座に葬られている人びとは，生前はひとつの集落の住民だった，と考えて話をすすめることにしよう。なお埋葬区としてまとめられぬ墓は，除外する。

　万座Ⅰ期の墓域は，In-Ⅰ・Ex-Ⅱ・Ex-Ⅳ・Ex-Ⅴ・Ex-Ⅷ の埋葬区で構成されていた。In-Ⅰ は，ほかの埋葬区とおなじ性格なのかどうか問題があり[25]，これを除外すれば，四ヵ所となる。万座Ⅱ期・Ⅲ期には，埋葬区の数は六ヵ所になっている可能性があり，万座Ⅳ期には三ヵ所に減ってい

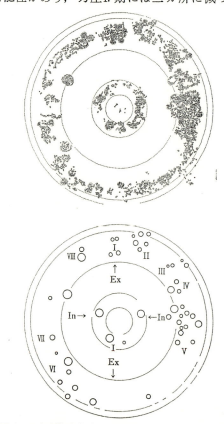

図3　万座遺構群（a）と埋葬区（b）（aは註18）による）

る。しかし，おおむね四〜五カ所の幅におさまっており，墓域の規模には大きな変動はない。

しかし，墓域の中身，つまり埋葬区の顔ぶれは，かなりはげしく入れ替わっている。万座Ⅱ期・Ⅲ期のあいだで，入れ替わりがとくに目立つ。万座Ⅱ期を境として，いくつかの埋葬区 (In-I・Ex-Ⅶ・Ex-Ⅷ) が廃絶しており，Ex-Ⅱ・Ex-Ⅳ も，中絶しているかもしれない（表3）。これと入れ替わるように，万座Ⅲ期には，Ex-I・Ex-Ⅲ のふたつの埋葬区が成立する。しかし万座Ⅳ期には，Ex-I・Ex-Ⅱ・Ex-Ⅵ は廃絶しており，Ex-Ⅲ・Ex-Ⅳ・Ex-Ⅴ だけがつづいている（表3）。

ここで「埋葬区」を「世帯」あるいは「住居」に置き換えてみれば，埋葬区の「廃絶」は住民の「転出」に，「成立」はおなじく「転入」に置き換えることができる。いうまでもなく，転入・転出という要因だけで，埋葬区の廃絶・成立を説明できるわけではない。「世帯」が成立あるいは消滅した結果，「埋葬区」があらたに「成立」したり，「廃絶」したりすることも考えにいれる必要もある。しかし立場を換えれば，埋葬区の廃絶・成立を，世帯の消滅・成立の二つの要因だけで説明することも無理があることになる。したがって，万座の埋葬区で観察できる変動，すくなくともその一部は，集落の住民の転入・転出によって引き起こされている，と考えることができよう。とすれば，万座を墓域としていた人びとの集落の動態は，「斉一的」な転出・転入とはほど遠いもので，「離合集散」というほうが適当だ，といってもコジツケではなかろう。

万座の墓域の変遷にもとづいて，その基礎となっているはずの集落の動態を復元してみた。その結果，縄紋集落の住民は，離合集散をくり返している可能性が高い，という結論を引き出すことになった。これは従来の通説よりは，さきに紹介した19世紀アイヌのコタンの動態にちかい。いうまでもなく，この結果によって，すべての縄紋集落の動態を説明できる，というつもりはない。しかし，縄紋集落の動態を復元するうえで，これまで具体的に問題にされてこなかった，住民の「離合集散」という要素，それを考えにいれる必要がある，ということは指摘できたはずである。

3-4. 集落の構成

「見なおし論」の立場をとる研究者は，集落がどのくらいの規模なのか，どのくらい続いているのか，その二つの点に注意を集中する。つまり，集落のさまざまな側面のうち，数量で表現できるところ（「量的な側面」）に注意をはらっている，といえる。それは，集落というものの記述が正確になるひとつの方向で，べつに否定すべきことではない。しかし集落には，数量ではたやすく表現しきれない側面（「質的な側面」）もある。たとえば，ある集落がどのような性格をもっているのかという問題は，その一例となる。佐々木藤雄が批判しているように[25]，「見なおし論」の立場をとる人びとは，集落の質的な側面には，あまり注意をはらわない。問題はそこにある。

たとえば黒尾和久は，堀越正行の意見[26]にもとづいて，中期の「大規模集落」には「（前略）居住域，生活廃棄物集中域，墓域の明確な区別は，存在しなかった（以下略）」と主張し，中期の集落の定住性を否定する論拠としている[27]。黒尾の意見のなかでは，墓という集落の質的な側面に属する要素は，量的な側面の問題を説明する道具としての役割しか果たしていない。

かりに，関東地方の中期の集落では「居住域，生活廃棄物集中域，墓域の明確な区別」が成立していないとしても，それが日本列島全域の中期の集落のすがたを代表するものといえぬことは，すでに佐々木が指摘している[25]。岩手・西田，青森・富の沢(1)などが顕著な例である。青森・三内丸山の調査の結果によれば，北日本では黒尾が問題にしている諸施設を分離した集落が，すでに前期中葉には成立している。黒尾は，関東地方の中期と後期の集落の定住性に差があることを強調しているが[28]，中期の地域差にも目を向けるべきだろう。この点が視野にはいっていれば，集落の量的な側面だけに目を向けた議論の不十分さにも気づくはずだ。

註
1) 和島「原始聚落の構成」p. 485
2) 同上・p. 488
3) 同上・p. 488
4) 同上・p. 490
5) 同上・p. 494
6) 佐々木「和島集落論と考古学の新しい流れ」pp. 60-61
7) Childe, V.G., The Urban Revolution. *City Planning Review.* 21 : 3-17, 1950
8) Braidwood, R.J. and Willey, G.R. (ed), *Coursestoward Urvban Life.* Chicago University

115

Press, 1963

9) Lee, R. and DeVore, T. (ed) *Man the Hunter*. このシンポジウムが，ゴードン・ウィリーや張光直らの Settlement Archaeology の成果が出つくした時に開催されていること，1970年代にはいると Settlement Archaeology はかろうじて関東平野の一角で生きのびるようになることも指摘しておくべきだろう。

10) 佐原「海の幸と山の幸」pp. 22-26（横山浩一編『日本生活文化史』1：22-44，河出書房新社，1980），鈴木「縄文時代論」pp. 199-208（大塚初重・戸沢充則・佐原　眞編『日本考古学を学ぶ』3：189-215，有斐閣，1980）。この機会に「肉食主義者」の一人として，なぜこれら「菜食主義者」の意見に有効な反論ができなかったのか，事情を説明しておきたい。鈴木は，貝塚の調査に篩分け Sieving を系統的にとり入れた一人である。岩手県宮野の調査などの結果，肉眼だけに頼った手掘り資料に，いちじるしい偏りがあることは実証された。その一方，旧来の方法によって採集された資料を，新しい方法で採集した資料の基準で評価しなおす手段は，いまだに開発されていない。手掘り資料にもとづいて個体数を割り出していた伝統的な「肉食主義」の研究者は，ここしばらく反論の機会を奪われたままになるだろう。ただし，安定同位体比分析の結果では，沿岸部の縄紋人の食料のなかでは，魚介・獣肉を合わせると，60％になる。この結果を，彼らの食物のなかの植物性食料の比重は，「菜食主義者」たちが喧伝するほど高くはなかった，と読みとることもできそうである。以上は敗軍の卒の弁。

11) 小山修三「縄文時代—コンピューター考古学による復元」（『中公新書』737，中央公論社，1984）

12) 私の目に触れた文献をいくつかあげておく。

Price, D. G. and Brown, J. A. (ed), *Prehistoric Hunter-Gatherers: the emergence of cultural complexity*. Academic Press, 1991

Special Section: Hunter-gatherer Complexity on the west coast of North America. *Antiquity* 65: 921-76, 1991

Chapman, R., *Emerging Complexity: The later prehistory of south-east Spain, Iberia and the west Mediterranian*. Cambridge University Press, 1990

Hayden, B. (ed), *A Complex Culture of the British Columbia Plateau*. UBC Press, 1992

貯蔵については，

Testart, J., The Significance of Food Storage among Hunter-Gatherers: Residence Patterns, Population Densities, and Social Inequalities. *Current Anthropology* 23: 523-30, 1982. Ingold, T., The Significance of Storage in Hunting Societies. *Man* (N. S.) 18: 553-71, 1983 などがある。なおテスタール論文は『現代思想』18巻12号（1990）に翻訳が掲載されている。

13) 水野「縄文時代集落復元のための基礎的操作」p. 17

14) 松浦武四郎「夕張日誌」，「十勝日誌」，「久摺日誌」，「知床日誌」，「手塩日誌」（吉田武三編『松浦武四郎紀行集・下』pp. 301-530，冨山房，1977）

15) 渡辺仁によれば，沙流川流域のコタンは例外的に規模が大きく，11ヵ所のコタンの平均戸数は18.6戸（最多30戸・最少3戸）に達するという。

Watanabe, H., The Ainu: A Study of Ecology and the System of Social Solidarity between Man and Nature in Relation to Group Structure, p. 97. *Journal of Faculty of Science, University of Tokyo*, Sec. 5, Vol. 2, Pt. 6, 1964

16) 松浦が現地で作成したメモ。このメモを編集したものが，註14)の『日誌』である。

17) 遠藤匡俊「アイヌの移動と居住集団—江戸末期の東蝦夷地を例に」（『地理学評論』58 (Ser. A) 771-88, 1985）

18) 斎藤　忠・三宅俊成編「大湯町環状列石」（『埋蔵文化財発掘調査報告』2，文化財保護委員会，1953）

19) 秋元信夫編「大湯環状列石周辺遺跡発掘調査報告書(3)」pp. 16-30（『鹿角市文化財調査資料』32，鹿角市教育委員会，1987）

20) 四井謙吉・高田和徳「下村B遺跡」（『岩手県文化財調査報告書』53：13-73, 1981)，井上雅孝「湯舟沢11遺跡—ストーンサークルの調査概要」（『岩手県滝沢村文化財調査報告書』16，滝沢村教育委員会・(株)トーメン，1991）

21) 林「大湯環状列石の配石墓」（『よねしろ考古』7：105-25, 1991，8：79-108, 1993）

22) In-I も，万座I期にはじまり，万座II期に廃絶している。しかしこの埋葬区は，ほかの埋葬区にさきだって成立している可能性がある（林「大湯環状列石の配石墓(2)」pp. 79-81）ので，ここでは除外した。

23) おそらく，二〜三世代だろう。

24) 村落・集落の区別は，「縄文期の集落と領域」のpp. 102-04, 117-18のなかで説明している。

25) 佐々木「和島集落論と考古学の新しい流れ」pp. 54-58

26) 堀越「京葉における縄文中期埋葬の検討」（『史館』19：1-66, 1986）

27) 黒尾「縄文時代中期の居住形態」pp. 15-16

28) 同上・p. 19

書評

月刊文化財発掘出土情報 増刊号
最新海外考古学事情

ジャパン通信社
B5判　200頁
2,900円　1994年1月刊

　いま，世界各地の考古学に情熱をもやす日本人は多いし，日本考古学を学ぶ外国人も増えてきた。日本考古学も，世界のなかで考えるべきである。その時，『最新海外考古学事情』は，労せずして得る珠玉である。初めに田中琢さんが書いているように，世界の考古学の現状を知ることは，「現在の世界をみつめる手がかりを得る第一歩」である。

　注文をつけると，なじみのない文化や時代の名に圧倒される。基本的な文化変遷年表が各項目にほしかった。以下，各項目ごとに何か一言書く。

　ペルー考古学が明らかにした王の身を飾るさま（大貫良夫さん）は，藤ノ木古墳のみせびらかしに通じる。豪華絢爛さと空しさと。

　メキシコの神殿に捧げた犠牲は200人（杉山三郎さん）。石器しか持たずに，農業（トウモロコシ）が生み出した権力の絶大さ。

　北アメリカの国家起源研究に日本考古学は寄与できるそうだ（佐々木憲一さん）。アメリカを識り日本を学んだ人の言だけに嬉しい。

　サントリーニ島の爆発がミノア文明を滅ぼしたのではないことを知る（周藤芳幸さん）。この島の壁画のサフランを摘む美女（原色口絵）にゾクッとする。

　イタリアの保存修復・復原は先んじている。確かに「成熟文化財国家」（青柳正規さん）だ。

　フランスで，第1次大戦の戦場の墓地を発掘して階級章・認識票と名簿を照合し，人骨の傷や武器も調査した（森本晋さん）。沖縄の「戦跡考古学」を想う。

　ややこしいことを明快にするのが理論だ，と都出比呂志さんには教わったけれど，イギリス考古学（溝口孝司さん）の難しさよ。

　ドイツでは，年輪年代が炭素14年代を着実に修正している（小野昭さん）。日本でもスギ・ヒノキの基準グラフは前8―9世紀に達し，弥生・古墳時代の良い資料を待つのみ。

　ドイツの山内清男ともよぶべきミロイチチ先生が組みあげた東ヨーロッパの比較年代の体系がくずれてしまった（中村友博さん），ときいて，淋しい。

　ウクライナでウマの家畜起源の追究進む。スキタイ墓にローマと漢の製品（雪嶋宏一さん）。気宇壮大な気分になるではないか。

　わからない人が掘った中央アジアの遺跡・遺物を，わかった人（桑山正進さん）が明快に説明。

　欧亜の先史文化変遷を比べる鍵をにぎるのがトルコのトロイ遺跡。いま炭素14年代を活用して年代の再検討が始まるという（大村幸弘さん）。あそこでは年輪年代は無理だな。

　ガリア海・死海が干上って港のあとや沈没船があらわれた（牧野久美さん）。19世紀にスイスの湖が干上り杭上住居や遺物がみつかった故事を想い出す。

　湾岸戦争後，外国人による調査は途絶え，イラクでは「経済制裁中とはいえ今日開発のため次々に重要な文化遺産が破壊されている」（松本健さん）。イラクはメソポタミアなのだ。ウル・ウルク・キシュ・バビロンの時代から果して人は賢くなったのか。

　ナイルの水位の永年変化を古代史と関連づける遠大な研究進む（川西宏幸さん）。エジプトは，やはりナイルの賜物だ。

　民族学と共に歩む「オーストラリア考古学の日本に対する視線は熱い」（小山修三さん）。2,3万年前に石斧をもつ共通性もあるしね。

　ポリネシアだけでも，地球の表面積の1/6を占めるのだそうだ。ポリネシア・ミクロネシアに人がどう広がったか，にとりくむ片山一道さんの熱情が伝わる。ニューギニアで8000年前に灌漑をもつ根菜農耕文化ときくとサワー先生の農耕起源論が気になる。

　仏教遺跡，巨石文化，環濠港市，佐賀産の陶磁器も出た港市……。インドネシア考古学（坂井隆さん）の多彩さに酔う。

　日比共同で貝塚調査，貝斧の追究が進む（小川英文さん）。フィリピンが近くなる。

　東北タイの製鉄・製塩遺跡，ベトナムではドンソン文化の墓地遺跡と日本研究者が地味な調査をおこなう（新田栄治さん）。将来性はかり知れず。

　ハラッパ文化とコトディジ文化の関係に合理的解釈が生まれた。ハラッパ文化の都市バナワリの平面図がすごい。南アジア亜大陸文化（桑山正進さん）に未知なるものまだまだ。

　モンゴルで旧石器時代から17世紀にかけての3922遺跡を初めて地図上におとす（加藤晋平さん）。チンギスハーンの墓はみつからなくても充分な偉業だ。

　中国の夏王朝の存在が着実に実証されつつある（町田章さん）。禹の治水も本当か。

　韓国南端で4世紀にひろまった殉葬（永嶋暉臣慎さん）は，日本にはなさそうだ。騎馬民族の王侯貴族も韓国止りなんだ。

　オホーツク文化の研究は，日露双方で大いに進みながら，波長は合わないらしい（前田潮さん）。政治折衝も時間がかかる。「環オホーツク海文化」研究もじっくり行こう。

（佐原　真）

117

書評

掛谷　誠編
講座地球に生きる2
環境の社会化

雄山閣出版
A5判　302頁
3,800円　1994年9月刊

　本書は『講座地球に生きる』全5巻の第2巻目に相当する。「環境の社会化―生存の自然認識」と題された本書はさまざまな風土の下における自然と人間の関係をみることによって，多様な風土の下における人間生存の論理・自然認識・自然との共生の原理・環境の社会化を論じている。主たる対象地域はアフリカ・オセアニア・日本である。本書は大きく序論，I生存を支える時間認識，II自然と社会の永続性，III自然認識の政治性，IV総合討論より構成されている。

　I生存を支える時間認識ではまず赤沢威によって縄文人の時間認識が縄文人骨の炭素・窒素安定同位体比の分析結果をベースとして論じられる。縄文人にとってもっとも重要な時間認識は季節性であった。とりわけ9・10・11月に集中する森のエネルギーをいかにまんべんなく一年を通して利用するかが最重要の生存戦略であった。縄文人は森の時間に左右されたとも言えるかもしれない。森の時間性が縄文文化の中にどのように投影されているかをさぐることは，今後の縄文文化研究の重要な課題であろう。

　森の時間に対して，海の時間が人間の文化や社会に与えた影響を論じているのは秋道智彌である。毎年のサケの溯上に代表されるように，海や川にも時間がある。この時間にあわせて超自然観や信仰儀礼あるいは捕獲に関する社会的慣行が誕生した。サケの時間が人間を支配したのである。

　私達日本人は，百年前までは月のみちかけによって，現代では太陽の時間に支配されて生活している。大塚和夫が述べているように独特の時間を持っていたムスリムの世界においてさえ，いまや日本製の機械時計が時をきざんでいる。しかし，かつては森の時間や海の時間さらにはサケやクマの時間に人間が支配され，その時間に適合することによって，人間は文化や文明を発展させてきたのである。自然と人間が危機に直面した現代，人間がもし本当に自然との共生を願うのならば，クマの時間やサケの時間をもう一度思い起こし，人間社会の中に組み入れていく必要があることを教えられた。

　II自然と社会の永続性では狩猟採集民・半農半牧民・ラクダ遊牧民の民族誌的調査にもとづき，持続的な自然と人間の共生関係の方策を論じている。

　市川光雄はアフリカ最古の熱帯多雨林地帯に住むピグミー系の狩猟採集民ムブティの生活や文化は，平等主義と相互扶助を原則としており，森の動・植物との共生が物質的・精神的な価値の源泉であることを述べている。彼らには森が丸ごと必要なのだという言葉が印象的だった。

　福井勝義はエチオピア西南部の半農半牧民メラの焼畑や牧畜が，自然の遷移に適合した生産技術であり，自然との共生リズムを守る永続的な生業であることを明らかにしている。焼畑と牧畜という現代では地球環境破壊の元凶とみなされている生業が，メラの人々にとっては自然との共存をはかる生存戦略であったのである。これに対し，21世紀には食糧危機に直面するであろう現代人に示唆的なのは，ケニア北部のラクダ遊牧民レンディーレである。佐藤俊はレンディーレがラクダと共生する生活を送るために，未婚女性の出産を厳禁して人口抑制をこころみるなど，たいへん禁欲的なきびしい社会的制度を持っていると述べている。そこでは氏族体制と年齢体系によって，自己完結的な社会が構築され，人々の心の安寧と相互の均衡をはかるのは，呪詛と祝福による宗教的交流であった。過酷な風土の中で生きるこのレンディーレの生き様こそ，明日の人類を暗示しているのかもしれない。

　編集者の掛谷誠が序論で述べている中南米のトゥカノ族は，男女の性行為によってエネルギーを浪費すると狩りの獲物が少なくなると考える。そして節度をもって食物を取ることが宇宙にエネルギーを与えると考える。それは人口爆発を防ぎ生態系の過剰な破壊を防止するための智恵であった。

　彼らは環境の開発には興味を持たず，動植物の季節的な変化や生態に強い興味を示す。そしてこれらの動植物の行動や生態の中から，自らの社会の規範や秩序を発見する。そして，神話やタブーがこうした規範や秩序を維持するために大きな役割を果している。

　このトゥカノ族の生き方の中にこそ，現代人がとっくの昔に忘れさってしまった自然との共生の原点が語られているのではないだろうか。人口爆発と地球環境の汚染・破壊に直面し，自然との共生にあえぐ現代人が学び規範とすべき生き方とは，近代文明が未開・野蛮とさげすみ駆逐してきた人達の生き様にこそあるのかもしれない。

　そしてこのシリーズが刊行されることによって，自然と人間の関係にかんする新しい科学が創造されていく可能性を，私は感じた。以下の続刊が楽しみである。

（安田喜憲）

書評

坪井清足 編
縄文の湖
琵琶湖粟津貝塚をめぐって

雄山閣出版
四六判 190頁
2,200円 1994年8月刊

　琵琶湖は，縄文時代以降の人々の生活の痕跡を水底の随所に残している。約80ヵ所にも上るそれらの湖底遺跡の多くは水深2～3mの湖岸近くにあり，琵琶湖下流域の新規利水を目的とした琵琶湖総合開発で調査のメスが入れられることになった。琵琶湖からの流量を増やすため，最大2mの水位低下を想定して港湾整備や航路浚渫などが行なわれ，湖底の数々の遺跡が眠りから覚まされたのである。

　粟津湖底遺跡（粟津貝塚）もその1つで，1990年6月から約1年間，発掘調査が行なわれた。そのさなかの1991年3月24日に開催された「粟津貝塚を考えるシンポジウム」の記録が本書である。

　粟津貝塚は琵琶湖最南端の水面下2～3mの湖底にある。1952年に地元の漁師が獣骨類などを引き揚げたのがきっかけで発見された。琵琶湖総合開発に伴う調査は，1982年に遺跡の範囲確認のための分布調査と試掘調査が行なわれ，1987年度から航路浚渫のルートを具体的に決めるための分布調査と試掘調査が行なわれた。遺跡の範囲は2つの大きな貝塚（第1貝塚，第2貝塚）を中心に南北約930m，東西約450mに及ぶことが判明した。この2つの貝塚を避けて航路を設定し，遺跡の中で浚渫の影響が及ぶ2ヵ所を陸化して行なった発掘調査で，長さ約35m，幅約15mの三日月形をした第3の貝塚が出土したのである。

　粟津貝塚はわが国の淡水貝塚としては最大規模であり，西日本の内陸部での縄文人の生活を復元するための限りない情報を内包している。長らく水の中で保存されていたために，貝殻だけでなく，貝塚を残した縄文人が食糧とした動物や植物の遺存体も珍しく良好な形で残されているのである。第3貝塚からは，現在の3倍近い大きさのセタシジミを中心とする貝類をはじめ，イノシシ，シカ，スッポンなどの動物やコイ，ナマズなどの魚の骨，ドングリ，トチノキ，クルミ，ヒシなど堅果類の殻が幾重にも堆積して出土した。

　遺跡は古代のありさまを私たちに教える貴重な教材である。しかし，湖底遺跡はそれを生きたものとするのに，さまざまな制約を加えられている。粟津貝塚の発掘は，時限立法に基づいて1972年度からスタートした琵琶湖総合開発の期限切れ（1992年度）を目前にしていた。湖中を鋼矢板で囲っての調査には費用と危険が伴う。この少し前に瀬田川河床の唐橋遺跡から橋脚遺構が出土したときには，現地説明会も行なわれないままであった。

　粟津貝塚のシンポジウムは地元の文化財保護団体である「皇子山を守る会」が中心となり，「滋賀県の文化遺産を守る会」「瀬田史跡会」などが共催した。遺跡の保存問題を訴えてきた市民グループが，粟津貝塚の重要性を広く知らせようと取り組んだのである。

　パネリストは多士済々である。

　粟津貝塚の下流の瀬田川にある石山貝塚の調査を手がけた坪井清足氏は，石山貝塚などの縄文遺跡の調査成果を紹介しながら，粟津貝塚との関連に検討を加えた。調査担当者である滋賀県文化財保護協会の伊庭功氏は，本書にも収録されている写真をスライドで紹介しながら調査の現状を報告した。

　縄文遺跡の植物遺体を調べている大阪市立大学の辻誠一郎氏は，粟津貝塚が形成された縄文早期から中期にかけての植生を中心とする環境，生態系と人の生活の変遷を説明し，奈良大学の泉拓良氏は，粟津貝塚から出土した土器，火山灰や貝塚の立地環境などについて他地域の遺跡と比較しながら，新たに生態学的な視点も取り入れて意義づけした。

　滋賀大学の小笠原好彦氏は，琵琶湖を取り巻く縄文遺跡の分布，変遷を概観し，縄文人の食生活の解明につながる粟津貝塚の調査への期待を語った。

　これらの基調講演に続き，佐原真氏の司会で行なわれたシンポジウムは，論議が縄文時代の環境，土器の交流，生業など多岐にわたり，会場の参加者も巻き込んで白熱したものとなった。急きょ，時間を予定より延長せざるを得なかったほどである。

　粟津貝塚の調査は最終的に，第1，第2貝塚の湖中での現状保存，それより小規模な第3貝塚の完全調査という形になった。第3貝塚の貝層や植物層は細かく層序区分しながらすべてが取り上げられた。このように貝塚全体をそっくり取り上げる調査方法は初めての試みである。コンテナで2万ケースを超える出土遺物は，滋賀県立安土城考古博物館で整理が行なわれているが，整理作業は順調に進んでも終了までに20年かかるという。

　シンポジウムは結果的にこのような異例の調査の推進に大きな役割を果たし，遺跡の生きた活用方法を示すものとなった。本書はその内容を余すところなく伝え，豊富な写真，図版，用語解説などを加えて編集されている。「湖底のタイムカプセル」を入口とする縄文時代・文化へのよき入門書である。

（佐々木泰造）

書評

杉山 洋著
浄土への祈り
経塚が語る永遠の世界

雄山閣出版
四六判 208頁
2,400円 1994年9月刊

　地下に経典を埋納し塚を築いて未来に伝えることを祈った古代人の願いが経塚である。今風にいう古代のタイムカプセルである。しかし11～12世紀に流行した平安人たちが56億7千万年の未来浄土に再生を夢見た埋経遺跡は，1千年を経ずしてつぎつぎに発掘されることとなった。そこに経塚の考古学が発生し，仏教考古学の有力な一翼を担っている。

　このたび刊行された気鋭の著者による本書の構成は専門研究者もさることながら，多分に入門書的意図を盛りこんだ平易な叙述と簡明な語り口で所期の目的を達成している好著である。

　章立ては大きく「経塚見聞録」・「経塚紳士録」・「経塚風土記」の3章から成るが，このような章立てにも従来の概説書にない清新さがうかがわれる。

　「経塚見聞録」は序章にあたる部分で，「経塚事始め」・「経塚の三種」・「経塚の発見品」の3節からなる経塚概説である。「経塚事始め」では「経塚って何」・「いつ・どこで・だれが」・「こんなに面白い東京国立博物館経塚編」のような項目で読者を経塚の世界に誘いこんでゆく。その内容は高校生レベルでとりつきやすい末法思想の説明手法がみられる。東京国立博物館の経塚研究の人脈は高橋健自・石田茂作から三宅敏之・関秀夫の各氏にいたる，わが国経塚研究の中心の役割を果してきた。各氏の業績を簡明に紹介しながら研究史の概要にふれている。「経塚の三種」では近世に至る経塚を古代＝埋経，中世＝廻国納経，近世＝一石経に大別した関氏の区分を解説し，著者の関係した佐賀県霊仙寺，築山などの瓦経塚の調査経験をもとに，瓦経埋納行事をイラスト風な復原絵をまじえて再現した点は新しい試みである。

　「経塚紳士録」は本書の中心をなす章であり，「経塚の調査―発掘体験記」・「経塚の始まり―藤原氏一門の経塚」・「経塚を造った人々」・「経塚と女性」・「経筒を作った人」の5節で構成されていて，経塚各論に相当する内容である。これまでの経塚論は遺跡論・遺物論が中心で，発願から営造にいたる人の動きはとかく忘れられがちな傾向があるが，著者はあえて経筒銘に登場する人の動きを中心に据えたところに既往の諸書と異なる性格を出している。

　本書のプロローグは著者が学生時代に参加した福岡県求菩提山・佐賀県脊振山の経塚発掘体験談から始まる。考古学の多くの発掘調査でも経塚調査に関与できる機会は極めて少ない。その意味でも著者は恵まれた出発であった。「経塚の始まり」でとりあげられた藤原道長・師通・兼実・白河上皇ら天皇や藤原氏一門の経塚営造は当代最高貴族層の埋経業であり，文献史料にも恵まれて最も動向を知りうるところから，三宅敏之・保坂三郎氏の論考が発表されている。著者はそれらの成果を簡明に紹介し，さらに地方の経塚に広げてゆく。地方豪族・僧侶・女性らの諸例が紹介され，それらの人々の経歴や動向などが洗いだされて人物像が鮮明にされてゆくところは歴史の醍醐味ともいえよう。著者の関心もこの方面にあることがうかがわれる。さらに経筒製作にかかわった鋳物師・鋳師僧に及び，関連して経塚盗掘や贋作品など骨董屋の世界の裏話へと広がってゆく。また太宰府水瓶山経塚にみる雨乞い業としての経塚は特異な例であり読者の関心をひくであろう。近年埋経＝末法思想という概念は見なおされつつある。僧侶の写経業・火葬墓に伴う行事・縁者の追善供養業・神社への納経業などの結果としての埋経事例も知られてきている。これらに対する項目も，この著者の語り口で加えたならばさらに興味ぶかくなったであろうかと思われる。

　九州の鋳銅製経筒に関して著者は四王寺型や鎮国寺型を設定している。ともに外観は宝珠摂付傘蓋と石田茂作氏のいう有節円筒式筒身の組みあわせである。このほか九州には筆者の九州型として設定した積上式経筒・求菩提型経筒・陶製・滑石製など他地域に見られないものがある。経筒の地域性に関する項などもほしいところである。

　「経塚風土記」は「経塚の名所めぐり―遺跡編」・「同―博物館編」から成る簡明な遺跡・遺物ガイドで本書のエピローグとしている。前者では熊野三山・四王寺山・朝熊山を，後者では東京・京都・奈良国立博物館・九州歴史資料館が紹介されている。

　本書はこの方面の類書にない構成と歯切れのよい簡明な文体で，これから経塚に関心をもつ現代子向きの恰好の入門書としての役割を果しているが，さらに本論にあたる「経塚紳士録」は専門研究者にとっても一定の効果をもたらしている。「おわりに」の項で著者も述べているようにその経験をもとにしているので若干の片寄りが感じられるのはその若さからして止むをえないが，経塚専攻者の少ない現状でさらに今後の大成を望む。

（小田富士雄）

論文展望

石野博信
岩崎卓也
坂詰秀一
永峯光一

(敬称略・五十音順)
(選定委員)

李 相均

縄文前期前半期における轟B式土器群の様相

東大考古学研究室紀要 12
p. 113～p. 167

　轟B式土器は九州の縄文前期を代表とする土器である。アカホヤ火山灰の上層から出土する轟B式土器は，九州のみならず，山陰・山陽地方や韓国南岸にまで広がっている。本稿は，大陸文化と縄文文化との関連性を念頭においたものであり，ここでは従来議論の多かった轟B式の系譜問題，韓国南岸の隆起文土器や山陰地方の羽島下層式との関連性などを含めて，三つの地域を総合的にまとめたものである。

　各地域土器の分類・編年からみると，三つの地域ではそれぞれ在地系の土器（Ⅰ群土器）と屈曲型器形を中心とする土器（Ⅱ群土器）とが共存している。Ⅰ群土器は各地域において土器文化の中心的役割を果しており，次段階である九州の野口・阿多タイプ，山陰・山陽の羽島下層Ⅱ式，韓国南岸の瀛仙洞式土器群へと影響を与える先行土器群として存在する。主に中九州沿岸に集中するⅡ群土器は先行型式が曖昧な条件下でアカホヤ火山灰降下の後に出現し，五島列島を経由して山陰や瀬戸内沿岸に広がる。山陰との交流が持続される中，韓国南岸にも轟B式のⅡ群土器が模倣的に受け入れられる。Ⅱ群土器は各地域においてⅠ群土器とあまり交じることなく，分布域も一致しない。Ⅱ群土器は次段階へ移行せず，退化して消滅するのである。

　轟B式土器の系譜に関しては，山陰よりも九州にあることを明らかにした。また隆起文土器の系譜問題は未だに論議の対象となっているが，南下説がⅠ群土器に，北上説はⅡ群土器に当てはまることで解決できるものと考えられる。

　本稿では，轟B式の両群土器を異なる集団として認識した。Ⅰ群土器を持つ集団の生活領域は内陸から沿岸にかけてである。Ⅱ群土器集団は沿岸から島嶼に生活領域を持ち，海という新しい生活に適応し，山陰や韓国南岸とも交流する。まさに韓国と日本の間の文化交流の始まりであろう。（李相均）

今福利恵

勝坂式土器成立期の社会構造

丘陵 14号
p. 1～p. 32

　土器の持つさまざまな情報は時間的指標となるばかりではなく，空間的な把握つまり集団関係を捉えるのにも有効な側面を持ち得る。しかし集団関係をあらわしている情報をいかに土器の持つ属性から引き出すか，が重要な切り口となる。本稿では勝坂式土器成立期の土器文様の分析から集落単位の集団間の関係を導き出す方法と，ここから復元される集団関係から社会構造まで言及できるということを試みたものである。

　考え方としては，土器文様は要素としての単位文様の組み合わせからなり，複数の個体間でその一部が同じかどうかを検討していく。そのため土器の文様を構造化することから，単位を構成する文様要素に分解し，記号化する。こうして土器一個体ずつ数値データとして記述し，この中から同じ組み合わせを持つものを検索・抽出していく。この結果をもとに実際の遺跡分布に基づいて遺跡間の関係を捉え，一時期における共時的な集団関係が明らかとなる。

　導き出された集団間の関係図により，社会構造のあり方を検討していく。この中から多くの遺跡と関係を持つ中心的な遺跡が抽出される。中心的な遺跡は広域に分布しながらそれぞれ密接に結びつき，均等な情報の共有のあり方を示している。これに対し少数の遺跡としか関係を持たない周辺的な遺跡があり，複数の中心的な遺跡と結びつく。また地理的に近接する遺跡どうしでは関係を持つものはなく，遠隔地との結びつきを重要視している傾向がうかがえる。このように，広域的なネットワークを形成し，柔軟な構造が浮かび上がってくる。土器の持つ情報の引き出し方によって，いくつか問題はあるものの，社会構造の一端をかいまみることが可能となる。
（今福利恵）

大村 直

戸張一番割遺跡の甕形

史館 25号
p. 23～p. 52

　土器の型式学的な編年研究は，現在端境期にあると考えている。そのこともあって，久しく土器論から遠ざかっていたが，本論も，読み返してみれば「自問」の域をでるものではない。

　近年の弥生土器，土師器の編年研究は，「形式」群としての「様式」？の名のもとに，「型式の埋没」が進行している。型式か，形式か。その概念的な規定とは別に，分類そのものに対してみれば，それにいかなる秩序を与えるかによって決定される，便宜的，記述上の単位としての側面をもつ。したがって，型式か，形式か，という議論そのものはかならずしも建設的ではない。しかし，問題は，型式組列を形式の消長としてとらえよう

とする傾向が，分類基準の曖昧化によってもたらされていることにある。そして，現状の編年的な細分化は，そのことによって進行している。現在，私たちの前には，膨大な資料の蓄積がある。編年研究がすべてから独立しているのであれば，その中から必要なものだけをとりだせばよい。しかし，土器編年の時間軸としての役割は，考古学すべての基礎をなす。型式変化は，その基準が明確であればあるほど膨大に蓄積された一括遺物のなかで，これを否定すべき規格外に直面することになる。対象が規格品であれば，製作と消費，廃棄時期の誤差，あるいは混在なのかもしれない。しかし，おそらくその多くは半規格品としての現実なのである。型式論の本懐とは，漠然とした半規格品のなかから，規格性を抽出することにある。しかし，時間軸を客観化していくためには，規格性の範囲とともに混在する規格外をいかにとらえるかが今後の議論として不可欠であろう。その結果が，より大別的であれ，あるいは確率の傾向であれ。　　　　　　　　（大村　直）

松木武彦
古墳時代の武器・武具および軍事組織研究の動向

考古学研究　41巻1号
p. 94～p. 104

　古墳副葬武器・武具から軍事組織を復元する作業が近年盛んである。本論ではそれらのうち好論3編を選び，方法上の問題を指摘するとともに，軍事組織の概念を理論的に整理する必要性を説く。
　方法上の問題として，まず，古墳に副葬された武器・武具の数量・配列から，じかに被葬者の武装内容の細部までを復元する手法は妥当といえるか。古墳出土の武器・武具の内容や配列は，そこで行なわれた葬送儀礼の痕跡である。したがって，そこから直接的に読み取れるのは，その被葬者が

どんな種類や数の武器・武具を副葬される儀礼をもって送られた身分・職掌の者であったかという情報であり，かれの武装全体の質や量の実態については，そこから憶測を重ねることはできても，方法論上，直接的には導きえない。
　理論的な課題としては，軍事組織の概念の問題がある。古墳時代に軍事組織が現われたとの筆者の主張には種々の批判を頂くが，今のところ，その多くは軍事組織の概念に関する認識の違いによるものといえる。筆者のいう軍事組織とは，指揮系統をもつ組織的な戦闘集団というような軍事学的意味合いの強いものでなく，支配層による武力の占有，あるいは分業の発展を前提に職能としての軍事集団が成立するといった社会的・経済的状況を指す。ゆえにそれは，単なる古墳副葬武器・武具の皮相的な検討だけでなく，社会の下部構造まで掘り下げた包括的な作業や考察を通じて解明されるべき性質のものと評価する。
　さらに，軍事組織の背後にあるべき政治構造の追究が不充分であるとの批判に対しては，日本列島の古代国家形成過程においては首長間の軍事的秩序が政治構造を体現するという政治・軍事の未分化が大きな意味をもったと展望しており，軍事組織の復元は該期の政治構造を解明する有力な手段になりうると考える。　　（松木武彦）

土生田純之
横穴式古墳構築過程の復元

専修史学　26号
p. 41～p. 78

　後期古墳としては最大の墳丘を有する見瀬丸山古墳は，近年偶然の機会から内部主体の横穴式石室が開口し，宮内庁書陵部によって実測調査が実施された。その際開口部からの内部見学が学会代表等に許されたが，参加者から「石室の改造」が議論されている。これより先，増田一裕は古文書や絵図

類の検討から同様の見解を公表していた。2棺ある家形石棺のうち奥側の方が型式的に後出のものであることや，長大な石室の中途で石材や構築状況の様相に明瞭な変換部のあること，墳丘と石室の型式に齟齬のあることなどが「改造」の原因に挙げられている。しかし本墳は欽明天皇陵とみなす有力な見解があり，欽明埋葬の41年後に実施された堅塩媛の同陵への改葬などが，実はこの背景にある。
　ところで，石室の改造については若干の実例が知られている。これは，①石室の一部損壊に伴う縮小再生，②開口部の延長による石室の一層の整美の二者がある。ここで問題となるのは②の場合である。この場合，石室の延長と同時に墳丘の拡張も実施しているが，これは改造ではなく構築工程上の段階差にすぎないとみる余地もありうる。
　さて，横穴式石室の内部を詳細に観察すると，時に石材や積み方が中途で変化するものがある。またまれに，墳丘の内部に埋没して外から見えない石積が発見されることがある（墳丘内埋没石積施設）。墳丘と石室の築成は互いに関連して同時に進行するが，この観点から埋没石積施設と石室との接点に注目すると，上述した石室内の変換部に相当する。したがって以上の事象は，有機的な関係をもった構築工程上の画期を示すものと解釈することが妥当である（その際，儀礼も実施している）。
　このように考えると，見瀬丸山古墳については，以上の観点を踏まえてさらに検討をすすめることが肝要であろう。（土生田純之）

●報告書・会誌新刊一覧●

上野恵司編

◆**吉野ヶ里** 佐賀県教育委員会刊 1994年5月 A4判 本文編603頁 図版編255頁

本遺跡は，佐賀県の東部，脊振山地より派生した志波屋・吉野ヶ里段丘に立地する，弥生時代から中世までの複合遺跡である。とくに中心をなす時期は弥生時代で，検出された主な遺構は竪穴式住居跡，環濠跡，物見櫓や高床倉庫に比定される掘立柱建物跡，甕棺墓，土壙墓，木棺墓，箱式石棺墓，墳丘墓。遺物は弥生土器，斧・鋤・鎌・刀子・剣・鏃などの鉄器，銅剣，石鏃・石包丁などの石器，青銅器鋳型，管玉・勾玉などの玉類などが出土した。遺構は弥生時代全期にわたるもので，これら遺構の分析より時期ごとの集落の変遷過程が考察されている。

◆**美作国府跡** 津山市教育委員会刊 1994年3月 B5判 122頁

本書は，岡山県の北部，津山盆地のほぼ中央に位置する美作国府跡の発掘調査報告である。遺構は建物跡，柵列跡，溝跡，土坑など，遺物は土師器，須恵器，瓦，硯，椀・曲物などの木製品などが検出された。遺構の年代は7世紀後半から8世紀前葉，8世紀前葉から9世紀中葉の2期が想定されている。美作国は文献資料より和銅6 (713) 年に成立したことが明らかにされており，7世紀後半から8世紀前葉に比定される遺構は美作国成立以前の郡衙跡と想定されている。

◆**北日本の考古学** 日本考古学協会編 吉川弘文館刊 1994年3月 B5判 248頁

1991年11月の日本考古学協会仙台大会におけるシンポジウム記録。縄文時代から古代までの東北地方北部・南部の地域性を，最新の研究成果に形質人類学や古代史を交えて論じている。「縄文土器にみる南と北」「東北地方弥生文化の展開と地域性」「北海道の続縄文文化と東北」「古人骨にみる北部日本人の形質」「古代城柵の設置とその意義」「古代東北地方南部の集落と生業」「古代東北地方北部の生業にみる地域差」「共同討議古代北方日本の南と北」など11編より成る。

◆**古代地方官衙遺跡の研究** 山中敏史著 塙書房刊 1994年2月 A5判 456頁

本書は，発掘調査成果に基づき遺構を分析の主材料として，地方官衙について論じた一書である。「第1章 郡衙の構造と機能」では，郡衙の諸施設や郡衙関連施設の構造・機能を明らかにし，律令政府の地方支配の上での郡衙の持つ役割について論じている。「第2章 国府の構造と機能」は国衙の中核をなす国庁の分析から国府の空間的構造とその機能に関して論じ，律令国家における国府の果たした意義について考察している。「第3章 古代地方官衙の成立と展開」は，律令体制の下，国郡制度による地方支配の変遷過程をその成立から論じたものである。

◆**考古学と古代日本** 森浩一著 中央公論社刊 1994年3月 A5判 798頁

『古代の日本』（中央公論社）所収の氏の論考を再構成し考古学の立場から日本の古代史を論じた一書。中国の史書や銅鏡などから縄文・弥生時代の倭人像に迫った「倭人の世界」，山や海・河川原産の遺物を通して先史時代の生業・文化を論じた「山と里と海の交流」，天皇陵や前方後円墳などより古墳時代を概観した「古墳時代と天皇陵」など6章より構成されている。

◆**山梨考古学論集 III**―山梨県考古学協会一五周年記念論文集 山梨県考古学協会刊 1994年5月 A5判 510頁

礫群活動と先土器時代の人間集団のありかた………………保坂康夫
甲府盆地北部の旧石器・縄文時代の文化層………………十菱駿武
縄文時代配石研究の一視点
　………………佐野 隆・小宮山隆
甲府盆地周辺における勝坂式成立期の土器様相………小林謙一
縄文中期の環状集落と住居形態
　………………………………櫛原功一
縄文集落と道……………新津 健
縄文時代生業研究小史…大森隆志
甲斐曽根丘陵における古墳時代前半期の様相……………宮澤公雄
古墳出土玉類の基礎的把握
　………………………………石神孝子
古代辺境政策における甲斐国の役割…………………………末 創一
甲斐国の竈形土器………岡野秀典
平安時代須恵器の流通の一様相
　………………………………出月洋文
墨書土器に関する一考察
　………………………………山下孝司
甲州金山における中世と近世
　………………………………萩原三雄
山梨県に於ける近世瓦窯について
　………………………………末木 健
甲府城瓦と加賀美瓦……河西 学
近世における一石経の遺跡
　………………………………田代 孝
山梨県における石祠の様相
　………………………………畑 大介
山梨県内の石造物にみる信州石工
　………………………………佐藤勝廣
神鈴峰の信仰遺跡
　………………奈良泰史・小幡哲明
遺跡保護システムの改善に向けて
　………………………………椎名慎太郎

◆**紀要 XIV** 岩手県文化振興事業団埋蔵文化財センター 1994年3月 B5判 123頁

東北地方北半部における縄文時代後期中葉の土器………金子昭彦
岩手県の製鉄遺跡（2）
　………………………………佐々木清文
手づくねかわらけからみた個の解釈………………………松本建速
柳之御所跡出土瓦からの一考察
　………………………………鎌田 勉
東北地方北部における近世陶磁器

の様相……………羽柴直人
岩手県花泉町花泉遺跡出土の骨角
　器………………………菊池強一
◆**秋田県埋蔵文化財センター研究紀要**　第9号　秋田県埋蔵文化財センター　1994年3月　B5判　88頁
家ノ後遺跡の粘土採掘坑
　…………石川隆司・及川良彦
　　　　　谷地　薫・柴田陽一郎
払田柵跡の平瓦渦巻文考
　………………………利部　修
秋田県内出土の古鏡集成
　………………………庄内昭男
森吉町白坂遺跡で発見した縄文人
　の足跡…………………高橋　学
◆**双葉町歴史民俗資料館研究紀要**
第2号　双葉町歴史民俗資料館
1994年3月　B5判　56頁
双葉町における畿内第Ⅰ様式並行
　期の土器………………鈴木　源
双葉町における両頭金具（弓飾り
　金具）の持つ墳墓……大竹憲治
◆**歴史人類**　第22号　筑波大学歴史・人類学系　1994年3月　B5判　262頁
筑波周辺の古墳時代首長系譜
　………………………滝沢　誠
◆**貝塚博物館紀要**　21　千葉市立加曾利貝塚博物館　1994年3月
B5判　68頁
加曾利EⅢ・Ⅳ式土器の系統分析
　………………………加納　実
新期テフラと古環境……近藤　敏
◆**国立歴史民俗博物館研究報告**
第57集　国立歴史民俗博物館
1994年3月　B5判　557頁
わが国における須恵器生産の開始
　について………………酒井清治
近江産緑釉陶器をめぐる諸問題
　………………………高橋照彦
イングランド・ウエールズの中世
　城郭と都市の空間構造
　………………………前川　要
◆**考古学雑誌**　第79巻第3号　日本考古学会　1994年2月　B5判　126頁
古代における鉄製農工具の所有形
　態………………………古庄浩明
東北地方におけるロクロ土師器の
　受容とその背景………仲田茂司

◆**東南アジア考古学**　第14号　東南アジア考古学会　1994年6月
B5判　163頁
珠江三角州における貝塚を伴う集
　落………………………小澤正人
福建・広東の新石器時代研究
　………………………後藤雅彦
A Study of Pottery Sherds with Impressed Design from Early Historic Sites in Central Thailand (1)
　……Phuthorn Bhumadhon
translate・Masayuki Yokokura
タイ中部歴史時代初期遺跡発見の
　スタンプ絵画文土器片の研究
　……プートン・プーマトン著
　　　　　　　　横倉雅幸訳
Excavation at Buu Chau Hill, Tra Kieu, Quangnam-Danang Province, Vietnam, 1993
　……………Mariko Yamagata
　　　　　　　　Ian C. Glover
東南アジア大陸部の貝塚遺跡をめ
　ぐる生業史上の問題…西村昌也
インドネシア考古学と都市遺跡
　……ユスマイニ・エリアワティ
インドネシアの遺跡出土のベトナ
　ム陶磁………………ナニッ・
　　　ハルカンティニンシ・
　　　　　　　　ウィビソノ
ティルタヤサ遺跡緊急発掘調査報
　告…………ハルワニ・ミクロブ
　　　　　　　　坂井　隆訳
貝符と不死蝶（後編）…大呑善晃
◆**東南アジア・南中国貝塚遺跡データ集**　東南アジア考古学会
1994年6月　B5判　150頁
貝塚遺跡データ集
貝塚遺跡分布図
文献目録
◆**東京大学文学部考古学研究室紀要**　第12号　東京大学文学部考古学研究室　1994年3月　B5判　270頁
曾侯乙墓出土戈・戟の研究
　………………………吉開将人
細石器（Ⅲ）……………藤本　強
アイヌ自製品の研究―矢尻―
　………………………宇田川洋
縄文前期前半期における轟B式土
　器群の様相……………李　相均

南関東弥生後期における縄文施文
　の二つの系統…………鮫島和大
◆**国学院大学考古学資料館紀要**
第10輯　国学院大学考古学資料館
1994年3月　B5判　179頁
相模野細石器の出現……砂田佳弘
中国古俑源流の研究……呉　衛国
変形壺の成立……………小林青樹
伊豆諸島の中世陶器
　………内田隆史・惟村忠志
近世考古学における神津島海底遺
　跡のもつ意義
　………山本典幸・山内利秋
マンローを見つめ直す
　……エドワード・フィールド
　　　　　　　　本橋直子訳
肥前島原城主松平主殿頭の茶の湯
　断章……………………矢崎　格
◆**民族考古**　第2号　慶応義塾大学文学部民族学考古学研究室
1994年3月　B5判　150頁
五領ケ台貝塚出土器について
　………………………小林謙一
両耳壺の研究ノート……稲村晃嗣
近世陶磁器の紀年銘資料に関する
　考察……………………森本伊知郎
近世墓標の形態変化と石材流通
　………………………朽木　量
◆**専修史学**　第26号　専修大学歴史学会　1994年5月　A5判　160頁
横穴式古墳構築過程の復元
　………………………土生田純之
◆**駿台史学**　第91号　駿台史学会
1994年3月　A5判　219頁
"毛野"形成期の地域相
　………………………梅沢重昭
◆**立正考古**　第32号　立正大学考古学研究会　1994年3月　B5判
94頁
考古学報道を考える……坂詰秀一
東北横穴墓の埋葬様式…池上　悟
比企地方における胴張りを有する
　横穴式石室の一様相…大谷　徹
総における古墳時代後期の埋葬施
　設の研究―箱式石棺―
　………………………上野恵司
福島県南部太平洋岸における縄文
　時代カジキ漁…………福井淳一
千葉県流山市三輪野山貝塚出土の
　遺物について…………小川勝和

◆西相模考古　第3号　西相模考古学研究会　1994年5月　B5判　82頁
南関東弥生文化における北からの土器……………………岡本孝之
海老名市本郷遺跡出土土器の編年予察………及川良彦・池田治
相模西部域における古墳文化の受容について……………古庄浩明
古墳時代前半期の近畿地方の土器様相………………米田敏幸
相模の土器の砂礫について
　　　　　　　　　　……………奥田　尚
◆考古論叢神奈河　第3集　神奈川県考古学会　1994年5月　B5判　104頁
神奈川県下の縄文時代貝塚を概観して………………中村若枝
大磯丘陵の高地性遺跡…岡本孝之
古代本郷遺跡の一特質……大上周三
鎌倉における出土遺物の個体数調査……………………斉木秀雄
◆研究紀要　11　群馬県埋蔵文化財調査事業団　1993年10月　B5判　135頁
群馬県における石器石材の研究
　　　　　　桜井美枝・井上昌美
　　　　　　　　　　　　関口博幸
縄文時代多孔石の研究…菊池　実
変形工字文の構造………飯島義雄
馬形埴輪における騎馬の基礎的研究……………………南雲芳昭
胎土分析による土器の分類について……………………佐藤元彦
榛名山麓の古代寺院Ⅱ
　　　　　　　　　……川原嘉久治
◆越中の中世城郭　第4号　北陸城郭研究会　1994年4月　B5判　106頁
越中西部の城郭3跡……重杉俊樹
越中国人・土肥氏の城郭について
　　　　　　　　　　……佐伯哲也
伝燈寺城跡の紹介………宮本哲郎
飛騨の中世城郭4題……高田　徹
◆長野県考古学会誌　73　長野県考古学会　1994年5月　B5判　59頁
有孔鍔付土器の構造と機能について……………………田村大器
信濃に於ける米作りと栽培
　　　　　　　　　　……町田勝則

長野市大峰城の縄張りと出土遺物について……河西克造・小山丈夫
◆研究紀要　9　山梨県立考古博物館・山梨県埋蔵文化財センター　1993年3月　B5判　242頁
礫群と個体消費の関わりについて
　　　　　　　　　　……保坂康夫
勝坂式土器成立期の集団関係
　　　　　　　　　　……今福利恵
縄文中期後半の集落②…新津　健
縄文時代生産活動と石器組成分析
　　　　　　　　　　……末木　健
甲斐弥生土器編年の現状と課題
　　　　　　　　　　……中山誠二
外来系から在来系へ……小林健二
柱の礎石のある竪穴式住居址
　　　　　　　　　　……森　和敏
山梨県地域における内耳土器の系譜………………………森原明廣
甲府城の史的位置………平山　優
山梨県における月待信仰について
　　　　　　　　　　……坂本美夫
◆丘陵　第14号　甲斐丘陵考古学研究会　1994年5月　B5判　84頁
勝坂式土器成立期における社会構造………………………今福利恵
山梨県地域における古代末期の土器様相…………………森原明廣
甲斐金峰山の信仰
　　　　　　櫛原功一・岡野秀典
米倉山出土の銀象嵌刀鍔
　　　　　　　　　　……岡野秀典
韮崎高校出土の常滑の壺
　　　　　　　　　　……田代　孝
◆京都府埋蔵文化財情報　第51号　京都府埋蔵文化財調査研究センター　1994年3月　72頁
瓦谷遺跡の埴輪棺
　　　　　　石井清司・有井広幸
古墳出現前後の注口土器について
　　　　　　　　　　……藤原敏晃
由良川中・下流域の第Ⅲ様式土器について・前編………田代　弘
◆古代文化　第46巻第5号　古代学協会　1994年5月　B5判　57頁
剖抜式石棺研究の現状と課題（1）について……………丹羽佑一
中国地方の剖抜式石棺…和田晴吾
関東・東北地方の剖抜式石棺

　　　　　　　　　　……渡部明夫
九州の剖抜式石棺について
　　　　　　　　　　……高木恭二
北陸の剖抜式石棺について
　　　　　　　　　　……青木豊昭
◆古代文化　第46巻第6号　1994年6月　B5判　57頁
剖抜式石棺研究の現状と課題（2）について………………丹羽佑一
近畿の剖抜式石棺………和田晴吾
四国の剖抜式石棺………渡部明夫
鱗付埴輪の製作技法……伊藤　純
◆考古学研究　第41巻第1号　考古学研究会　1994年6月　B5判　114頁
水洞溝技法とルヴァロア技法
　　　　　　　　　　……稲田孝司
仿製三角縁神獣鏡の編年と製作背景…………………福永伸哉
狩猟・採集民の生業・集落と民族誌………………………羽生淳子
古墳時代の武器・武具および軍事組織研究の動向………松木武彦
◆香川県埋蔵文化財調査センター研究紀要　Ⅱ　香川県埋蔵文化財調査センター　1994年3月　B5判　133頁
観音寺市なつめの木貝塚出土の縄文時代後期土器（なつめの木式）について………………渡部明夫
香川県における古墳時代中期群小墳小考………………蔵本晋司
十瓶山窯跡群の分布に関する一考察………………………佐藤竜馬
讃岐における中世前半の供膳具Ⅰ
　　　　　　　　　　……片桐孝司
◆研究紀要　Vol. 1　北九州市立考古博物館　1994年6月　B5判　60頁
わが国出土の鼉龍文鏡の様相
　　　　　　　　　　……藤丸詔八郎
考古資料からみた南九州の地域性
　　　　　　　　　　……松永幸男
◆九州文化史研究所紀要　第39号　九州大学文学部九州文化史研究施設　1994年3月　A5判　109頁
文化動態論……………澤下孝信
北九州市貫川遺跡の縄文晩期の石包丁………前田義人・武末純一
墓室内飲食物供献と死の認定
　　　　　　田中良之・村上久和

考古学界ニュース

編集部編

―――― 九州地方

3万年以上前の旧石器 宮崎県児湯郡川南町の後牟田（うしろむた）遺跡で川南町教育委員会による発掘調査が行なわれ、約3万8千年前から7万年前とされる火山灰層・霧島イワオコシの下から石器の剝片が見つかった。また、霧島イワオコシ直上の褐色ローム層から出土した石器2点は加工が粗く5～6cmの長方形をなすもので、これまでの石器の分類には入らない新しいもの。他の層からはナイフ形石器や斧様石器、鋸歯縁スクレイパーなども出土した。同遺跡は阿蘇4火砕流から縄文時代早期までの地層が乱れずに堆積しており、文化層は暫定数ながら10層にわかれる。西日本でこれだけ古い石器が見つかったのは初めての例。

花弁状の弥生住居跡 西都市茶臼原の緑ヶ丘遺跡で西都市教育委員会による発掘調査が行なわれ、竪穴式で円形プランの花弁状住居跡1軒が発見された。東西7.5m、南北6.7mの大きさで、中央に柱穴が5つあり、上からみると花びらが4枚あるような形。花びらの部分は大きいもので横3.4m、縦1.2mあり、この部分のみがやや高くなり、寝室とか物置に使われていたとみられる。時期は弥生時代中期末から後期初頭のもので、南九州以外にはみられない特殊な形。住居跡からは壺形土器、石庖丁など約20点が出土したほか、すぐ近くからは周溝状遺構が2基みつかっている。

金印の志賀島から古墳「漢委奴国王」金印が出土した福岡市東区志賀島で福岡市教育委員会による発掘調査が行なわれ、同島の勝馬地区にある志賀海神社の中津宮境内から古墳時代後期の円墳に伴う竪穴系石室がみつかった。同墳は海抜18mほどの丘陵の頂上にある中津宮の境内に埋まっていたもので、30～40cm角の自然石を積み重ねた石室は長さ2.75m、幅1.50m。石室からは弥生時代のカメ棺破片や大型の鉄製鉾、鉄斧が出土したほか、ガラス製管玉、銅製耳環、須恵器などが発見された。

弥生中期の溜井遺構 福岡市教育委員会が発掘を行なっている同市東区美和台新町の三苫永浦（みとまながうら）遺跡群で、弥生時代中期後半の人工の貯水池とみられる溜井遺構が発見された。現場は標高約40mの丘陵の緩斜面で、上面観は長方形に近い楕円形。大きさは長辺約53m、短辺約13m、深さは約6mを測る。底の部分には植物などが腐食した黒土が堆積しており、水がたまっていたことを証明している。これほど大規模な遺構はこれまで平安時代以降のものしかみつかっていない。同遺跡群では竪穴住居跡16棟と、水田などに水を送ったとみられる用水路のような溝、土壙、柱穴、大量の土器などが出土した。また同遺跡ののる丘陵の山頂部付近で高地性集落跡が発見された。直径7mと6mの竪穴住居跡2棟を伴うもので、溜井と同じ時期。また一辺約150cmほどで深さ約15cmの四角い穴も2カ所みつかったが、これはのろし跡ではないかとみられる。

―――― 中国地方

土井ケ浜遺跡から弥生人骨5体 300体余りの弥生人骨が発見されたことで有名な山口県豊浦郡豊北町の国指定史跡・土井ケ浜遺跡で人類学ミュージアム（松下孝幸館長）による第13次調査が行なわれ、新たに人骨5体が発見された。現場はミュージアム前の駐車場付近で、人骨は成人2体と子供3体。成人骨は弥生時代中期のもので男性。仰向けの状態で、右手、肋骨、背骨、左大腿骨などが出土したが頭部と腰から下の骨はなかった。またここから3m離れてみつかった子供の骨にはいずれも高さ、口径とも10cmの壺が副葬されており、時代が特定できる。付近からは前回の調査でも散乱骨1体が出土しており、遺跡の西側の境界線にあたるとみられる。

調査の後半では、伸展葬の人骨が完全な形でみつかった。身長148.7cmの女性で左前腕部には二枚貝で作られた腕輪1個をつけていた。二枚貝製の腕輪着装例は初めてである。人骨は顔が長く彫りの浅い典型的な土井ヶ浜弥生人。

竪穴式石室をもつ方墳 安来道路の建設に伴って島根県埋蔵文化財調査センターが発掘を行なった安来市久白町で前期古墳が新たに発見された。この古墳は塩津山1号墳で、南北約25m、東西約20mの方墳。地山を削って成形し、一部に盛土を施している。出土した土器から年代は4世紀ごろと推定されている。東側と北側の斜面に葺石が認められるが、隅の部分や石の置き方は弥生時代の四隅突出型墳丘墓の特徴を持っているという指摘もある。主体部は竪穴式石室と墓壙3基などの計6基がみつかっている。付近には四隅突出型墳丘墓の塩津1号墓や造山古墳群、さらに仲仙寺墳墓群などが集中しており、今回の発見は注目される。

―――― 近畿地方

古墳を壊して寺を造営 天理市教育委員会が発掘調査を行なった市内櫟本町の長寺（おさでら）遺跡で奈良時代から平安時代にかけての門と塀がみつかったが、塀のすぐ南側から6世紀後半の円墳（長寺6号墳）が確認され、8世紀前半に古墳を破壊して寺院の造営が行なわれたことがわかった。長氏の氏寺とみられる長寺の規模や伽藍配置などはほとんどわかっておらず、今回初めて境内北側の門と東西に延びる塀がみつかった。

発掘調査

塀の両側には内側が幅約 1.3m, 外側が約4mの溝があった。長寺6号墳は径約15mの円墳で, 主体部はすべて削り取られ, 周溝の一部が残っていただけだった。なお瓦などによってこの寺は平安時代中期に火災で廃絶したこともわかった。

平安宮内裏内郭の回廊跡 京都市埋蔵文化財研究所が発掘調査を行なった京都市上京区下立売通千本東入田中町の住宅地から, 平安宮の内裏を囲む回廊跡が発見された。内裏内郭回廊は築地塀の内側と外側が通行でき, 衛士が交代で天皇の警備などに当たったところで, 今回調査されたのは西回廊の内側部分。遺構は平安宮創設期から9世紀初めのものとみられ, その後修復や火災にあっていることがわかった。主な遺構は凝灰岩の切石を用いた基壇の地覆石(幅約30cm, 長さ60～90cm)が南北に10個並び, その東側に雨落溝(幅約70cm, 長さ約11m)が造られていた。

古墳前期の集落跡 向日市埋蔵文化財センターが発掘調査を行なった向日市上植野町伴田の鴨田遺跡で4世紀前半の竪穴住居跡4棟が発見された。住居跡は方形を呈し一辺 3.4～4.4m ほどの大きさで, 内部から布留式土器が多数みつかった。これまでの調査を合わせると計11棟以上の住居が存在したことになり, 近接する芝ヶ本, 吉備寺, 馬場遺跡とともに前期の中心的な集落であることがわかった。これらは, 現場から北へ約1.5km 離れた向日丘陵上にある元稲荷古墳, 五塚原古墳などの前期古墳の造営母体となった集落の1つと考えられる。

5世紀の大型建物跡 国の名勝および史跡である上野市比土の城之越(じょのこし)遺跡で上野市教育委員会による発掘調査が行なわれ, 5世紀とみられる大型の掘立柱建物跡がみつかった。東西約12m(4間), 南北約13.5m(5間)の規模で, 18本の柱跡が並んでいる。この内側から東西約6.4m(2間), 南北約8.4m(2間)の柱跡がみつかったことから四面庇をもつ掘立柱建物と考えられる。この建物の東側からはひと回り小さい東西約11.5m(4間), 南北約10.4m(4間)の同様式の建物跡も発見された。同遺跡では平成3年度にこの建物の西約100mで同時代の祭祀遺構がみつかっている。湧水源を伴う石を張り詰めたY字形の大溝で, 日本庭園の源流ではないかとの説も出された。

──────中部地方

7世紀の八角墳 山梨県東八代郡一宮町国分の経塚古墳で山梨県埋蔵文化財センターによる発掘調査が行なわれ, 7世紀前半の八角墳であることがわかった。経塚古墳は長径約12m, 最大高約 2.2m (3段石積み)で, 西側は破壊が甚しいものの東側は約4mの八角形の一辺がはっきりと確認できたことから, 全国でも数少ない八角墳であることがわかった。時期は副葬品の鉄斧や石室の構造などから遅くとも八角墳が出現し始める7世紀前半であると考えられている。また石室床面は胴張り構造を採用しており, 渡来系集団とのかかわりも注目される。いずれにしても八角墳が早い段階に東国の地に導入されたことは興味深い。

──────関東地方

弥生中期の環濠集落 八千代市教育委員会は八千代国際大学を中心とした八千代学園都市開発計画に伴う埋蔵文化財調査を行なっているが, 先ごろ同市佐山地区の田原窪遺跡で弥生時代中期の環濠集落の存在が確認された。現場は市北部の神崎川南側の台地先端部に位置するもので, 東西約 120m, 南北 100mの規模で, 濠は幅 2～2.5m, 深さ1～2mのV字状。環濠の内側から弥生時代中期の住居跡45軒と縄文時代中期の住居跡2軒が発見された。遺跡からは多数の弥生土器, 縄文土器のほか, 扁平片刃石器や炭化米などが出土している。

足利公園古墳群からT字形石室 足利市教育委員会が第6次の発掘調査を行なっていた市内の足利公園古墳群で横穴式石室をもつ円墳2基(K号墳, N号墳)が調査され, とくにN号墳はT字形石室であることがわかった。N号墳は6世紀後半に比定される古墳で, 径約20m, 高さは約4m。玄室は長さ推定約5m, 幅1.0mで, 側室は主に河原石, 天井はチャートの割石が使われており, 内部から人骨の一部(頭骨と腕骨)と銅製の耳環2点が出土した。墳丘に葺石が一部残っていたほか, 円筒埴輪列も発見された。7世紀初めとみられるK号墳は径約16m, 高さ2.5m以上の2段築成で, 石室は長さ約7mの胴張り型であることがわかった。平成2年度から始まった調査は今回で終了, 円墳10基, 前方後円墳1基の計11基を確認した。

6世紀の埴輪配列 群馬県新田郡尾島町教育委員会が調査を進めている町内の世良田諏訪下遺跡から6世紀ごろ埋められたとされる人物をかたどった5体の埴輪と飾り馬の埴輪2体が当時の配列のまま出土した。6世紀前半の円墳南側の墳丘下段の一角からみつかったもので, 墳丘を背にした配列。人物埴輪は5体とも半身像で高さは 60～65cm。大刀を持つ男性を中心に, 左右には楽器を持って踊る女性がそれぞれ配置され, 続いて楽器を掲げる男性が並んでいた。さらに馬子とみられる男性の埴輪1体も発見された。平安時代に起きた洪水で土に埋もれたため, 埋葬時のまま残ったらしい。

127

考古学界ニュース

―――――東北地方

3重の環状列石 青森市教育委員会が調査を行なっている市内野沢の小牧野遺跡で新たに3重目の列石がみつかった。同遺跡は縄文時代後期前半のもので，細長く平らな石約2,000個を組み合わせた配石は小牧野式とよばれている。これまで直径3mの配石を中心に2重の輪（外帯は直径35m）がみつかっているが，1994年度の調査で新たに長さ約10mの同じような弧を描く列石がみつかった。しかし途中で切れており，何らかの理由で中断したらしい。また同遺跡では弥生時代中期の口縁部にクマの頭の形の突起がついた台付鉢も出土した。

―――――学　界

日本考古学協会1994年度大会
11月5日〜7日，同志社大学において「遺跡のなかで遺物をどうとらえるか」のテーマで開催された。第61回総会は東海大学の予定。
〈講演〉
　森　浩一：古墳の発掘と銅鏡
　網野善彦：中世史から考古学への提言
〈シンポジウム〉
　(1)石器石材原産地遺跡
　司会：石野博信
　安蒜政雄：星糞峠・鷹山黒耀石原産地―長野県小県郡長門町鷹山遺跡群
　佐藤良二：二上山讃岐岩原産地
　木村英明：白滝・置戸黒耀石原産地
　藤野次史：冠山安山岩原産地
　コメンテイター：松藤和人
　(2)"中国銭"の中世鋳造遺跡と銭の流通
　司会：八賀　晋
　嶋谷和彦：堺出土の銭鋳型と"堺型模鋳銭"
　古賀信幸：大内（多々良）氏と周防国内の出土銭貨
　山田邦和：京都における渡来系銭貨の生産と流通
　鈴木公雄：関東―永楽銭の東国集中
　鋤柄俊夫：奈良時代の鋳造工房―太井遺跡の事例を中心に
　コメンテイター：網野善彦
　(3)銅鐸の出土状況
　司会：大塚初重
　菅原康夫：矢野遺跡出土銅鐸
　相京邦彦・立和名明美：銅鐸の出土状況―千葉県の出土例
　天本洋一：佐賀県における鐸形土製品の出土例について
　寺沢　薫：奈良盆地の銅鐸出土状況
　コメンテイター：石野博信・久野雄一郎
　(4)馬の埋葬
　司会：白石太一郎
　小林正春：長野の古墳―下伊那の古墳時代の埋葬馬
　島津義昭・高木正文：熊本の古墳
　野島　稔：大阪・奈良井遺跡
　山中　章：長岡京―馬の埋葬と馬の祭祀
　コメンテイター：松井　章
　(5)天皇陵古墳
　司会：伊達宗泰
　泉　武：手白髪皇后陵と西殿塚古墳
　今尾文昭：西山塚古墳
　森田克行：今城塚古墳
　杉本憲司：中国古代皇帝陵の比定
　コメンテイター：都出比呂志・和田　萃

印旛郡市文化財センター第2回遺跡発表会 3月12日（日）午前9時30分より佐倉市中央公民館，印旛郡市文化財センター常設展示室を会場に開かれる。成田市南羽鳥久保，佐倉市吉見台A地点，酒々井町上岩橋岩崎など同センターが調査した成果を発表するもの。

土偶シンポジウム3（栃木大会）
「土偶とその情報」研究会（代表・八重樫純樹国立歴史民俗博物館助教授）の主催によって2月25日，26日の両日，宇都宮市東コミュニティーセンターを会場に開催される。今回のテーマは「関東地方後期土偶―山形土偶の終焉まで」で基調報告，後期土偶とその周辺，関連祭祀遺物，総合討議にわけて行なわれる。

相沢忠洋賞に林茂樹氏 第3回相沢忠洋賞に上伊那考古学会会長の林茂樹氏が選ばれ，9月15日授賞式が行なわれた。氏は民間の考古学研究者だが，とくに長野県南箕輪村の神子柴遺跡の発掘が評価されたもの。

岩宿文化賞に白石浩之氏 第3回岩宿文化賞に神奈川県立埋蔵文化財センター主幹の白石浩之氏が選ばれ，10月1日授賞式が行なわれた。受賞理由は，ナイフ形石器文化の研究を大いに前進させ，尖頭器の出現問題について大きな手掛りを与えたことなどで，主著に『旧石器時代の石槍』がある。

加藤稔氏に斎藤茂吉文化賞 平成6年度斎藤茂吉文化賞（学芸部門）に加藤稔東北芸術工科大学教授が選ばれ，11月3日授賞式が行なわれた。氏の40年余にわたる東北の旧石器時代を中心とする考古学研究および県内各地の埋蔵文化財保存に貢献したことに対して高い評価を受けたもの。

石村喜英氏（仏教文化史研究所所長）　1994年5月15日，心不全のため朝霞台中央総合病院で死去された。享年80歳。本名は亮司。氏は大正3年群馬県に生まれ，大正大学文学部史学科卒。東京都立滝野川高校，同竹早高校などの教諭，立正大学，大正大学の講師を勤めたほか，日本歴史考古学会の幹事としても活躍された。専門は日本古代仏教史。著書に『武蔵国分寺の研究』『深見玄岱の研究』『梵字事典』（共著）『仏教考古学研究』などがある。

「季刊 考古学」総目次
創刊号～第50号（1982年11月～1995年2月）

特　集

創刊号（1982年11月）
縄文人は何を食べたか　　　　　（渡辺　誠編）
＜口絵＞漁撈具とその使用実験／植物性遺物とその採集用具／大形住居址／貯蔵穴／狩猟・漁撈の季節
縄文人の食生活　　　　　　　　　　　　渡辺　誠
食料の地域性
　狩猟・漁撈対象動物の地域性
　　　　　　金子浩昌・西本豊弘・永浜真理子
　漁撈対象動物（貝類）の地域性　　　松島義章
　採集対象植物の地域性　　　　　　　渡辺　誠
食料の漁猟・採集活動と保存
　弓矢と槍　　　　　　　　　　　　鈴木道之助
　家犬　　　　　　　　　　　　　　　岩田栄之
　おとし穴　　　　　　　　　　　　　村田文夫
　釣漁と銛猟―いわき海域を中心に　　馬目順一
　網漁　　　　　　　　　　　　　　　渡辺　誠
　製塩　　　　　　　　　　　　　　川崎純徳
　浅鉢形土器　　　　　　　　　　　　村田文夫
　注口土器　　　　　　　　　　　　藤村東男
　植物調理用石器　　　　　　　　　齊藤基生
　解体調理用石器　　　　　　　　　中村若枝
　大形住居址（東北地方）　　　　　　工藤泰博
　大形住居址（北陸地方）　　　　　　小島俊彰
　貯蔵穴　　　　　　　　　　　　　永瀬福男
人類学からみた縄文時代の食生活　　　埴原和郎
縄文農耕論の再検討
　縄文中期農耕論　　　　　　　　　宮坂光昭
　縄文晩期農耕論　　　　　　　　　賀川光夫
＜口絵解説＞
　クロダイの鱗の顕微鏡写真　　　　丹羽百合子
　縄文時代の漁撈具　　　　　　　　楠本政助
　縄文草創期の貯蔵穴―鹿児島県東黒土田遺跡
　　　　　　　　　　　　　　　　　河口貞徳

第2号（1983年2月）
神々と仏を考古学する　　　　　（坂詰秀一編）
＜口絵＞縄文時代の改葬墓／犠牲にされた牛と馬／中世の惣墓と氏墓／武蔵国分寺址出土の仏像／破砕された銅鐸／人面墨書土器の世界／古墳時代の祭祀遺跡1／古墳時代の祭祀遺跡2
座談会・宗教考古学のイメージを語る
　　　　　　　乙益重隆・網干善教・坂詰秀一
考古学よりみた宗教史
　縄文時代の信仰　　　　　　　　　上野佳也
　弥生時代の信仰　　　　　　　　　神澤勇一
　古墳時代の信仰　　　　　　　　　岩崎卓也
　古代の信仰　　　　　　　　　　　黒崎　直
　中世の信仰　　　　　　　　　　　山県　元
　近世の信仰　　　　　　　　　　　藤田定興
　北の信仰　　　　　　　　　　　　宇田川洋
　南の信仰　　　　　　　　　　　　上村俊雄
宗教考古学の諸相
　神道　　　　　　　　　　　　　　佐野大和
　仏教　　　　　　　　　　　　　　坂詰秀一
　道教的世界　　　　　　　　　　　水野正好
　修験道　　　　　　　　　　　　　時枝　務
　キリスト教　　　　　　　　　　　賀川光夫
信仰の対象
　山の信仰　　　　　　　　　　　　大和久震平
　海の信仰　　　　　　　　　　　　鎌木義昌
　土地の信仰　　　　　　　　　　　乙益重隆
　池と沼と湖の信仰　　　　　　　　亀井正道
　空の信仰　　　　　　　　　　　　椙山林継
外国の宗教考古学
　中国の宗教考古学　　　　　　　　菅谷文則
　朝鮮の宗教考古学　　　　　　　　西谷　正
＜口絵解説＞
　古墳中期の祭祀遺跡　　　　　　　相田則美

第3号（1983年5月）
古墳の謎を解剖する　　　　　　（大塚初重編）
＜口絵＞古墳の立地／観音山古墳の復原／古墳築造の企画プラン／修羅の牽引実験／石室・石棺の製作／埴輪製作址
古墳の築造と技術　　　　　　　　　大塚初重
古墳築造の企画と設計
　墓地の選定と墳形の選択　　　　　網干善教
　前方後円（方）墳の設計と尺度　　宮川　徏
巨大古墳の築造技術
　誉田山・大山古墳の特徴と土木技術上の分析
　　　　　　　　　　　　　　　　　堀田啓一
　構造工学からみた古墳の墳丘　　　相原俊弘
　封土の積み方と葺石の敷き方　　　泉森　皎
　埴輪の製作と配列の方法　　　　　大塚初重
石棺の製作と石室の構築
　石材の供給と石棺製作技術　　　　間壁忠彦

129

横穴式石室構築の技術	梅沢重昭・桜場一寿
横穴墓構築の技術	小林三郎
巨石の切り出し技術	奥田　尚
石材運搬の技術―近世城郭からみた道具を中心に	
	北垣聰一郎
建築学からみた横穴式石室	矢野和之
古墳築造技術者と労役者集団	遠藤元男
古墳築造にかかわる祭祀・儀礼	白石太一郎

＜コラム＞

古墳築造に用いられた土木用具	堅田　直
未完の古墳―益田岩船と石宝殿	猪熊兼勝
古墳築造に動員された人の数と実態	川上敏朗

第4号（1983年8月）

日本旧石器人の生活と技術　　　（加藤晋平編）

＜口絵＞先土器時代の集落跡／約4万年前の石器文化／骨器・牙製品など／ナイフ形石器の編年／尖頭器の編年／細石器の編年と使用例／黒曜石製石器の使用痕

旧石器時代の技術	加藤晋平

後期更新世の自然環境―とくに立川期を中心にして

植物相	辻　誠一郎
動物相	長谷川善和
地形環境	杉原重夫

旧石器研究の動向

日本の前期旧石器文化	岡村道雄
アジア地域の中期旧石器文化―「剝片尖頭器」の拡がり	松本美枝子

旧石器人のイエとムラ

住居とピット	鈴木忠司

石器の製作技術と使用痕

縦長ナイフ形石器の製作	安蒜政雄
国府型ナイフ形石器の製作―西日本のナイフ形石器	松藤和人
黒曜石の使用痕研究	岡崎里美

石器のかたちとはたらき

台形石器	小畑弘己
尖頭器	大竹憲昭
細石器（九州地方）	橘　昌信
細石器（本州地方）―関東・中部南部を中心に	鈴木次郎
細石器（北海道地方）	木村英明

＜口絵解説＞

静岡県広野北遺跡	山下秀樹

第5号（1983年11月）

装身の考古学　　（町田　章・春成秀爾編）

＜口絵＞国府遺跡の玦状耳飾／縄文～古墳時代の装身具／人物埴輪に表現された髪形／抜歯の習俗／人骨加工／玦状耳飾の製作遺跡／律令時代の装身

装身具の意義と歴史	町田　章

装身の歴史

採取の時代	春成秀爾
農耕の時代	岩永省三
大王の時代	千賀　久
律令制の時代	佐藤興治

装身と原始・古代社会

縄文～古墳時代の玉製装身具―生産と流通	藤田富士夫
縄文～古墳時代の布―生産と流通	小笠原好彦
貝輪と銅釧の系譜	木下尚子
人物埴輪頭部における装身表現―関東での変遷と地域性	杉山晋作
耳飾からみた性別	西口陽一
装身具にみる身分制度	亀田　博

身体の変工

抜歯習俗の成立	春成秀爾
入墨の意義と性格	高山　純

考古学の周辺

律令時代の衣服規定―日本衣服令の特質	武田佐知子
儀礼と装身	鍵谷明子

第6号（1984年2月）

邪馬台国を考古学する　　　（西谷　正編）

＜口絵＞倭人伝の世界（奴国／畿内と三角縁神獣鏡／朝鮮／中国／対馬国／一支国／末盧国／伊都国／河内平野／大和盆地）

座談会・邪馬台国の背景

　　　岡崎　敬・永井昌文・山尾幸久・金関　恕

『魏志』倭人伝時代の北部九州

北部九州の自然環境	畑中健一
北部九州の生産	下條信行
北部九州の集落	田崎博之
北部九州の社会・生活	浜石哲也

『魏志』倭人伝時代の畿内

畿内の自然環境―瓜生堂遺跡周辺を中心に	安田喜憲
畿内の生産	田代克己
畿内の集落・人口	中西靖人
畿内の社会・生活―籩豆手食の俗	都出比呂志

邪馬台国の周辺

中国	河上邦彦
朝鮮（帯方郡・狗邪韓国）	西谷　正
対馬国	安楽　勉
一支国	藤田和裕
末盧国	中島直幸
伊都国	柳田康雄
奴国	塩屋勝利
考古学からみた邪馬台国研究史	森岡秀人

第7号（1984年5月）

縄文人のムラとくらし　　　（林　謙作編）

＜口絵＞北海道の縄文集落／東北の縄文集落／関東の縄文集落／沖縄の貝塚中期集落／北海道の縄文住居址／縄文時代の配石遺構／縄文時代のおとし穴／縄文集落の周辺

縄文の集落―集落論の新しい出発をめざして	林　謙作

「村落」のなかの集落
　　遺跡群の構成　　　　　　　　　　　　　武井則道
　　集落の構成　　　　　　　　　　　　　　鈴木保彦
　　集落と物資の集散　　　　　　　　　　安孫子昭二
集落の構成要素
　　縄文時代の竪穴住居—北海道地方の場合　宮本長二郎
　　狩猟・漁撈の場と遺跡　　　　　　　　　西本豊弘
縄文集落の周辺
　　旧石器時代の集落　　　　　　　　　　　小野　昭
　　弥生時代の集落　　　　　　　　　　　　小宮恒雄
　　中国新石器時代の集落—姜寨遺跡の場合　町田　章
　　朝鮮半島先史時代の集落　　　　　　　　西谷　正
　　北米大陸北西沿岸インディアンの集落
　　　　　　　　　　　　　スチュアート　ヘンリ
　　東南アジア焼畑農耕民の集落—フィリピンの事例を中
　　　心に　　　　　　　　　　　　　　　　宮本　勝

第8号（1984年8月）
古代日本の鉄を科学する　　　　（佐々木稔編）
＜口絵＞弥生時代の鉄器／稲荷山鉄剣錆の分析／各地の
　　製鉄遺構／日本の古代刀／古代の鉄製品／蕨手
　　刀にみられる金属組織／擦文期の鍛冶遺構
古代日本における製鉄の起源と発展—自然科学的研究の
　　立場からのアプローチ　　　　　　　　佐々木　稔
鉄器の変遷と分析
　　弥生文化と鉄　　　　　　　　　　　　　橋口達也
　　古墳出土鉄器の材質と地金の製法
　　　　　　　　　　　　　　佐々木　稔・村田朋美
　　古墳供献鉄滓からみた製鉄の開始時期　　大澤正己
製鉄炉と鉱滓の分析
　　製鉄炉跡からみた炉の形態と発達　　　　土佐雅彦
　　製鉄遺跡からみた鉄生産の展開　　　　　穴澤義功
　　製鉄遺跡で採取される鉄滓の組成　　　　桂　　敬
"えぞ文化"と擦文文化
　　蕨手刀からみた東北北部の古代製鉄技術
　　　　　　　　　　　　　　高橋信雄・赤沼英男
　　擦文文化と鉄—覚え書　　　　　　　　　菊池徹夫
＜コラム＞
　　古代東北アジアの鉄鉱石資源　　　　　　窪田蔵郎
　　古代刀に必要な地金　　　　　　　　　　隅谷正峯
＜口絵解説＞
　　刀の考古学　　　　　　　　　　　　　　石井昌国

第9号（1984年11月）
墳墓の形態とその思想　　　　　（坂詰秀一編）
＜口絵＞腕のない屈葬人骨／支石墓と配石墓／律令官人
　　の墓／近世大名の墓／集落とストーンサークル
　　／方形周溝墓と墳丘墓／隼人の墓／えぞ族長の
　　墓
墳墓の考古学　　　　　　　　　　　　　　坂詰秀一
墳墓の変遷
　　森と浜の墓（縄文時代）　　　　　　　　永峯光一
　　支石墓と配石墓（弥生時代）　　　　　　藤田　等
　　古墳群の変遷（古墳時代）　　　　　　　丸山竜平
　　律令官人の墓（奈良時代）　　　　　　　前園実知雄
　　平安京の墓（平安・鎌倉・室町時代）　　寺島孝一
　　武将の墓（鎌倉〜安土桃山時代）　　　　日野一郎
　　大名の墓（江戸時代）—仙台藩主の場合　伊東信雄
墳墓と信仰
　　ストーンサークルの意義　　　　　　　　水野正好
　　方形周溝墓と墳丘墓　　　　　　　　　　茂木雅博
　　モガリと古墳　　　　　　　　　　　　　久保哲三
＜コラム＞
　　土偶破砕の世界　　　　　　　　　　　　米田耕之助
　　洗骨の系譜　　　　　　　　　　　　　　國分直一
　　赤色の呪術　　　　　　　　　　　　　　市毛　勲
　　隼人の墓　　　　　　　　　　　　　　　上村俊雄
　　えぞ族長の墓　　　　　　　　　　　　　伊藤玄三
　　買地券の世界　　　　　　　　　　　　　間壁葭子
　　禅僧の墓　　　　　　　　　　　　　　　中川成夫

第10号（1985年2月）
古墳の編年を総括する　　　　　（石野博信編）
＜口絵＞古墳編年の基準資料（東大寺山古墳／神原神社
　　古墳／江田船山古墳／山ノ上古墳／鳥居原狐塚
　　古墳／和泉黄金塚古墳／石上神宮／柴崎蟹沢古
　　墳／安倉高塚（鳥島）古墳／隅田八幡神社／稲
　　荷山古墳／箕谷2号墳／岡田山1号墳）
古墳編年の展望　　　　　　　　　　　　　石野博信
遺構・遺物による古墳の編年
　　墳丘と内部構造による編年　　　　　　　泉森　皎
　　副葬品による編年—武器を中心に　　　　田中晋作
　　円筒埴輪による編年　　　　　　　　　　関川尚功
　　土師器による編年　　　　　　　　　　　岩崎卓也
　　須恵器による編年　　　　　　　　　　　中村　浩
地域における編年
　　筑紫　　　　　　　　　　　　　　　　　柳沢一男
　　肥前　　　　　　　　　　　　　　　　　蒲原宏行
　　吉備　　　　　　　　　　　　　　　　　正岡睦夫
　　出雲　　　　　　　　　　　　　　　　　前島己基
　　讃岐　　　　　　　　　　　　　　　　　玉城一枝
　　播磨　　　　　　　　　　　　　　　　　櫃本誠一
　　但馬　　　　　　　　　　　　　　　　　瀬戸谷　晧
　　摂津　　　　　　　　　　　　　　　　　森田克行
　　河内・和泉　　　　　　　　　　　　　　一瀬和夫
　　大和　　　　　　　　　　　　　　　　　河上邦彦
　　山城　　　　　　　　　　　　　　　　　平良泰久
　　若狭　　　　　　　　　　　　　　　　　入江文敏
　　伊賀・伊勢　　　　　　　　　　　　　　水口昌也
　　美濃・尾張　　　　　　　　　　　　　　赤塚次郎
　　三河・遠江　　　　　　　　　　鈴木敏則・中嶋郁夫
　　信濃　　　　　　　　　　　　　　　　　笹沢　浩
　　甲斐　　　　　　　　　　　　萩原三雄・橋本博文
　　武蔵　　　　　　　　　　　　　　　　　横川好富
　　房総　　　　　　　　　　　　　　　　　椙山林継
　　常陸　　　　　　　　　　　　　　　　　茂木雅博

131

上野　　　　　　　　　　　　　石塚久則
　　磐城・岩代　　　　　　　生江芳徳・穴沢咊光
　　陸前　　　　　　　　　　　　　氏家和典
　古墳の被葬者と実年代
　　古墳の被葬者―古代史研究の立場から　和田　萃
　　古墳の実年代　　　　　　　　　菅谷文則

第11号（1985年5月）
動物の骨が語る世界　　　　　　（金子浩昌編）
＜口絵＞沖縄グスク時代の動物／薩南諸島の動物／栃原
　　岩陰遺跡の動物／石鏃のささる獣骨／仙台湾沿
　　岸の動物／クジラ類イルカ類の頭骨／江戸の街
　　の人々と動物
動物遺存体と考古学―動物遺存体研究への展望
　　　　　　　　　　　　　金子浩昌・丹羽百合子
縄文時代人と動物
　　北海道・本州東北におけるオットセイ猟の系譜
　　　　　　　　　　　　　金子浩昌・西本豊弘
　　仙台湾沿岸の貝塚と動物　　　　後藤勝彦
　　相模湾のイルカ猟―伊東市井戸川遺跡を中心に
　　　　　　　　　　　　　栗野克巳・永浜真理子
　　中部山岳地帯の動物―栃原岩陰遺跡を中心に
　　　　　　　　　　　　　宮尾嶽雄・西沢寿晃
　　西海・五島列島をめぐる漁撈活動　　安楽　勉
　　鹿児島県下の貝塚と獣骨　　河口貞徳・西中川　駿
　　石器時代人と狩猟鳥獣　　　　　宇田川龍男
　　儀礼と動物―縄文時代の狩猟儀礼　土肥　孝
数量分析への検討
　　貝塚の調査と季節性　　　　　　中村若枝
　　脊椎動物遺存体の観察と分析―統計処理前提条件の検
　　　討　　　　　　　　　　　　丹羽百合子
＜コラム＞
　　沖縄グスク時代の文化と動物　　安里嗣淳
　　江戸・鎌倉の街から出土した動物遺体　金子浩昌
　　動物遺存体の取り扱いと保存処置　宮沢健二

第12号（1985年8月）
縄文時代のものと文化の交流　　（戸沢充則編）
＜口絵＞同じ顔の土偶／非日常的性格をもつ木の葉文浅
　　鉢形土器／特殊な機能をもつ壺の移動／玉の製
　　作と移動／サヌカイトの製作址／黒曜石の産地
　　と供給／土器製塩の遺跡／縄文時代の丸木舟
石器時代の「交易」　　　　　　　　戸沢充則
先土器・縄文時代の生産と流通
　　先土器時代の石器の原料と技術―南関東の石器群と石
　　　材構成　　　　　　　　　　　安蒜政雄
　　サヌカイトと石器製作址―原産地二上山北麓の遺跡群
　　　　　　　　　　　　　　　　　松藤和人
　　黒曜石の利用と流通　　　　　　斎藤幸恵
　　石斧の大量生産　　　　　　　　鈴木次郎
　　縄文時代の土器製塩と需給　　　堀越正行
　　硬玉製大珠の広大な分布圏　　　栗島義明
　　アスファルトの流通と東北の地域圏　安孫子昭二

縄文土器の交流
　　木の葉文浅鉢形土器の行方―土器の交換形態の一様相
　　　　　　　　　　　　　　　　　小杉　康
　　持ち運ばれる土器―「切断壺形土器」の移動と地域間
　　　交流　　　　　　　　　　　　阿部芳郎
　　土器の原料土の移入は行なわれたか―静岡県愛鷹山南
　　　麓の事例をもとに　　　　　　瀬川裕市郎
　　同じ顔の土偶　　　　　　　　　小野正文
流通の手段と方法
　　縄文の道　　　　　　　　　　　宮下健司
　　離島の生活と交通　　　　　　　橋口尚武
　　物資の交流を支える基盤―縄文時代の共同的社会
　　　　　　　　　　　　　　　　　後藤和民
縄文文化と海外の交流　　　　　　　藤田富士夫

第13号（1985年11月）
江戸時代を掘る　　　　　（加藤晋平・古泉　弘編）
＜口絵＞江戸の街／江戸の街の日常用具／肥前磁器の流
　　れ／江戸の遺跡―大名屋敷／江戸時代の遺跡―
　　小田原城／江戸時代の遺跡―富山県桜町遺跡／
　　江戸時代人の骨
江戸時代の考古学　　　　　　加藤晋平・古泉　弘
近世考古学の諸様相
　　東京都港区内の江戸時代遺跡　　鈴木公雄
　　・麻布台1丁目遺跡調査団・芝公園1丁目遺跡調査
　　団
　　多摩における「近世考古学」事始―甲野勇の研究から
　　　学ぶもの　　　　　　　　　　土井義夫
江戸の街を掘る
　　大名屋敷（真砂遺跡）　　　　　小林　克
　　武家屋敷（動坂遺跡）　　　　　芹澤廣衛
　　寺院（浅草寺）　　　　　　　　荒木伸介
　　物資の流れ―江戸の焼塩壺　　　渡辺　誠
　　物資の流れ―江戸の陶磁器　　　佐々木達夫
　　江戸の街の出土遺物―その展望　古泉　弘
江戸時代の遺跡を掘る
　　城（神奈川県小田原城跡）　　　塚田順正
　　陣屋（北海道白老・戸切地陣屋跡）
　　　　　　　　　　　　　長沼　孝・三浦正人
　　宿場町（富山県桜町遺跡）　　　伊藤隆三
　　たたら製鉄　　　　　　　　　　穴澤義功
　　沈没船（開陽丸）　　　　　　　藤島一巳
　　肥前磁器の流れ　　　　　　　　大橋康二
江戸時代人の骨　　　　　　　　　　森本岩太郎

第14号（1986年2月）
弥生人は何を食べたか　　　　　（甲元真之編）
＜口絵＞コメの登場で変容する堅果類の利用／弥生時代
　　の水田／弥生時代のコメと木製農具／弥生時代
　　の骨角貝製品／弥生後期の炭化種子類／続縄文
　　文化の骨角器／南島先史時代の貝塚／東南アジ
　　アの初期農耕と稲作
弥生人の食料　　　　　　　　　　　甲元真之

132

弥生時代の食料
　コメ　　　　　　　　　　　　　　田崎博之
　畑作物　　　　　　　　　　　　　寺沢　薫
　堅果類　　　　　　　　　　　　　渡辺　誠
　狩猟・漁撈対象物　　　　剱持輝久・西本豊弘
初期段階の農耕
　中国　　　　　　　　　　　　　　西谷　大
　東南アジア　　　　　　　　　　　新田栄治
　西アジア　　　　　　　　　　　　常木　晃
　イギリス　　　　　　　　　　　　甲元真之
弥生併行期の農耕
　北海道　　　　　　　　　　　　　木村英明
　南島　　　　　　　　　　　　　　木下尚子
　朝鮮半島　　　　　　　　　　　　後藤　直
　中国　　　　　　　　　　　　　　飯島武次
　沿海州　　　　　　　　　　　　　臼杵　勲
　北西ヨーロッパ　　　　　　　　　西田泰民
　新大陸―核地域と周辺地域と　　　小谷凱宣

第15号（1986年5月）
日本海をめぐる環境と考古学　　　　（安田喜憲編）
＜口絵＞日本海と生活用具／日本海の食料資源／北陸地方の遺跡―チカモリ遺跡・小竹貝塚／北陸地方の遺跡―吉河・寺家・朝倉氏遺跡／日本海海底コアの有孔虫／日本海をめぐる栽培植物／日本海周辺の古環境
日本海をめぐる歴史の胎動　　　　　安田喜憲
日本海をめぐる自然史
　最終氷期以降の古環境の変遷　大場忠道・加藤道雄
　埋没林と海水準変動　　　　　　　藤井昭二
　気候と植生の変遷　　　　　　　　安田喜憲
　昆虫の語る自然史―鳥浜貝塚の調査から　富樫一次
　対馬海流と漂着物　　　　　　　　中西弘樹
日本海をめぐる文明史
　古代日本海沿岸地方と「サケ・マス論」　松井　章
　ナラ林帯の文化　　　　　　　　　松山利夫
　栽培植物の伝播　　　　　　　　　笠原安夫
　古代の日本海交通―とくに日本と渤海の交流
　　　　　　　　　　　　　　　　　高瀬重雄
日本海と日本人
　形質人類学からみた日本民族の源流　溝口優司
　血液型遺伝子に基づいた日本民族の源流　松本秀雄
多雪地帯の遺跡
　福井県鳥浜貝塚　　　　　　　　　森川昌和
　富山県小竹貝塚　　　　　　　　　藤田富士夫
　新潟県新谷遺跡　　　　　　　　　前山精明
　石川県真脇遺跡　　　　　　　　　平口哲夫
　石川県チカモリ遺跡　　　　　　　南　久和
　福井県吉河遺跡　　　　　　　　　工藤俊樹
　富山県江上A遺跡　　　　　　　　久々忠義
　石川県寺家遺跡　　　　　　　　　小嶋芳孝
　福井県朝倉氏遺跡　　　　　　　　藤原武二

第16号（1986年8月）
古墳時代の社会と変革　　　　　　（岩崎卓也編）
＜口絵＞"古式群集墳"／古墳時代のムラ／5世紀の倉庫群と豪族の居館？／古墳時代の開発／横穴墓の副葬品／古墳時代の祭祀／工人のすまいと農民のムラ
「古墳時代の社会」追究の視角　　　岩崎卓也
古墳からみた社会の変化
　墳丘墓から古墳へ　　　　　　　　望月幹夫
　前方後円墳と古墳群　　　　　　　関根孝夫
　古墳の形態と規模の語るもの　　　水野正好
　群集墳をのこした人々　　　　　　利根川章彦
　横穴墓の被葬者　　　　　　　　　竹石健二
　副葬品が語る被葬者像　　　　　　小林三郎
生活遺構からみた社会の変化
　集落からみた社会の変化　　　　　大村　直
　豪族居館が語るもの　　　　　　　小笠原好彦
　開発の諸段階と集団関係　　　　　広瀬和雄
　祭祀の変化と民衆　　　　　　　　寺沢知子
　古墳時代の生産と流通　　　　　　北野耕平
　生活遺構・遺物の変化の意味するもの―竈と鉄製農具
　　　　　　　　　　　　　　　　　高橋一夫
文献からみた古墳時代の社会
　古墳時代の政治構造　　　　　　　篠川　賢
　古墳時代の社会構造―家族・親族と氏　義江明子

第17号（1986年11月）
縄文土器の編年　　　　　　　　　（小林達雄編）
＜口絵＞勝坂式土器の多様性／同一層位を基本にした土器組成／安行式土器の精製土器／大洞C_2式土器の組成／連弧文土器の文様／縁帯文土器の成立／称名寺式土器の文様／縄文―繊細な感性が生み出した縄の呪術
縄文土器編年の研究　　　　　　　　小林達雄
縄文土器編年の方法
　層位学的方法　　　　　　　　　　山崎純男
　型式学的方法―貝殻沈線文系土器　　高橋　誠
　型式学的方法―連弧文土器　　　　山崎和巳
　型式学的方法―加曽利B式土器　　大塚達朗
　組成論―勝坂式土器　　　　　　　植田　真
　組成論―安行式土器　　　　　　　金子裕之
　組成論―大洞式土器　　　　　　　藤村東男
　文様帯論―時間から空間へ　　　　能登　健
　文様系統論―関山式土器　　　　　新井和之
　文様系統論―縁帯文土器　　　泉　拓良・玉田芳英
　文様系統論―称名寺式土器　　柿沼修平・田川　良
　施文原体の変遷―羽状縄文系土器　　下村克彦
　施文原体の変遷―円筒土器　　　　石岡憲雄
　施文原体の変遷―東釧路式土器　　大沼忠春
　施文原体の変遷―竹管文土器　　　可児通宏

第18号（1987年2月）
考古学と出土文字　　　　　　　　（坂詰秀一編）

＜口絵＞漢鏡の銘文／漆紙文書／経筒の銘文／中世の金石文／出土文字―木簡／出土文字―墨書土器／出土文字―文字瓦／上野三碑

考古学における文字研究　　　　　　　坂詰秀一
考古学資料と文字
　銘辞学とその周辺　　　　　　　　　角田文衞
　木簡研究の意義　　　　　　　　　直木孝次郎
　墨書土器研究の意義　　　　　　　　斎藤　忠
　文字瓦研究の方法　　　　　　　　　大川　清
　金石文と古代金石資料　　　　　　　石村喜英
　板碑にみられる銘文の解釈　　　　　服部清道
文字資料研究の現状
　木簡　　　　　　　　　　　　　　　今泉隆雄
　漆紙文書　　　　　　　　　　　　　平川　南
　鏡鑑銘―漢鏡の場合　　　　　　　　笠野　毅
　墨書土器　　　　　　　　　　　　　玉口時雄
　篦書土器・刻印土器　　　　　　　　佐藤次男
　墓誌　　　　　　　　　　　　　　前園実知雄
　経筒銘　　　　　　　　　　　　　　関　秀夫
　印章　　　　　　　　　　　　　　　木内武男
　硯　　　　　　　　　　　　　　　　水野和雄

第19号（1987年5月）
弥生土器は語る　　　　　　　　　（工楽善通編）
＜口絵＞赤彩文の盛衰／2,000年ぶりの再会／小さい壺・大きい壺／弥生土器の絵画／文様二選／各地の中期土器／弥生土器のかたち／土の造形
弥生土器の世界　　　　　　　　　　　工楽善通
弥生土器の誕生と変貌
　弥生土器のはじまり―遠賀川式土器の系譜とその成立
　　　　　　　　　　　　　　　　　　家根祥多
　遠賀川・砂沢・水神平　　　　　　　工楽善通
　人が動き土器も動く　　　　　　　　清水芳裕
　弥生土器から土師器へ　　　　　　　清水真一
弥生土器の形と用途
　器形の消長と生活の変化―竜見町式・樽式土器を中心に
　　　　　　　　　　　　　　　　　　外山和夫
　弥生土器と木製容器　　　　　　　　岩永省三
弥生土器の文様と造形
　西日本の弥生土器の文様　　　　　　藤田憲司
　東日本の弥生土器の文様―渦文土器の系譜　芳賀英一
　弥生土器の絵　　　　　　　　　　　橋本裕行
　人面付土器　　　　　　　　　　　石川日出志
＜コラム＞
　世界の中の弥生土器　　　　　　　　佐原　真
　甕棺は語る　　　　　　　　　　　　柳田康雄
　続縄紋のひろがり　　　　　　　　　林　謙作
　弥生併行期の北海道南部　　菊池徹夫・及川研一郎
　南島の弥生土器　　　　　　　　　　上原　靜

第20号（1987年8月）
埴輪をめぐる古墳社会　　　　　　（水野正好編）
＜口絵＞津堂城山古墳の埴輪／長瀬高浜遺跡の埴輪／天王壇古墳の埴輪／埴輪と小古墳／埴輪の配置／埴輪の再利用／岡寺古墳の埴輪

埴輪の意義　　　　　　　　　　　　　水野正好
埴輪を考える
　埴輪の出現―関東地方の場合　　　　橋本博文
　埴輪の配置　　　　　　　　　　　　水野正好
　埴輪による古墳の編年　　　　　　　川村紀子
　埴輪の再利用　　　　　　　　　　　笠井敏光
　古墳時代の顕面　　　　　　　　　　伊藤　純
　埴輪と中・小規模古墳―長原古墳群の形象埴輪
　　　　　　　　　　　　　　　　　　桜井久之
　古墳をめぐる木製樹物　　　　　　　高野　学
埴輪点描
　津堂城山古墳の埴輪　　　　　　　　天野末喜
　長瀬高浜遺跡の埴輪　　　　土井珠美・根鈴智津子
　天王壇古墳の埴輪　　　　　　　　　山崎義夫
地域の話題
　西九州地方の埴輪　　　　　藤瀬禎博・蒲原宏行
　山陰地方の埴輪　　　　　　　　　　真田廣幸
　関東地方の埴輪　　　　　　　　　　橋本博文
　大津市発見の特殊器台型埴輪　　丸山竜平・梶原大義

第21号（1987年11月）
縄文文化の地域性　　　　　　　　（林　謙作編）
＜口絵＞生者の村と死者の村／植物性食料の地域性／東西の晩期の土器／亀ヶ岡文化後半期の呪物／早期中葉土器の2つの流れ／諸磯b式土器の地域差／関東・関西の「亀ヶ岡系土器」／対馬佐賀貝塚出土の骨角器
座談会・縄文文化の地域性―世界・アジア・日本
　　　　　　　　　　加藤晋平・佐原　真・林　謙作
土器型式―地域性の指標
　貝殻・沈線文系土器　　　　　　　　髙橋　誠
　押型紋土器　　　　　　　　　　　　岡本東三
　諸磯b式土器　　　　　　　　　　　羽生淳子
　亀ヶ岡と亀ヶ岡もどき―地域性をとらえる指標
　　　　　　　　　　　　　　　　　　林　謙作
地域性の具体像
　ヒトの形質　　　　　　　　　　　　小泉清隆
　動物性食料　　　　　　　　　　　　松井　章
　植物性食料　　　　　　　　　　　　泉　拓良
　骨角製漁具―とくにネバサミについて　西本豊弘
　長崎県佐賀貝塚の骨角器　　　　　　正林　護
　呪物　　　　　　　　　　　　　　　稲野裕介
　集落　　　　　　　　　　　　　　　丹羽佑一

第22号（1988年2月）
古代の都城―飛鳥から平安京まで　（町田　章編）
＜口絵＞斉明朝の饗宴／都城の成立／都城の瓦窯／飛鳥の宮跡／前期難波宮／貴族の邸宅／都城の土器／木簡／人形の世界／平城京の寺と平安京の寺
都城の歴史的意義　　　　　　　　　　町田　章
都城制の展開

宮から京へ	清水真一
都城の定型化	井上和人
都城の爛熟と衰退	永田信一

都城の構成
内裏と朝堂	小林謙一
官庁街のパターン	川越俊一
宅地利用の実際	本中 眞
都城の寺院	上原真人

都城の生活
官人の文書業務	綾村 宏
建設資材の調達	毛利光俊彦
宅地と住宅	山岸常人
官給食と家庭の食事	巽 淳一郎
穢の防止対策	金子裕之

都城制の周辺
土地と建物の尺度	伊東太作
条坊制と条里制	木全敬蔵
中国都城との比較	町田 章

第23号（1988年5月）
縄文と弥生を比較する　（乙益重隆編）

＜口絵＞弥生文化の成立／縄文と弥生の墓／弥生の中の縄文文化／夫婦岩岩陰遺跡／縄文と弥生の食料貯蔵／縄文と弥生の集落／弥生の環濠と武器／縄文と弥生の信仰

| 縄文文化と弥生文化 | 乙益重隆 |

縄文と弥生の境
九州における縄文と弥生の境	橋口達也
東北地方における縄文と弥生の境	須藤 隆
弥生文化に残る縄文的要素	橋本澄夫

縄文と弥生
自然環境	辻 誠一郎
生業Ⅰ（狩猟・採集）	桐原 健
生業Ⅱ（漁撈）	馬目順一
土器	石川日出志
石器	山口譲治
木製品	黒崎 直
武器	東 潮
住居と集落	宮本長二郎
信仰関係遺物	井上洋一
墓制	田代克己
人骨	内藤芳篤

＜口絵解説＞
埼玉県夫婦岩岩陰出土の弥生前期の人骨
　　　　　　　　　　　橋口尚武・石川久明

第24号（1988年8月）
土器からよむ古墳社会　（中村 浩・望月幹夫編）

＜口絵＞集落と土器／古墳と土器／須恵器の窯跡／祭祀と土器／古墳と土器／集落と土器／初期の須恵器／須恵器と土師器の手法

| 土師器と須恵器 | 中村 浩・望月幹夫 |
| 古墳時代の土器の変遷 | |

弥生土器から土師器へ	関川尚功
須恵器の登場	小田富士雄
土師器の編年	望月幹夫
須恵器の編年	中村 浩
古墳時代末期の土器	小笠原好彦

土器の生産と流通
古墳と土器	土生田純之
集落と土器	置田雅昭
渡来人の移住と模倣土器	酒井清治
古墳の成立と土器の移動―東海西部系土器の動向	
	加納俊介

須恵器の窯跡群
東日本	伊藤博幸
近畿	藤原 学
中国・四国	松本敏三
九州	舟山良一
古墳時代主要須恵器窯跡地名表	

土師器研究の標識遺跡
東日本	松尾昌彦
西日本	古谷 毅
参考文献―古墳時代の土器	冨加見泰彦

第25号（1988年11月）
縄文・弥生の漁撈文化　（渡辺 誠編）

＜口絵＞続縄文時代の銛頭／福島県薄磯貝塚の釣針・離頭銛／弥生時代の上りヤナ／草野貝塚出土の漁具・骨角器／三浦半島出土の漁具／播磨灘沿岸のタコ壺漁とタコ壺作り／朝鮮海峡の結合釣針／琉球列島の貝製漁網錘

| 縄文・弥生時代の漁業 | 渡辺 誠 |

漁撈文化の地域性
錨石とチョウザメ	杉浦重信
続縄文時代恵山式銛頭の系譜	大島直行
いわき地方の釣針と銛―東北南部の漁撈文化	
	大竹憲治
那珂川流域の漁網錘	上野修一
三浦半島の弥生時代漁具	神澤勇一
愛知県朝日遺跡のヤナ	田中禎子
北陸地方の漁網錘	山本直人
瀬戸内のイイダコ壺とマダコ壺―兵庫県玉津田中遺跡を中心に	
	中川 渉
西北九州漁撈文化の特性―石製銛頭（石銛）を中心に	
	山崎純男
南九州の縄文釣針	雨宮瑞生
琉球列島の貝製漁網錘	盛本 勲

第26号（1989年2月）
戦国考古学のイメージ　（坂詰秀一編）

＜口絵＞一乗谷朝倉氏遺跡の発掘／大坂城の発掘／浪岡城の発掘／堺環濠都市の発掘／八王子城の発掘／根来寺の発掘／戦国時代の信仰／戦国時代の渡来銭

| 戦国考古学の構想 | 坂詰秀一 |

戦国考古学の視点
　戦国史研究における考古学の役割　小和田哲男
　戦国時代城下町の諸相　　　　　　水野和雄
　戦国期城館研究の問題点　　　　　橋口定志
戦国城館跡の発掘
　大坂城（摂津）　　　　　　　　　長山雅一
　清須城（尾張）　　　　　　　　　遠藤才文
　小田原城（相模）　　　　　　　　諏訪間　順
　八王子城（武蔵）　　　　　　　　新藤康夫
　武田氏関係城（甲斐）　　　　　　萩原三雄
　郡山城（安芸）　　　　　　　　　小都　隆
　安岐城（豊後）　　　　玉永光洋・小林昭彦
　浪岡城（北奥）　　　　　　　　　工藤清泰
戦国時代の生活と経済
　貿易陶磁器　　　　　　　　　　　亀井明徳
　文房具　　　　　　　　　　　　　水野和雄
　出土銭からみた撰銭令　　　　　　是光吉基
戦国時代の信仰
　供養塔と納骨　　　　　　　　　　藤澤典彦
　一字一石経の世界　　　　　　　　岡本桂典

第27号（1989年5月）
青銅器と弥生社会　　　　　　　（西谷　正編）
＜口絵＞荒神谷遺跡発見の青銅器／首長墓と銅戈群／工房址と鋳造関係遺物／青銅器と鋳型／青銅武器と副葬品／青銅器の祭り／銅鏡のいろいろ／青銅器の鋳型
弥生時代の青銅器―北部九州を中心として　西谷　正
青銅器の原料と生産
　青銅器の原料　　　　　　　　　　馬淵久夫
　青銅器の生産技術　　　　　　　　久野邦雄
青銅器の国産化とその分布
　銅剣　　　　　　　　　　　　　　宮井善朗
　銅矛・銅戈　　　　　　　　　　　宮井善朗
　銅鏃　　　　　　　　　　　　　　田中勝弘
　銅鋤先　　　　　　　　　　　　　柳田康雄
　銅鐸　　　　　　　　　　　　　　藤瀬禎博
　銅鏡　　　　　　　　　　　　　　森岡秀人
　巴形銅器　　　　　　　　　　　　隈　昭志
　銅釧　　　　　　　　　　　　　　井上洋一
青銅器と弥生社会
　「クニ」の成立と青銅器の生産・流通　橋口達也
　青銅器埋納の意義―神庭荒神谷遺跡の理解をめぐって
　　　　　　　　　　　　　　　　　寺沢　薫
東アジアの最近の動向
　中国の青銅器文化　　　　　　　　岡村秀典
　朝鮮の青銅器文化　　　　　　　　岡内三眞

第28号（1989年8月）
古墳には何が副葬されたか　　　（泉森　皎編）
＜口絵＞藤ノ木古墳の副葬品／豪華で豊富な副葬品／長い粘土槨と副葬品／長大な木棺と多彩な副葬品／3個の棺に伴う副葬品

座談会・藤ノ木古墳と副葬品
　　　　上田正昭・大塚初重・泉森　皎・石野博信
副葬品から推定する被葬者の性格　　茂木雅博
副葬品の種類と性格
　副葬品の種類と諸問題　　　　　　泉森　皎
　武器・武具　　　　　　　　　　　藤田和尊
　鏡―副葬品の配列から　　　　　　今尾文昭
　玉・石製品　　　　　　　　　　　伊藤雅文
　農工具　　　　　　　　　　　　　松井和幸
　土器　　　　　　　　　　　　　　橋本博文
副葬品の地域性
　関東地方―上野を中心に　　　　　右島和夫
　中部地方　　　　　　　　　　　　宇野隆夫
　近畿地方　　　　　　　　　　　　宮原晋一
　九州地方　　　　　　　　　　　　柳沢一男
民俗学からみた古墳の副葬品　　　　田中久夫

第29号（1989年11月）
旧石器時代の東アジアと日本　　（加藤晋平編）
＜口絵＞関東の後期旧石器／九州の細石器文化／ソ連アムール流域の遺跡／香港の無土器石器群／ソ連アルタイ地方の洞窟遺跡／西シベリア・アルタイのジェニソワ洞窟／中国・モンゴルの旧石器遺跡
東アジアの旧石器文化　　　　　　　加藤晋平
東アジア旧石器文化の発展
　東・北アジアの前期旧石器文化　　梶原　洋
　東シベリアの後期旧石器―セレムジャ・北海道ルート
　　　　　　　　　　　　　　　　　畑　宏明
　中国北部の後期旧石器文化　　　　加藤晋平
　中国華南の後期旧石器　　　　　　加藤真二
　南シナ海沿岸部の無土器石器群―香港東湾下層石器群について　　　　　　　　　　　鄧　聰
アジアから日本列島へ
　朝鮮半島から日本列島へ―剥片尖頭器の系譜
　　　　　　　　　　　　　　　　　松藤和人
　シベリアから日本列島へ　　　　　橘　昌信
　中国大陸から日本列島へ　　　　　小畑弘己
石器の製作と使用
　石器使用痕ポリッシュ研究の疑問　岡崎里美
　北アジアのルヴァロワ技法の拡散　葛西　親
　東アジアにおける細石刃製作技術　鶴丸俊明
　細石刃石器群の出現過程　　　　　白石典之
人類拡散の諸問題
　原モンゴロイドの拡散　　　　　　溝口優司
　北・南モンゴロイド遺伝子の拡散　松本秀雄
　アジア家犬の系譜　　　　　　　　田名部雄一

第30号（1990年2月）
縄文土偶の世界　　　　　　　　（小林達雄編）
＜口絵＞縄文文化北辺の土偶／みみずく土偶の中空品と中実品／遮光器土偶の本場と辺境／同一型式の大形品と小形品／首なし土偶／早期～晩期の土

偶／頭だけの土偶
縄文世界の土偶　　　　　　　　　　　　　小林達雄
土偶研究史—その用途・機能をめぐって　　奥山和久
土偶出現の時期と形態　　　　　　　　　　浜野美代子
地域的なあり方
　十字形土偶　　　　　　　　　　　　　　三宅徹也
　出尻土偶　　　　　　　　　　　　　　　小林康男
　ハート形土偶　　　　　　　　　　　　　上野修一
　筒形土偶　　　　　　　　　　　　　　　鈴木保彦
　山形土偶　　　　　　　　　　　　　　　瓦吹　堅
　みみずく土偶　　　　　　　　　　　　　山崎和巳
　遮光器土偶　　　　　　　　　　　　　　鈴木克彦
　うずくまる土偶　　　　　　　　　　　　芳賀英一
　有髯土偶　　　　　　　　　　　　　　　設楽博己
　x字形土偶　　　　　　　　　　　　　　熊谷常正
　北海道の土偶　　　　　　　　　　　　　長沼　孝
　九州の土偶　　　　　　　　　　　　　　富田紘一
　その他の土偶　　　　　　　　　　　　　植木智子
土偶の出土状態と機能
　土偶の象徴機能　　　　　　　　　　　　磯前順一
　土偶の大きさ—超大型土偶の扱いについて　植木　弘
　遺跡の中の土偶　　　　　　　　　　　　山本典幸
　土偶のこわれ方　　　　　　　　　　　　谷口康浩
　土偶大量保有の遺跡—縄文中期の場合　　小野正文
土偶とその周辺
　土偶と岩偶　　　　　　　　　　　　　　稲野裕介
　土偶と岩版・土版　　　　　　　　　　　稲野彰子
　動物形土偶　　　　　　　　　　　　　　米田耕之助
　三角形土偶　　　　　　　　　　　　　　田辺早苗

第31号（1990年5月）
環濠集落とクニのおこり　　　　（原口正三編）
＜口絵＞板付遺跡／吉野ヶ里遺跡／唐古・鍵遺跡／扇谷遺跡／朝日遺跡／阿弥陀寺遺跡／光岡長尾遺跡／千塔山遺跡／亀山遺跡／中ノ池遺跡／池上遺跡／針江川北・針江浜遺跡／大崎台遺跡／神明ヶ谷戸遺跡
弥生時代と環濠集落　　　　　　　　　　　原口正三
環濠集落の規模と構造
　濠のある集落とない集落　　　　　　　　石黒立人
　環濠集落と環濠の規模　　　　　　　　　禰宜田佳男
　環濠集落の構造　　　　　　　　　　　　中間研志
　環濠集落と墓の位置—千葉県大崎台遺跡の事例から
　　　　　　　　　　　　　　　　　　　　柿沼修平
　濠をめぐらす高地性集落　　　　　　　　渡辺一雄
巨大な環濠集落
　吉野ヶ里遺跡の変遷　　　　　　　　　　高島忠平
　唐古・鍵遺跡の構造とその変遷　　　　　藤田三郎
環濠集落の地域性
　九州地方　　　　　　　　　　　　　　　山崎純男
　近畿地方　　　　　　　　　　　　　　　赤木克視
　東海地方　　　　　　　　　　　　　　　宮腰健司
　関東地方　　　　　　　　　　　　　　　松本　完

全国環濠集落地名表　　　　　　　　　　　石黒立人

第32号（1990年8月）
古代の住居—縄文から古墳へ
　　　　　　　　　　　（宮本長二郎・工楽善通編）
＜口絵＞縄文時代の大型住居／祭祀建物と敷石住居／竪穴住居と生産／火山灰と住居／古代住居の復原／各地の住居跡／特殊な建築部材
住まいの考古学　　　　　　　宮本長二郎・工楽善通
住まいの変遷
　住まいのかたち—上屋復元の試み　　　　笹森健一
　住まいの大きさ—大型住居跡の場合　　　三浦謙一
　敷石住居・祭祀建物の構造と性格　　　　宮下健司
　高床式建物の起源—岩野原遺跡の掘立柱建物跡を中心に
　　　　　　　　　　　　　　　　　　　　駒形敏朗
　住まいと生産活動　　　　　　　　　　　森田克行
　住まいの民族学—仮族の高床式建物　　　若林弘子
屋内施設の諸相
　炉からカマドへ　　　　　　　　　　　　宮本長二郎
　住まいの入口　　　　　　　　　　　　　小宮恒雄
　ベッド状遺構と屋内施設　　　　　　　　宮本長二郎
各地の住居跡
　山形県押出遺跡　　　　　　　　　　　　長橋　至
　静岡県大平遺跡　　　　　　　　　　　　鈴木敏則
　静岡県古新田遺跡　　　　　　　　　　　柴田　稔
　鹿児島県王子遺跡　　　　　　　　　　　立神次郎

第33号（1990年11月）
古墳時代の日本と中国・朝鮮　（岩崎卓也・中山清隆編）
＜口絵＞中国の墳丘墓／韓国大成洞2号墳の発掘／韓国梁山金鳥塚の出土品／金属工芸技術／初期須恵器の生産／朝鮮の古墳の内部構造／画文帯神獣鏡と獣帯鏡／韓国出土の倭系遺物／えぞ地域の新出土品
古墳時代と大陸文化　　　　　　岩崎卓也・中山清隆
古墳文化の成立と大陸
　中国の墳丘墓と日本の古墳　　　王　巍・茂木雅博
　朝鮮半島における墳丘墓の形成　　　　　門田誠一
　古墳文化と鮮卑文化—楡樹老河深墓地出土冑をめぐって
　　　　　　　　　　　　　　　　　　　　穴沢咊光
　古墳時代前期の大陸系遺物　　　望月幹夫・古谷　毅
大陸文化の接触と受容
　伽耶の群集墳　　　　　　　　　　　　　松井忠春
　陶質土器と初期須恵器　　　　　　　　　酒井清治
　日本出土陶質土器の原郷　　　　　　　　定森秀夫
　甲冑の諸問題—眉庇付冑の製作地を中心に　福尾正彦
　初期の馬具の系譜—国宝・伝丸山古墳出土の鞍金具から
　　　　　　　　　　　　　　　　　　　　中山清隆
　日本と朝鮮半島の鉄と鉄製品　　　　　　松井和幸
　日本と朝鮮半島の鉄生産—製鉄遺構を中心として
　　　　　　　　　　　　　　　　　　　　大澤正己
　日本と朝鮮半島の金工品　　　　　　　　中村潤子
日本と朝鮮の古代政治組織—「部制」を中心に

137

早川万年

<コラム>
古墳発生期ごろの朝鮮の墓制　　　　木村光一
百済地域の初期横穴式石室　　　　　亀田修一
福岡県稲童古墳群の甲冑　　　　　　山中英彦
埼玉県将軍山古墳の馬冑　　　　　　若松良一
画文帯神獣鏡の系譜　　　　　　　　時雨　彰
"前方後円"形の積石塚―朝鮮・雲坪里，松岩里古墳群　　　　　　　　　　　　　　　　全　浩天
最近出土のえぞ族長墓副葬品から　　伊藤玄三

第34号（1991年2月）
古代仏教の考古学　　（坂詰秀一・森 郁夫編）
<口絵>備後・寺町廃寺／河内・野中寺の塔／大和・頭塔／下総・結城廃寺の塼仏／豊前・天台寺跡／上総国分尼寺跡／陸奥・慧日寺跡／平城宮と寺院の瓦

対談・古代の伽藍を語る　　森　郁夫・坂詰秀一
寺院の造営
　仏教の受容と伽藍の創建　　　　　鬼頭清明
　造寺のひろがり　　　　　　　　　須田　勉
　国分寺の造営　　　　　　　　　　前澤和之
　奈良時代の山岳寺院　　　　　　　梶川敏夫
　発掘寺院の建築　　　　　　　　　山岸常人
　寺造りのまじない　　　　　　　　兼康保明
土で造られた塔婆
　頭塔の構造とその源流　　　　　　巽　淳一郎
　瓦製塔の性格　　　　　　　　　　上村和直
発掘された仏像
　塑像と塼仏　　　　　亀田修一・亀田菜穂子
　出土の小金銅仏　　　　　　　　　加島　勝
墓域の形成
　古代都市と墓　　　　　　　　　　前園実知雄
瓦の重要性
　寺の瓦と役所の瓦―古市廃寺の出土瓦を中心に
　　　　　　　　　　　　　　　　　中井　公
　瓦の見方　　　　　　　　　　　　森　郁夫
法隆寺昭和資財帳の成果　　　　　　高田良信

第35号（1991年5月）
石器と人類の歴史　　　　　　（戸沢充則編）
<口絵>人類最古の石器／黒耀石原産地の石器製作／蛇紋岩製磨製石斧／石斧柄と磨製石斧／狩猟具としての石器／漁撈と石器・骨角器／木工具と収穫具／まつりの石器

石器と人類文化　　　　　　　　　　戸沢充則
石器と時代
　石器の起源　　　　　　　　　　　鈴木忠司
　旧石器時代の石器　　　　　　　　小野　昭
　日本旧石器時代の石器　　　　　　堤　隆
　縄文時代の石器　　　　　　　　　前山精明
　弥生時代の石器　　　　　　　　　石川日出志
　石器の終わる時　　　　　　　　　小林正春

石器の技術
　旧石器的石器の技術―石器製作技術の型式　鶴丸俊明
　新石器的石器の製作技術―扁平円礫の割り方をめぐって　　　　　　　　　　　　　　　　小林公明
　道具の復元　　　　　　　　　　　山田昌久
石器の製作と流通
　黒耀石原産地の石器製作　　　　　矢島國雄
　蛇紋岩製磨製石斧の製作と流通　　山本正敏
　弥生時代の石器生産　　　　　　　酒井龍一
石器と生業
　狩猟具としての石器―縄文時代における石鏃の集団保有と狩猟活動　　　　　　　　　　阿部芳郎
　漁撈と石器・骨角器　　加藤道男・山田晃弘
　打製石斧の性格　　　　　　　　　齊藤基生
　木製品を作り出した石器　　　　　平口哲夫
　まつりの石器　　　　　　　　　　山本暉久
ひとと石器つれづれ　　　　　　　　佐原　真

第36号（1991年8月）
古代の豪族居館　　（小笠原好彦・阿部義平編）
<口絵>豪族居館の外郭施設／豪族居館の石垣／豪族居館の祭祀跡／大型倉庫群／豪族居館の建物／豪族居館の祭祀遺物／家形埴輪／保渡田Ⅶ遺跡の埴輪

豪族居館研究と課題　　　小笠原好彦・阿部義平
各地の豪族居館
　九州の豪族居館　　　　渋谷忠章・土居和幸
　近畿の豪族居館　　　　　　　　　藤田和尊
　近畿の大型倉庫群遺跡　　　　　　積山　洋
　東海の豪族居館　　　　　　　　　柴田　稔
　関東南部の豪族居館　　　　　　　阿部義平
　関東北部の豪族居館　　　　　　　橋本博文
埴輪と豪族居館
　家形埴輪と豪族居館建物　　　　　小笠原好彦
　人物埴輪と豪族居館の人々―保渡田古墳群と三ツ寺Ⅰ遺跡をめぐって　　　　　　　　　右島和夫
豪族居館の諸相
　豪族居館と祭祀　　　　　　　　　辰巳和弘
　豪族居館と建物構造　　　　　　　植木　久
　豪族居館と邸宅　　　　　　　　　阿部義平
古代史と豪族居館
　上野の豪族と居館　　　　　　　　前澤和之
　古代史からみた豪族居館　　　　　大平　聡
中世の社会と居館　　　　　　　　　千田嘉博

第37号（1991年11月）
稲作農耕と弥生文化　　　　　（工楽善通編）
<口絵>稲田の区画は大なるを要せず／田植のはじまり／谷を拓いた稲田／弥生水田の風景／農耕儀礼の成立／農具さまざま／稲をさかのぼる

稲作農耕のはじまり　　　　　　　　工楽善通
稲作の発展とふる里
　稲作の初現―北部九州の稲作農耕　山崎純男

稲と稲作の波及　　　　　　　中山誠二・外山秀一
弥生農耕の展開　　　　　　　　　　　甲元真之
東アジア出土新石器時代穀物の年代的分布
　　　　　　　　　　　　　　　　　松村真紀子
稲作と畑作　　　　　　　　　　　　　能登　健
稲の来た道　　　　　　　　　　　　　高倉洋彰
稲作の道具とまつり
　農具の変遷―鍬と鋤　　　　　　　上原真人
　農具の変遷―収穫と脱穀の道具　　　合田茂伸
　弥生時代の農耕儀礼　　　　　　　　設楽博己
稲作と周辺科学
　土地を選ぶ水田　　　　　　　　　　高橋　学
　古代イネの復元とDNA解析　佐藤洋一郎・中村郁郎
　東アジアから見た日本の初期稲作　　高谷好一

第38号（1992年2月）
アジアのなかの縄文文化　（西谷　正・木村幾多郎編）
＜口絵＞対馬にわたった櫛目文土器人／縄文人が歩いた
　　　島々／東シベリアの先史土器／アムールランド
　　　の石刃鏃文化／東アジアに共通する要素／中国
　　　東北の新石器文化
縄文文化とアジア世界―大陸との接触地域研究の重要性
　　　　　　　　　　　　　西谷　正・木村幾多郎
アジアの先史文化
　極東の先史文化　　　　　　　　　　大貫静夫
　中国東北の新石器文化　　　　　　　李　陳奇
　中国東部沿岸の先史時代　　　　　　西谷　大
　韓半島新石器時代の地域性　　　　　韓　永煕
　アジアのなかの沖縄先史文化　　　　金武正紀
縄文文化と大陸文化
　沿海州・サハリン系文化の南下と北海道　野村　崇
　北海道の石刃鏃文化と東北アジアの文化　木村英明
　縄文文化と大陸系文物　　　　　　　中山清隆
　日韓の文物交流　　　　　　　　　　島津義昭
縄文土器と大陸の土器
　東シベリアの土器　　　　　　　　　戸田哲也
　縄文草創期と九州地方　　　　　　　大塚達朗
　韓国櫛目文土器の編年　　　　　　　広瀬雄一
　曽畑式土器の成立　　　　　　　　水ノ江和同
韓国新石器研究の新成果
　朝鮮半島の動物遺存体―南部島嶼地域の貝塚を中心に
　　　　　　　　　　　　　　　　　　金子浩昌
　韓国島嶼地域の遺跡　　　　鄭　澄元・鄭　漢徳
　陝川鳳溪里出土の食用植物遺体　　　李　東注
＜コラム＞
　中国の先史土偶　　　　　　　　　松浦宥一郎
　貝輪と埋葬人骨　　　　　　　　　木村幾多郎
　玄海・日本海をめぐる大型石斧　　　中山清隆
　復元されたシベリアの縄文施文の土器―アムール川地
　　域グロマトゥハ遺跡出土　　　　　可児通宏

第39号（1992年5月）
中世を考古学する　　　　　　　（坂詰秀一編）

＜口絵＞中世の都市（鎌倉／京都／博多／平泉）／荘園
　　　村落遺跡／元寇と碇石／日本出土の中国陶磁／
　　　京都出土の朝鮮王朝陶磁
中世考古学を考える　　　　　　　　　坂詰秀一
中世考古学の方法
　中世史研究と考古学　　　　　　　　松下正司
　歴史民俗学と中世考古学　　　　　小花波平六
都市と集落
　中世都市遺跡調査の視点　　　　　　前川　要
　中世都市遺跡の調査＝鎌倉　　　　　大三輪龍彦
　中世都市遺跡の調査＝京都　　浪貝　毅・堀内明博
　中世都市遺跡の調査＝博多　　　　　大庭康時
　中世都市遺跡の調査＝平泉　　　　　荒木伸介
　中世荘園村落遺跡の調査―豊後国田染荘の調査から
　　　　　　　　　　　　　　　　　　甲斐忠彦
　中世「方形館」の形成　　　　　　　橋口定志
信仰の世界
　中世修験の遺跡　　　　　　　　　　時枝　務
　板碑造立の風潮―青石板碑の地方拡散　播磨定男
　中世の埋経と納経　　　　　　　　山川公見子
　中世の葬送と呪術　　　　　　　　　藤澤典彦
生産と経済
　中世の土器・陶器―中世前半の在地産土器様相
　　　　　　　　　　　　　　　　　　福田健司
　埋められた銭　　　　　　　　　　　栗原文蔵
対外との接触・交易
　元寇と考古学　　　　　　　　　　　柳田純孝
　考古学からみた日明貿易　　　　　　鈴木重治
　日本出土の朝鮮王朝陶磁　　　　　　堀内明博
＜コラム＞
　中世の市場風景―絵巻物にみる市場　岡本桂典
　中世の葬場　　　　　　　　　　　　恵美昌之
　仏具の鋳造　　　　　　　　　　　　荒川維久
　中世の瓦　　　　　　　　　　　　　小林康幸

第40号（1992年8月）
古墳の形の謎を解く　　　　　　（石野博信編）
＜口絵＞前方後円墳／帆立貝式古墳／前方後方墳／方墳
　　　／上円下方墳／八角形墳／韓国・金海良洞里墳
　　　墓群／奈良県赤土山古墳／大阪府茶臼塚古墳／
　　　長野県森将軍塚古墳／特殊器台形埴輪
古墳の形が意味するもの　　　　　　　石野博信
古墳の形
　前方後円墳　　　　　　　　　　　　宮川　徏
　帆立貝式古墳　　　　　　　　　　　木下　亘
　前方後方墳　　　　　　　　　　　　赤塚次郎
　円墳　　　　　　　　　　　　　　　泉森　皎
　方墳　　　　　　　　　　　　　　　平良泰久
　上円下方墳　　　　　　　　　　　　金子裕之
　八角形墳　　　　　　　　　　　　　脇坂光彦
古墳の形と古墳群
　西都原古墳群　　　　　　　　　　　北郷泰道
　大和（おおやまと）古墳群　　　　　置田雅昭

上野・下野地域の古墳群　　　　　　　　右島和夫
古墳の側面観
　　古墳のキュービズム―立体としての大形前方後円墳
　　　　　　　　　　　　　　　　　　　豊岡卓之
最近の墳丘調査
　　奈良県赤土山古墳　　　　　　　　　松本洋明
　　大阪府茶臼塚古墳　　　　　　　　　石田成年
　　長野県森将軍塚古墳　　　　　　　　矢島宏雄
韓国の前方後円墳　　　　　　　　　　　姜　仁求
＜口絵解説＞
　　波多子塚古墳出土の特殊器台形埴輪　山内紀嗣
　　韓国・金海良洞里遺跡　　　　　　　中山清隆

第41号（1992年11月）
貝塚が語る縄文文化　　　　　　　　（岡村道雄編）
＜口絵＞ムラのなかの貝塚／貝層の堆積状況／貝塚と埋
　　葬／貝むきと製塩作業場／沖縄諸島の貝塚／全
　　国貝塚調査情報
貝塚の重要性と分析の視点―貝塚の特性を生かした縄文
　　文化の研究　　　　　　　　　　　　岡村道雄
近年の貝塚研究の進展
　　貝塚の堆積構造と発掘調査法　　　　山田晃弘
　　貝塚出土の貝・骨が語るもの　　　　樋泉岳二
　　縄文の生業動態と食性分析　　　　　小池裕子
縄文貝塚から見た縄文人と生活
　　全国の貝塚分布と地域の貝塚群　　　堀越正行
　　貝塚と貝塚に残された道具―地域集団群の一活動拠点
　　　として貝塚を見る立場　　　　　　山田昌久
　　土器製塩の貝塚　　　　　　　　　　鈴木正博
　　貝塚に埋葬された縄文人―縄文人の形質　松下孝幸
沖縄諸島の貝塚　　　　　　　　　　　　盛本　勲
貝塚の保存と活用―千葉市加曽利貝塚を実例として
　　　　　　　　　　　　　　　　　　　後藤和民
全国貝塚最新情報
　　北海道戸井貝塚　　　　　　　　　　古屋敷則雄
　　岩手県二子貝塚　　　　　　　　　　千葉啓蔵
　　千葉県実信貝塚　　　　　　　　　　高柳圭一
　　神奈川県高坂貝塚　　　　　　　　　野内秀明
　　愛知県大西貝塚　　　　　　　　　　岩瀬彰利
　　滋賀県粟津湖底遺跡第3貝塚　　岩橋隆浩・瀬口眞司
　　熊木県黒橋貝塚　　　　　　　　　　野田拓治
　　鹿児島県市来貝塚　　　　　　　　　新東晃一

第42号（1993年2月）
須恵器の編年とその時代　　　　　　（中村　浩編）
＜口絵＞古墳と須恵器／集落出土の須恵器／律令時代の
　　須恵器／生産地と須恵器（陶邑／札馬／牛頸／
　　湖西／鳩山）／類須恵器
須恵器の編年　　　　　　　　　　　　　中村　浩
須恵器の系譜と編年
　　陶質土器と初期須恵器の系譜　　　　冨加見泰彦
　　須恵器のひろがりと編年　　　　　　小田富士雄
　　須恵器の終末とその行方　　　　　　森田　稔

南島の類須恵器　　　　　　　　　　　　池田榮史
須恵器の時代と様相
　　律令制と須恵器　　　　　　　　　　中村　浩
　　須恵器の古器名　　　　　　　　　　井山温子
　　様々なかたち―特殊な器形の須恵器　柴垣勇夫
生産地の様相と編年
　　多摩・比企　　　　　　　　　　　　酒井清治
　　猿投・美濃須衛　　　　　　　　　　齊藤孝正
　　湖西　　　　　　　　　　　　　　　後藤建一
　　陶邑　　　　　　　　　　　　　　　樋口吉文
　　東播磨　　　　　　　　　　　　　　岸本一郎
　　牛頸　　　　　　　　　　　舟山良一・平田定幸
消費地の様相と編年
　　古墳と須恵器　　　　　　　　　　　余語琢磨
　　平城京と須恵器　　　　　　　　　　中村浩道
　　平安京と須恵器　　　　　　　　　　網　伸也
自然科学と須恵器
　　産地推定の手法　　　　　　　　　　三辻利一
　　年代推定の手法　　　　　　　　　　広岡公夫
須恵器関係文献目録　　　　　　　　　　編集部編

第43号（1993年5月）
鏡の語る古代史　　　　　　（高倉洋彰・車崎正彦編）
＜口絵＞平原遺跡の鏡／三角縁神獣鏡／倭鏡／原鏡と原
　　作／漢中期の鏡／破鏡／東国の和鏡／博局鳥文
　　鏡の系譜／漢鏡の銘文
弥生・古墳時代の鏡　　　　　　　高倉洋彰・車崎正彦
倭人と鏡
　　多鈕細文鏡と渡来集団　　　　　　　田中稿二
　　近畿地方における銅鏡の受容　　　　森岡秀人
　　東日本の初期銅鏡　　　　　　　　　林原利明
　　古墳と鏡　　　　　　　　　　　　　今尾文昭
　　博局（方格規矩）鳥文鏡の系譜　　　髙木恭二
中国鏡の年代と性格
　　雲雷文帯連弧文鏡考―漢中期の鏡　　立木　修
　　福岡県平原遺跡出土鏡の検討　　　　岡村秀典
　　飛禽鏡の性格　　　　　　　　　　　間壁葭子
　　三角縁神獣鏡研究の現状　　　　　　岸本直文
　　倭の五王の鏡　　　　　　　　　　　清水康二
倭鏡の製作
　　弥生時代仿製鏡の製作地　　　　　　高倉洋彰
　　仿製鏡の変遷　　　　　　　　　　　森下章司
　　倭鏡の作者　　　　　　　　　　　　車崎正彦
漢鏡の銘文　　　　　　　　　　　　　　笠野　毅
鏡をめぐる伝承　　　　　　　　　　　　和田　萃

第44号（1993年8月）
縄文時代の家と集落　　　　　　　　（小林達雄編）
＜口絵＞洞窟／環状集落／水場遺構／貯蔵穴／竪穴住居
　　のいろいろ／敷石住居跡／住居の重複／炉穴
縄文時代の集落　　　　　　　　　　　　小林達雄
住居論
　　竪穴住居の形態　　　　　　　　　　山本暉久

竪穴住居の面積	武藤康弘	峠と古道	椙山林継
竪穴住居の間取り	金井安子	道路遺構の調査	
集落論		群馬県下新田遺跡の道路遺構	伊藤廉倫
環状集落の構造と類型	丹羽佑一	埼玉県東の上遺跡の道路遺構	飯田充晴
集落の大きさと居住形態	羽生淳子	小矢部市発掘の推定北陸道	伊藤隆三
縄文集落の変遷＝北海道	長沼　孝	高槻市発掘の山陽道	宮崎康雄
縄文集落の変遷＝東北	冨樫泰時	奈良県鴨神遺跡の道路遺構	近江俊秀
縄文集落の変遷＝関東	小薬一夫	堺市発掘の難波大道と竹ノ内街道	森村健一
縄文集落の変遷＝九州	新東晃一	佐賀平野発掘の古代官道	徳富則久
食料貯蔵	塚本師也	地方拠点の施設と道路	
セトルメント・システム論		多賀城周辺の道路遺構	千葉孝弥
縄文時代集落の領域	谷口康浩	斎宮跡の古代道路	吉水康夫
縄文集落の景観	千野裕道	大宰府周辺の道路遺構	山村信榮
縄文時代のセトルメント・システム	可児通宏	道路と交通施設	
遊動と定住―縄文時代の初期定住	原田昌幸	滋賀県瀬田唐橋遺跡	大沼芳幸
		奈良県稗田遺跡の下津道と橋	中井一夫
		兵庫県小犬丸遺跡（布勢駅家）	岸本道昭
		兵庫県落地遺跡（初期野磨駅家推定地）	荻　能幸

第45号（1993年11月）

横穴式石室の世界　　　　　　　　（河上邦彦編）

＜口絵＞学史上の横穴式石室／横穴式石室内の埋葬／九州型の横穴式石室／畿内型の横穴式石室／中国地方終末期の切石石室／畿内大型古墳の横穴式石室／東国の巨大横穴式石室／特異な石室／横穴式石室の終末／韓国の横穴式石室

横穴式石室の問題	河上邦彦
石室の系譜と構造	
三国時代の横穴式石室墳	曺　永鉉・堀田啓一訳
横穴式石室の導入と系譜	柳沢一男
横穴式石室の地域間動向　九州―大和	森下浩行
横穴式石室の地域間動向　大和―東国	右島和夫
横穴式石室の構造	宮原晋一
横穴式石室の終末（大型墳）	上林史郎
横穴式石室の終末（群集墳）	松本百合子
横穴式石室の地域性	
九州地方	髙木恭二
中国地方	亀山行雄
四国地方　山下平重・廣瀬常雄・菅原康夫・廣田佳久	
近畿地方	一瀬和夫
東海地方	服部哲也
北陸地方	伊藤雅文
中部高地地方	小林正春
関東地方	小森哲也・中村享史
東北地方	福島雅儀

第46号（1994年2月）

古代の道と考古学　　　　　　（木下　良・坂詰秀一編）

＜口絵＞布勢駅家跡／各地の古代道路遺構／大宰府周辺の道／瀬田唐橋遺跡／空中写真にみる古道痕跡／小矢部市の推定北陸道／道路の幅／路面の状況

対談・古代の道を語る	木下　良・坂詰秀一
古代道路の研究	
古代道路の地表遺構	木下　良
駅と瓦	今里幾次

第47号（1994年5月）

先史時代の木工文化　　　　　　（工楽善通・黒崎　直編）

＜口絵＞割り船から箱船へ／木工と漆／身を守る短甲／木に託する海山の幸／鉄刃の威力／みごとな指物術／机のはじまり／古墳の荘厳

木工文化のはじまり	工楽善通・黒崎　直
日常生活の道具	
入れもの	上原真人
耕作のための道具―ナスビ形農耕具を中心に	樋上　昇
狩猟のための道具	鈴木　信・臼居直之
編み物の容器―籠と筌・箕	渡辺　誠
生活のなかの構造物―家・柵・木道・船	黒崎　直
木材加工のための工具―斧の柄を中心にして	禰宜田佳男
祭りの道具	
祭りを演出する道具―弥生時代の鳥形木製品	山田康弘
古墳を飾る木	辻茄　学
戦いのための道具―武器形木製品について	岩永省三
木工文化の周辺	
木工と漆	工楽善通
アイヌの木器とその源流	田口　尚
韓国先史時代の木工文化	趙　現鐘・今津啓子訳
木工文化と植生	辻　誠一郎
＜コラム＞	
狩猟用具の木の選択	松田隆嗣
年輪年代法	光谷拓実

第48号（1994年8月）

縄文社会と土器　　　　　　　　（小林達雄編）

＜口絵＞亀ヶ岡式土器様式の地域性／勝坂式土器と集団のネットワーク／勝坂式土器の地域性／伊豆諸島最南端の縄文遺跡／五丁歩遺跡の土器／市原

141

市内出土の非在地系土器／三十稲場式土器様式
　　　の型式構成／九州の磨消縄文系土器
土器と集団　　　　　　　　　　　　　　小林達雄
型式と集団
　　勝坂式土器とその社会組織　　　　　今福利恵
　　勝坂式土器の地域性―土器型式の広域型・漸移型・局
　　地型　　　　　　　　　　　　　　　谷口康浩
　　三十稲場式土器の型式構成―型式分布と集落
　　　　　　　　　　　　　　　　　　　宮尾　亨
様式と地域社会
　　土器様式と縄文時代の地域圏　　　　山村貴輝
　　亀ヶ岡式土器様式の地域性―大別　　鈴木克彦
　　様式分布圏の境界　　　　　　　　　戸田哲也
土器の動き・人の動き
　　北海道・御殿山遺跡　　　　　　　　大沼忠春
　　群馬・房谷戸遺跡　　　　　　　　　山口逸弘
　　新潟・五丁歩遺跡　　　　　　　　　寺崎裕助
　　千葉・西広貝塚　　　　　　　　　　近藤　敏
　　東京・大森貝塚　　　　　　　　　　安孫子昭二
　　東京・八丈島倉輪遺跡　　　　　　　川崎義雄
　　3単位波状口縁深鉢型土器　　　　　　木下哲夫
　　九州・四国磨消縄文系土器　　　　　澤下孝信
　　琉球列島　　　　　　　　　　　　　伊藤慎二

第49号（1994年10月）
平安京跡発掘　　　　　　（江谷　寛・坂詰秀一編）
＜口絵＞平安京の街路と宅地／豊楽殿跡の発掘／空から
　　　みた平安京／内裏蔵所町屋跡の発掘／豊楽殿跡
　　　と冷然院跡の遺物／内裏承明門跡の発掘／皇嘉
　　　門大路の築地跡／西市跡の発掘／平安時代前半
　　　代の土器セット
対談・平安京跡を掘る　　　　角田文衞・坂詰秀一
平安京跡の発掘
　　平安京への道―長岡京から平安京へ　山中　章
　　平安京の規模　　　　　　　　　　　辻　純一
　　平安宮の建物　　　　　　　　　　　辻　裕司
　　寝殿造の遺構　　　　　　　　　　　長宗繁一
　　平安京の山岳寺院　　　　　　　　　江谷　寛
　　平安京の葬送地　　　　　　　　　　山田邦和
平安京の生活と経済
　　東市と西市の発掘　　　　　　　　　菅田　薫
　　平安京の瓦　　　　　　　　　　　　江谷　寛
　　平安京の土器と陶磁器　　　　　　　百瀬正恒
平安京の周囲
　　鳥羽・白河の御所と御堂　　　　　　鈴木久男
　　平安京をめぐる経塚　　　　　　　　坂詰秀一
　　平安京と延暦寺　　　　　　　　　　梶川敏夫
　　東アジアの中の平安京　　　　　　　菅谷文則
　　平安京遺跡案内　　　　　　　　　　前川佳代
　　平安京関係考古学文献案内　　　　　寺升初代

第50号（1995年2月）
縄文時代の新展開　　　　　　　　（渡辺　誠編）

＜口絵＞1500年にわたる縄文のムラ／縄文時代の低地利
　　　用例／琵琶湖をとりまく縄文集落／海へ向いた
　　　配石遺構／さまざまな人面装飾付土器／南九州
　　　縄文文化の確立
縄文宗教と食料問題　　　　　　　　　　渡辺　誠
日本における栽培植物の出現　　　　　　吉崎昌一
縄文集落の再検討
　　円筒土器文化の巨大集落―青森県三内丸山遺跡
　　　　　　　　　　　　　　　　　　　岡田康博
　　縄文時代の漆工―東北地方後・晩期を中心に
　　　　　　　　　　　　　　　　　　　小林和彦
　　低地の縄文遺跡―滋賀県を中心に　　植田文雄
　　貯蔵穴と水さらし場―長野県栗林遺跡　岡村秀雄
地域文化の再検討
　　「縄紋土器起源論」のゆくえ―「正統」と「異端」の相
　　　剋　　　　　　　　　　　　　　　岡本東三
　　南九州の初期縄文文化　　　　　　　新東晃一
　　北限の縄文文化―千島列島における様相
　　　　　　　　　　　　　　　野村　崇・杉浦重信
　　西九州の骨角器文化　　　　島津義昭・山下義満
宗教の問題
　　海辺の配石遺構―岩手県門前貝塚
　　　　　　　　　　　　　　　佐藤正彦・熊谷　賢
　　柄鏡形住居址考―その後　　　　　　村田文夫
　　人面装飾付土器の形態と分布　　　　吉本洋子
　　縄文の宗教　　　　　　　　　　　　吉田敦彦

連載

最近の発掘から

縄文晩期後半の水田跡―佐賀県唐津市菜畑遺跡
　　　　　中島直幸（創刊号）
先土器時代の集落址―東京都府中市武蔵台遺跡
　　　　　早川　泉（創刊号）
奈良時代の特殊な墳墓―大阪府太子町伽山遺跡
　　　　　山本　彰（第2号）
仏像と仏像鋳造址―武蔵国分寺址・上総国分寺址
　　　　　滝口　宏（第2号）
古墳時代前期の大村落―鳥取県羽合町長瀬高浜遺跡
　　　　　清水真一（第3号）
古墳時代の畑址―群馬県渋川市有馬遺跡
　　　　　佐藤明人・友廣哲也・山口逸弘（第3号）
縄文草創期の住居址―東京都秋川市前田耕地遺跡
　　　　　秋川市前田耕地遺跡調査会（第4号）
飛鳥時代の回廊建物―奈良県桜井市山田寺跡
　　　　　川越俊一（第4号）
縄文前期〜晩期の大遺跡―石川県能都町真脇遺跡
　　　　　山田芳和（第5号）
美豆良を残した終末期古墳―茨城県新治村武者塚1号墳
　　　　　武者塚古墳発掘調査団（第5号）
弥生時代の環濠集落―奈良県田原本町唐古・鍵遺跡
　　　　　藤田三郎（第6号）
弥生〜古墳の集落跡―熊本県山鹿市方保田東原遺跡
　　　　　中村幸史郎（第6号）
低湿地の縄文遺跡―福井県三方町鳥浜貝塚
　　　　　網谷克彦（第7号）
縄文後〜晩期の墓地―北海道千歳市美々4遺跡
　　　　　森田知忠（第7号）
7世紀前半の製鉄遺構―岡山県津山市緑山遺跡
　　　　　中山俊紀（第8号）
竪形炉をもつ製鉄址―秋田市坂ノ上E遺跡
　　　　　菅原俊行（第8号）
飛鳥の終末期古墳―奈良県高取町束明神古墳
　　　　　河上邦彦（第9号）
鎌倉〜江戸後期の集石墓―北九州市白岩西遺跡
　　　　　前田義人（第9号）
弥生時代の銅剣埋納遺跡―島根県荒神谷遺跡
　　　　　三宅博士・足立克己（第10号）
大津宮時代前後の寺院跡―滋賀県穴太廃寺
　　　　　大橋信彌（第10号）
縄文前期のフラスコ状土壙群―山形県吹浦遺跡
　　　　　渋谷孝雄（第11号）
6世紀前半の前方後円墳―京都府物集女車塚古墳
　　　　　宮原晋一（第11号）
弥生前期〜中期の高地性集落―京都府扇谷遺跡
　　　　　田中光浩（第12号）
奈良期にさかのぼる山岳信仰―奈良県大峯山寺
　　　　　前園実知雄（第12号）
青銅器を多数副葬した弥生墳墓―福岡市吉武高木遺跡
　　　　　下村　智（第13号）
火葬骨を直葬した近世大名墓―群馬県榊原康政の墓
　　　　　岡屋英治（第13号）
西北九州の縄文時代低湿地遺跡―長崎県伊木力遺跡
　　　　　伊木力遺跡調査会（第14号）
弥生前・中期の低湿地遺跡―松江市西川津遺跡
　　　　　内田律雄（第14号）
縄文晩期の水田跡―大阪府牟礼遺跡
　　　　　宮脇　薫（第15号）
衰退期を示す竪穴住居跡―群馬県上野国分寺跡
　　　　　前澤和之（第15号）
古墳時代後期の集落跡―群馬県黒井峯・西組遺跡
　　　　　石井克己（第16号）
革盾を出土した古墳―大阪府御獅子塚古墳
　　　　　柳本照男（第16号）
縄文時代後期の生業跡―香川県永井遺跡
　　　　　渡部明夫（第17号）
砂堆に築かれた円形周溝墓群―兵庫県深江北町遺跡
　　　　　山下史朗（第17号）
古墳時代の土器を伴う木簡―静岡市神明原・元宮川遺跡
　　　　　栗野克巳（第18号）
平安時代後期の遺構群―日野市落川遺跡
　　　　　福田健司（第18号）
掘り出された弥生の"むら"―神戸市玉津田中遺跡
　　　　　深井明比古（第19号）
弥生文化波及期の遺跡―長野市塩崎遺跡群
　　　　　矢口忠良（第19号）
弥生時代の大集落跡―愛知県朝日遺跡
　　　　　石黒立人（第20号）
6世紀〜7世紀の群集墳―大津市穴太地区の古墳群
　　　　　松浦俊和（第20号）
縄文前期の集落跡―宇都宮市聖山公園遺跡
　　　　　梁木　誠（第21号）
古墳時代末期の特殊土器片―松江市池ノ奥C遺跡
　　　　　岡崎雄二郎・瀬古諒子（第21号）
小治田宮に関係する遺跡―奈良県雷丘東方遺跡
　　　　　北村憲彦・大佐古俊孝（第22号）
武蔵国分寺創建期の遺跡―東京都武蔵台遺跡
　　　　　早川　泉・河内公夫（第22号）
弥生中期の再葬墓群―埼玉県横間栗遺跡
　　　　　金子正之（第23号）
大量の木製品を伴う方墳―奈良県四条古墳
　　　　　西藤清秀（第24号）
導水施設を伴う古墳前期の集落跡―奈良県纒向遺跡
　　　　　萩原儀征（第24号）
弥生前期から室町時代の集落跡―香川県下川津遺跡
　　　　　藤好史郎（第25号）
大仏鋳造関係品の遺構―奈良県東大寺大仏殿廻廊西地区
　　　　　中井一夫（第25号）
新発見の大型円墳―京都府私市円山古墳
　　　　　中谷雅治（第26号）
中世の大規模な墓所・供養所―宮城県大門山遺跡

143

恵美昌之（第26号）
縄文早期の大遺構―熊本県瀬田裏遺跡
　　　　　　　　　　　　勢田廣行（第27号）
特殊な骨角器を出土した貝塚―北海道コタン温泉遺跡
　　　　　　　　　　　　三浦孝一（第27号）
弥生の大環濠集落と墳丘墓―佐賀県吉野ヶ里遺跡
　　　　　　　　　七田忠昭・森田孝志（第28号）
弥生時代のブタ―大分市下郡桑苗遺跡ほか
　　　　　　　　　　　　西本豊弘（第28号）
地震の液状化跡―大阪府西三荘・八雲東遺跡
　　　　　　　　　寒川　旭・宇治原靖泰（第29号）
江戸後期の礫石経経塚―長崎市大浦諏訪神社
　　　　　　　　　永松　実・寺田正剛（第29号）
官営の瓦工房跡―京都府上人ヶ平遺跡
　　　　　　　　　　　　杉原和雄（第30号）
弥生後期の拠点集落―群馬県中高瀬観音山遺跡
　　　　　　　　　　　　鬼形芳夫（第31号）
前期方墳群の調査―倉吉市向山古墳群宮ノ峰支群
　　　　　倉吉市教育委員会向山古墳群調査団（第31号）
縄文中～後期の低湿地遺跡―福井県ユリ遺跡夏浦地区
　　　　　　　　　　　　田辺常博（第32号）
高地性集落と古墳群―大阪府寛弘寺遺跡
　　　　　　　　　　　　上林史郎（第32号）
下総国葛飾郡大嶋郷の調査―大嶋郷推定地の遺跡調査
　　　　　　　　　　　　谷口　榮（第33号）
相対する旧石器遺跡―鹿児島県榎崎B遺跡・西丸尾遺跡
　　　　　　　　　　鹿児島県教育委員会（第34号）
南多摩窯跡群の調査―東京造形大学宇津貫校地内遺跡
　　　　　　　　　　　　遠藤政孝（第34号）
縄文中期の集落跡―青森県富ノ沢(2)遺跡
　　　　　　　　　　　　成田滋彦（第35号）
陶邑における初期須恵器の新例―堺市大庭寺遺跡
　　　　　　　　　　　　冨加見泰彦（第35号）
湖底に沈んだ縄文中期の貝塚―大津市粟津湖底遺跡
　　　　　　　　　　　　伊庭　功（第36号）
縄文後・晩期の環状列石―安中市天神原遺跡
　　　　　　　　　　　　大工原　豊（第36号）
弥生時代の大規模水田―大阪府池島・福万寺遺跡
　　　　　　　　　　　　江浦　洋（第37号）
中部高地の水田遺跡―長野県川田条里遺跡
　　　　　　　　　　　　河西克造（第37号）
「首」姓刻んだヘラ書き須恵器―滋賀県桜生古墳群
　　　　　　　　　　　　大﨑哲人（第38号）
室町末から近世の建物跡―北九州市小倉城跡
　　　　　　　　　谷口俊治・川上秀秋（第38号）
5世紀初頭の帆立貝式古墳―東京都野毛大塚古墳
　　　　　　　　　　　　寺田良喜（第39号）
室町期の合戦があった山城―人吉市矢黒城跡
　　　　　　　　　　　　鶴嶋俊彦（第39号）
竪穴式石室を伴う前方後円墳―大阪府峯ヶ塚古墳
　　　　　　　　　　　　笠井敏光（第40号）
長岡京の東院跡―京都府長岡京跡
　　　　　　　　　　　　山中　章（第40号）

柱状節理利用の石棒製作址―岐阜県塩屋金清神社遺跡
　　　　　　　　　　　　林　直樹（第41号）
弥生後期の四隅突出型墳丘墓―福井県小羽山古墳群
　　　　　　　　　　　　古川　登（第41号）
縄文中期後半の大集落跡―岩手県御所野遺跡
　　　　　　　　　　　　高田和徳（第42号）
後北条氏最大の支城―東京都八王子城跡
　　　　　　　　　　　　戸井晴夫（第42号）
縄文後晩期のムラ―群馬県矢瀬遺跡
　　　　　　　　　　　　三宅敦気（第43号）
縄文後期～晩期の大墓域―秋田県虫内I遺跡
　　　　　　　　　　　　榮　一郎（第43号）
縄文晩期～弥生前期の貝塚―徳島市三谷遺跡
　　　　　　　　　　　　勝浦康守（第44号）
弥生後期の多重環濠集落跡―福岡県平塚川添遺跡
　　　　　　　　　　　　川端正夫（第44号）
最古の渡来系稲作集落―福岡県江辻遺跡
　　　　　　　　　　　　新宅信久（第45号）
大型横穴式石室をもつ方墳―岐阜県次郎兵衛塚1号墳
　　　　　　　　　　　　長瀬治義（第45号）
縄文時代の環状盛土遺構―栃木県小山市寺野東遺跡
　　（財）栃木県文化振興事業団埋蔵文化財センター・小
　　山市教育委員会　　　　　　　　　（第46号）
平安後期の山岳寺院―静岡県湖西市大知波峠廃寺
　　　　　　　　　　　　後藤建一（第46号）
弥生の木製品の宝庫―福岡市雀居遺跡
　　　　　　　　　松村道博・下村　智（第47号）
弥生中期～古墳期の木製品―宮城県中在家南遺跡
　　　　　　　　　　　　工藤哲司（第47号）
弥生後期の生産集落―福岡市飯倉D遺跡
　　　　　　中村　浩・池田榮史・田尻義了（第48号）
東日本最古級の前方後方墳―千葉県高部古墳群
　　　　　　　　　　　　小沢　洋（第48号）
大規模な多重環濠集落―長崎県原の辻遺跡
　　　　　　　副島和明・山下英明・松永泰彦（第49号）
平安京内に建てられた寺院―京都市六角堂境内地
　　　　　　　　　　　　江谷　寛（第49号）
銅鐸と古墳時代の木製品―大阪府堺市下田遺跡
　　　　　　　　　仁木昭夫・西村　歩（第50号）
密集して発見された百済古墳群―韓国新鳳洞遺跡
　　　　　　　　　　　　趙　詳紀（第50号）

連載講座・古墳時代史　　　　　　　　石野博信
　1．古墳の出現　　　　　　　　　　　（創刊号）
　2．祭祀と王権　　　　　　　　　　　（第2号）
　3．5世紀の変革　　　　　　　　　　（第3号）
　4．5世紀の地域勢力（1）　　　　　　（第4号）
　5．5世紀の地域勢力（2）　　　　　　（第5号）
　6．6世紀の社会―住居・集落・生産　（第6号）
　7．古墳の変質（1）―群集墳の階層性　（第7号）
　8．古墳の変質（2）―群集墳の階層性　（第8号）
　9．古墳の終末　　　　　　　　　　　（第9号）
10．反乱伝承と古墳（1）　　　　　　　（第11号）

144

11. 反乱伝承と古墳（2） （第12号）
12. 対外関係 （第13号）

連載講座・日本旧石器時代史 　　　岡村道雄
1. 火山活動と人類活動 （第15号）
2. 旧石器時代概念と時代・時期区分 （第16号）
3. 日本の前期旧石器時代 （第17号）
4. 前期旧石器時代の環境とくらし （第18号）
5. ナイフ形石器文化期の石器 （第20号）
6. ナイフ形石器文化の編年と地域性 （第21号）
7. 細石刃文化の編年と地域性 （第22号）
8. 後期旧石器時代のくらし（1） （第23号）
9. 後期旧石器時代のくらし（2） （第24号）
10. 特別対談・旧石器時代から縄文時代へ（1）
　　　　　　　　　　岡村道雄・林　謙作（第25号）
11. 特別対談・旧石器時代から縄文時代へ（2）
　　　　　　　　　　岡村道雄・林　謙作（第26号）

連載講座・縄紋時代史 　　　　　　林　謙作
1. 研究の流れ（1） （第27号）
2. 研究の流れ（2） （第28号）
3. 縄紋人の素姓 （第29号）
4. 縄紋文化の形成（1） （第30号）
5. 縄紋文化の形成（2） （第31号）
6. 縄紋土器の型式（1） （第32号）
7. 縄紋土器の型式（2） （第33号）
8. 縄紋土器の型式（3） （第34号）
9. 縄紋人の生業（1） （第35号）
10. 縄紋人の生業（2） （第36号）
11. 縄紋人の生業（3） （第37号）
12. 縄紋人の生業（4） （第38号）
13. 縄紋人の生業（5） （第39号）
14. 縄紋人の領域（1） （第40号）
15. 縄紋人の領域（2） （第41号）
16. 縄紋人の領域（3） （第42号）
17. 縄紋人の領域（4） （第43号）
18. 縄紋人の領域（5） （第44号）
19. 縄紋人の領域（6） （第45号）
20. 縄紋人の領域（7） （第46号）
21. 縄紋人の集落（1） （第47号）
22. 縄紋人の集落（2） （第48号）
23. 縄紋人の集落（3） （第49号）
24. 縄紋人の集落（4） （第50号）

考古学と周辺科学
1. 地理学 　　　　　　安田喜憲（創刊号）
2. 宗教学 　　　　　後藤光一郎（第2号）
3. 情報工学 　　　　　小沢一雅（第3号）
4. 形質人類学 　　　　平本嘉助（第4号）
5. 植物学 　　　　　　辻　誠一郎（第7号）
6. 鉱物学 　　　　　　二宮修治（第8号）
7. 動物学　粕谷俊雄・金子浩昌・西本豊弘（第11号）
8. 民俗学・民具学 　　　立平　進（第12号）

9. 文献史学（古代） 　宮本　救（第14号）
10. 文献史学（中世） 　千々和　到（第16号）
11. 文献史学（近世） 　菊地義美（第19号）
12. 地形学 　　　　　　上本進二（第23号）
13. 天文学 　　　　　　滝口　宏（第31号）
14. 水文学 　　　　　　山本荘毅（第32号）
15. 地形学2（地すべり） 上本進二（第36号）

書　評

江坂輝彌著『縄文土器文化研究序説』
　　　　　　　　　　　岡本　勇（創刊号）
加藤晋平・小林達雄・藤本強編『縄文文化の研究1』
　　　　　　　　　　　戸沢充則（創刊号）
斎藤忠著『日本考古学概論』 坂詰秀一（第2号）
岩井隆次著『日本の木造塔跡』 江谷　寛（第2号）
大塚初重・小林三郎編『古墳辞典』
　　　　　　　　　　　茂木雅博（第3号）
加藤晋平・小林達雄・藤本強編『縄文文化の研究6』
　　　　　　　　　　　上野佳也（第3号）
福山敏男著『寺院建築の研究』 坂詰秀一（第4号）
三森定男著『日本原始文化の構造』
　　　　　　　　　　　片岡　肇（第4号）
斎藤忠著『古代朝鮮・日本金石文資料集成』
　　　　　　　　　　　坂詰秀一（第5号）
加藤晋平・小林達雄・藤本強編『縄文文化の研究9』
　　　　　　　　　　　永峯光一（第5号）
坂詰秀一編『板碑の総合研究』 服部清道（第6号）
麻生優編『人間・遺跡・遺物』 戸沢充則（第6号）
三宅敏之著『経塚論攷』 小田富士雄（第6号）
橘善光編『青森県の考古学』 杉山荘平（第7号）
古墳文化研究会編『古墳文化の新視角』
　　　　　　　　　　　前島己基（第7号）
横田禎昭編『中国古代の東西文化交流』
　　　　　　　　　　　町田　章（第7号）
たたら研究会編『日本製鉄史論集』
　　　　　　　　　　　岩崎卓也（第8号）
加藤晋平・小林達雄・藤本強編『縄文文化の研究10』
　　　　　　　　　　　菊池徹夫（第8号）
中山平次郎著　岡崎敬校訂『古代乃博多』
　　　　　　　　　　　坂詰秀一（第9号）
熊谷治著『東アジアの民俗と祭儀』
　　　　　　　　　　　松前　健（第9号）
楢崎彰一監修『日本陶磁の源流』
　　　　　　　　　　　西谷　正（第10号）
泉森皎・河上邦彦・伊藤勇輔著『大和の古墳を語る』
　　　　　　　　　　　茂木雅博（第10号）
小野忠凞博士退官記念論集『高地性集落と倭国大乱』
　　　　　　　　　　　関　俊彦（第10号）
斎藤忠著『日本考古学史辞典』 坂詰秀一（第11号）
岩崎卓也・菊池徹夫・茂木雅博編『考古学調査・研究
　ハンドブックス』 　桜井清彦（第11号）
リチャード・ピアソン著『東アジア古代社会と考古学』
　　　　　　　　　　　甲元真之（第11号）

145

石野博信著『古墳文化出現期の研究』
　　　　　　　　　　　高倉洋彰（第12号）
藤本強著『考古学を考える』　関　俊彦（第12号）
木下忠著『日本農耕技術の起源と伝統』
　　　　　　　　　　　神野善治（第12号）
中川成夫著『歴史考古学の方法と課題』
　　　　　　　　　　　大川　清（第12号）
東京国立博物館編『那智経塚遺宝』
　　　　　　　　　　　坂詰秀一（第13号）
マイラ・シャクリー著　加藤晋平・松本美枝子訳『環境考古学Ⅰ・Ⅱ』　藤本　強（第13号）
坪井清足監修　水野正好編『図説発掘が語る日本史4』
　　　　　　　　　　　坂詰秀一（第14号）
金関恕・佐原真編『弥生文化の研究5』
　　　　　　　　　　　木下　忠（第14号）
大森信英先生還暦記念論文集『常陸国風土記と考古学』
　　　　　　　　　　　塩谷　修（第14号）
小田富士雄編『西日本古代山城の研究』
　　　　　　　　　　　松本豊胤（第15号）
末永雅雄著『日本考古学への道』
　　　　　　　　　　　茂木雅博（第15号）
坂詰秀一・森郁夫編『日本歴史考古学を学ぶ』
　　　　　　　　　　　三上次男（第16号）
大塚初重編『後藤守一集　下』　岡田淳子（第16号）
菊池啓治郎学兄還暦記念論集『日高見國』
　　　　　　　　　　　岡　汲泉（第16号）
スチュアート　ヘンリ編著『世界の農耕起源』
　　　　　　　　　　　甲元真之（第16号）
坪井清足著『古代追跡』　滝口　宏（第17号）
中山修一先生古稀記念事業会編『長岡京古文化論叢』
　　　　　　　　　　　菅谷文則（第17号）
南日本新聞社編『かごしま考古新地図』
　　　　　　　　　　　当真嗣一（第17号）
西弘海著『土器様式の成立とその背景』
　　　　　　　　　　　吉田恵二（第18号）
桜井清彦・坂詰秀一編『論争・学説日本の考古学　4』
　　　　　　　　　　　田村晃一（第18号）
山本清先生喜寿記念刊行会編『山陰考古学の諸問題』
　　　　　　　　　　　岩崎卓也（第19号）
桜井清彦・坂詰秀一編『論争・学説日本の考古学　6』
　　　　　　　　　　　稲垣晋也（第19号）
国分直一著『海上の道』　甲元真之（第20号）
北陸古瓦研究会編『北陸の古代寺院』
　　　　　　　　　　　坂詰秀一（第20号）
ヒラリー・スチュアート著　木村英明・木村アヤ子訳『海と川のインディアン』　山浦　清（第20号）
石村喜英著『日本古代仏教文化史論考』
　　　　　　　　　　　坂詰秀一（第21号）
末永雅雄著『はにわ読本』　梅沢重昭（第21号）
坪井清足編『宮都発掘』　滝口　宏（第22号）
安田喜憲著『世界史のなかの縄文文化』
　　　　　　　　　　　鈴木忠司（第22号）
クリーブ・オルトン著　小沢一雅・及川昭文訳『数理考古学入門』　　　　赤澤　威（第22号）
鈴木公雄著『考古学入門』　坂詰秀一（第23号）
近森正著『サンゴ礁の民族考古学』
　　　　　　　　　　　関　俊彦（第23号）
小林達雄編集　小川忠博撮影『縄文土器大観　2』
　　　　　　　　　　　佐原　真（第24号）
島地謙・伊東隆夫編『日本の遺跡出土木製品総覧』
　　　　　　　　　　　加藤晋平（第24号）
ジェイムズ・ディーツ著　関俊彦訳『考古学への招待』
　　　　　　　　　　　羽生淳子（第24号）
潮見浩著『図解　技術の考古学』
　　　　　　　　　　　藤本　強（第25号）
中村浩著『古墳文化の風景』　小田富士雄（第25号）
網野善彦・石井進編『中世の都市と墳墓』
　　　　　　　　　　　坂詰秀一（第26号）
川西宏幸著『古墳時代政治史序説』
　　　　　　　　　　　茂木雅博（第27号）
藤則雄著『考古花粉学』　安田喜憲（第27号）
桐原健著『縄文のムラと習俗』　水野正好（第27号）
白石太一郎編『古墳』　小林三郎（第28号）
桜井清彦・坂詰秀一編『論争・学説日本の考古学』
　　　　　　　　　　　潮見　浩（第28号）
田原本町教育委員会編『弥生の巨大遺跡と生活文化』
　　　　　　　　　　　森岡秀人（第28号）
小笠原好彦・田中勝弘・西田弘・林博通著『近江の古代寺院』　　　　　坂詰秀一（第29号）
安倍辰夫・平川南編『多賀城碑―その謎を解く』
　　　　　　　　　　　前澤和之（第29号）
大塚初重・小林三郎・熊野正也編『日本古墳大辞典』
　　　　　　　　　　　斎藤　忠（第30号）
アジア民族造形文化研究所編『アジアと土器の世界』
　　　　　　　　　　　平野和男（第30号）
斎藤忠著『日本考古学研究』　坂詰秀一（第31号）
関秀夫著『経塚の諸相とその展開』
　　　　　　　　　　　杉山　洋（第31号）
中村浩著『須恵器』　小田富士雄（第32号）
田村晃一編『東北アジアの考古学〔天池〕』
　　　　　　　　　　　宮本一夫（第32号）
石野博信著『古墳時代史』　岩崎卓也（第32号）
国分直一監修　国領駿・小早川成博編『盃状穴考』
　　　　　　　　　　　乙益重隆
坂詰秀一著『歴史考古学の視角と実践』
　　　　　　　　　　　滝口　宏（第33号）
アドルフ・ミハエリス著　濱田耕作訳『美術考古学発見史』　　　　坂詰秀一（第33号）
大和久震平著『古代山岳信仰遺跡の研究』
　　　　　　　　　　　坂詰秀一（第34号）
石野・岩崎・河上・白石編『古墳時代の研究　10』
　　　　　　　　　　　伊藤玄三（第34号）
岡村道雄著『日本旧石器時代史』
　　　　　　　　　　　戸田正勝（第34号）
藤本強著『埋もれた江戸』　坂詰秀一（第35号）
たたら研究会編『日本古代の鉄生産』

坂詰秀一著『日本考古学の潮流』
　　　　　　　　　　安孫子昭二（第35号）
小出義治著『土師器と祭祀』　鈴木敏弘（第35号）
直良信夫著『近畿古代文化論考』
　　　　　　　　　　　桜井清彦（第36号）
読売新聞社編『巨大遺跡を行く』
　　　　　　　　　　　坂詰秀一（第36号）
大塚初重編『図説西日本古墳総覧』
　　　　　　　　　　　中山清隆（第36号）
高山純著『南太平洋の民族誌』　関　俊彦（第36号）
小田富士雄・韓炳三編『日韓交渉の考古学』
　　　　　　　　　　　　金関　恕（第37号）
佐々木高明著『日本史誕生』　小林達雄（第37号）
末永雅雄著『末永雅雄著作集』　斎藤　忠（第37号）
Ｂ．Ｇ．トリッガー著　菊池徹夫・岸上伸啓訳『歴史科
　学としての考古学』　　穴沢咊光（第37号）
肥後考古学会編『交流の考古学』
　　　　　　　　　　　岩崎卓也（第38号）
ユ・イ・セミョーノフ著　新堀友行・金光不二夫訳
　『人間社会の起源』　　白石浩之（第38号）
森郁夫著『日本の古代瓦』　須田　勉（第38号）
石井進・萩原三雄編『中世の城と考古学』
　　　　　　　　　　　小和田哲男（第39号）
前川要著『都市考古学の研究』　古泉　弘（第39号）
Ｇ．ボジンスキー著　小野昭訳『ゲナスドルフ』
　　　　　　　　　　　白石浩之（第39号）
沖守弘撮影　伊東照司解説『原始仏教美術図典』
　　　　　　　　　　　坂詰秀一（第39号）
直木孝次郎・小笠原好彦編著『クラと古代王権』
　　　　　　　　　　　　今井　堯（第40号）
平泉文化研究会編『奥州藤原氏と柳之御所跡』
　　　　　　　　　　　坂詰秀一（第40号）
加藤稔著『東北日本の旧石器文化』
　　　　　　　　　　　冨樫泰時（第40号）
小山修三編『狩猟と漁労』　谷口康浩（第40号）
斎藤忠著『日本考古学用語辞典』
　　　　　　　　　　　坂詰秀一（第41号）
『土偶とその情報』　　　水野正好（第41号）
加藤稔先生還暦記念会編『東北文化論のための先史学
　歴史学論集』　　　　阿部祥人（第41号）
中村浩著『須恵器窯跡の分布と変遷』
　　　　　　　　　　　望月幹夫（第41号）
佐野大和著『咒術世界と考古学』
　　　　　　　　　　　椙山林継（第42号）
辰巳和弘著『埴輪と絵画の古代学』
　　　　　　　　　　　大塚初重（第42号）
古代の土器研究会編『都城の土器集成』
　　　　　　　　　　　福田明美（第42号）
樋口隆康著『三角縁神獣鏡綜鑑』
　　　　　　　　　　　小林三郎（第43号）
鳩山町教育委員会編『鳩山窯跡群　Ⅰ〜Ⅳ』
　　　　　　　　　　　中村　浩（第43号）

桜井清彦先生古稀記念会編『二十一世紀への考古学』
　　　　　　　　　　　岩崎卓也（第43号）
森浩一編『考古学―その見方と解釈』
　　　　　　　　　　　坂詰秀一（第44号）
東京新聞編集局編　坂詰秀一監修『古墳を歩く』
　　　　　　　　　　　椚　國男（第44号）
角田文衞著『転換期の考古学』寺島孝一（第44号）
王巍著『中国からみた邪馬台国と倭政権』
　　　　　　　　　　　宮本一夫（第44号）
杉山信三・小笠原好彦編『高句麗の都城遺跡と古墳』
　　　　　　　　　　　田中俊明（第45号）
川崎市市民ミュージアム編『古代東国と木簡』
　　　　　　　　　　　平野卓治（第45号）
申鉉東編著『朝鮮原始古代住居址と日本への影響』
　　　　　　　　　　　全　浩天（第45号）
坪井良平著『新訂梵鐘と古文化』
　　　　　　　　　　　坂詰秀一（第46号）
千田嘉博・小島道裕・前川要著『城館調査ハンドブッ
　ク』　　　　　　　　水野正好（第46号）
隼人文化研究会編『隼人族の生活と文化』
　　　　　　　　　　　上田正昭（第46号）
日本第四紀学会編『第四紀試料分析法』
　　　　　　　　　　　小池裕子（第47号）
川越哲志編『弥生時代の鉄器文化』
　　　　　　　　　　　小田富士雄（第47号）
石村喜英著『仏教考古学研究』　坂詰秀一（第47号）
斎藤忠著『日本考古学史年表』　坂詰秀一（第48号）
石野博信著『古代大和へ，考古学の旅人』
　　　　　　　　　　　森岡秀人（第48号）
柳田敏司・森田悌編『渡来人と仏教信仰』
　　　　　　　　　　　時枝　務（第48号）
茂木雅博著『古墳時代寿陵の研究』
　　　　　　　　　　　菅谷文則（第48号）
古代学協会編『平安京提要』・京都市埋蔵文化財研究
　所編『平安京研究資料集成　1』
　　　　　　　　　　　坂詰秀一（第49号）
浅川滋男著『住まいの民族建築学』
　　　　　　　　　　　大貫静夫（第49号）
角田文衞編『考古学京都学派』　上野佳也（第49号）
『最新海外考古学事情』　佐原　真（第50号）
掛谷誠編『講座地球に生きる　2』
　　　　　　　　　　　安田喜憲（第50号）
坪井清足編『縄文の湖』　佐々木泰造（第50号）
杉山洋著『浄土への祈り』　小田富士雄（第50号）

論文展望
「剝離痕による石鏃の分析―試論」
　　　　　　　　　　　阿部祥人（創刊号）
「押型紋土器の技法と起源をめぐって」
　　　　　　　　　　　岡本東三（創刊号）
「縄文後期の漆塗木製広口壺について」
　　　　　　　　　　　渡辺　誠（創刊号）
申敬澈「釜山福泉洞古墳群遺跡第1次発掘調査概要と

若干の私見」 定森秀夫（創刊号）	「古代の開発」 広瀬和雄（第8号）
「因幡の宝篋印塔」 小谷仲男（創刊号）	「清明なる鏡と天」 笠野 毅（第8号）
「子母口式土器の再検討」 安孫子昭二（第2号）	杉原荘介「先土器時代研究上の二，三の問題」
「土井ヶ浜集団の構造」 春成秀爾（第2号）	戸沢充則（第9号）
「畿内における古墳の終末」 白石太一郎（第2号）	「中部・関東地方における勝坂・阿玉台式土器成立期
「畿内周辺地域の藤原宮式軒瓦」	の様相」 小林謙一（第9号）
坪之内 徹（第2号）	「組帯文の展開と特殊器台」 高橋 護（第9号）
「日・韓地域出土の同笵小銅鏡」	「円頭・圭頭・方頭大刀について」
小田富士雄（第2号）	滝瀬芳之（第9号）
「隆起線文土器瞥見」 大塚達朗（第3号）	「造東大寺司造瓦所の実態」 大川 清（第9号）
「大陸系磨製石器類の消滅とその鉄器化をめぐって」	「日本海沿岸地域における瀬戸内系石器群」
松井和幸（第3号）	麻柄一志（第10号）
「単竜・単鳳環頭大刀の編年」 新納 泉（第3号）	「土偶の製作法について」 小野正文（第10号）
「中世考古学の課題」 坂詰秀一（第3号）	「銅鐸年代決定論」 岩永省三（第10号）
「沖縄先島地方における無土器時代について」	「出現期古墳の理解と展望」 田中新史（第10号）
三島 格（第3号）	「平城京と葬地」 金子裕之（第10号）
「前・中期旧石器文化の要件」 鎌田俊昭（第4号）	「石器形態の復原」 織笠 昭（第11号）
「縄文時代における生産力の発展過程」	「前漢鏡の編年と様式」 岡村秀典（第11号）
後藤和民（第4号）	「北海道におけるロクロ使用以前の土師器」
「弥生文化の成立と無文土器文化」 西谷 正（第4号）	横山英介（第11号）
「八・九世紀の古墳再利用について」	森郁夫「古代の地鎮・鎮壇」木下密運「中世の地鎮・
間壁葭子（第4号）	鎮壇」水野正好「近世の地鎮・鎮壇」
「竈形―日本古代竈神の周辺」 水野正好（第4号）	藤澤典彦（第11号）
「ミドルレンジセオリー」 阿子島 香（第5号）	「縄文時代における猪飼養問題」 小野正文（第12号）
「関東地方の縄文時代竪穴住居の変遷」	「精製土器と粗製土器」 西田泰民（第12号）
宮本長二郎（第5号）	「広域土器分布圏の諸相」
「横穴式木芯粘土室の基礎的研究」	田中良之・松永幸男（第12号）
柴田 稔（第5号）	「古墳祭祀の画一性と非画一性」 今尾文昭（第12号）
「猿投窯成立期の様相」 齊藤孝正（第5号）	「七，八世紀における須恵器生産の展開に関する一考
「食器における共用器・銘々器・属人器」	察」 城ヶ谷和広（第12号）
佐原 真（第5号）	「先土器時代終末期における複合石器文化」
「打製石斧研究の現状」 齊藤基生（第6号）	比田井民子（第13号）
「縦横区画帯銅鐸の系譜」 竹内尚武（第6号）	「縄文集落の衰退と配石遺構の出現」
「須恵器蓋杯の製作技術」 植野浩三（第6号）	鈴木保彦（第13号）
「正倉院のガラス玉はどこで作られたか」	「弥生時代舶載製品の東方流入」 寺沢 薫（第13号）
山崎一雄（第6号）	「家形埴輪の配置と古墳時代豪族の居館」
奥田尚・米田敏幸「土器の胎土分析方法について」	小笠原好彦（第13号）
奥田 尚（第6号）	「日本古代陶硯の特質と系譜」 吉田恵二（第13号）
「縄文土偶の終焉」 宮下健司（第7号）	「先土器時代における遺跡の群集的な成り立ちと遺跡
「九州発見朝鮮系銅鏡・銅鐸の理化学研究と考古学」	群の構造」 安蒜政雄（第14号）
小田富士雄（第7号）	「日本先史時代におけるヒトの骨および歯の穿孔につ
「日本出土の垂飾付耳飾について」	いて」 宮崎重雄・外山和夫・飯島義雄（第14号）
野上丈助（第7号）	「近江における甕形土器の動向」 中西常雄（第14号）
「密集型群集墳の特質とその背景」	「古墳副葬鏡の歴史的意義」 小林三郎（第14号）
辰巳和弘（第7号）	「日本石硯考」 水野和雄（第14号）
「オホーツク文化の終焉と擦文文化」	荒巻実・設楽博己「有髯土偶小考」
山浦 清（第7号）	設楽博己（第15号）
「縄文時代領域論」 小林達雄（第8号）	「弥生時代暦年代論をめぐる近畿第Ⅴ様式の時間幅」
「弥生時代におけるムラとその基本的経営」	森岡秀人（第15号）
大村 直（第8号）	「葬送祭祀の一検討」 駒見佳容子（第15号）
「装飾付大刀と古墳時代後期の兵制」	「神まつりと古墳の祭祀」 白石太一郎（第15号）
新納 泉（第8号）	「平城京と祭場」 金子裕之（第15号）
	「局部磨製石斧を伴う石器群について」

「いわゆる『環礫方形配石遺構』の性格をめぐって」
　　　　　　　　　　　　　山本暉久（第16号）
「大和における大型古墳の変遷」　関川尚功（第16号）
「子持勾玉私考」　　　　　　佐々木幹雄（第16号）
「天平12，13年の瓦工房」　　　上原真人（第16号）
「撚糸文系土器終末期の諸問題」原田昌幸（第17号）
「青銅器の創作と終焉」　　　　柳田康雄（第17号）
「古市古墳群における小古墳の検討」
　　　　　　　　　　　　　田中和弘（第17号）
「古墳時代祭祀の一側面」　　　岩崎卓也（第17号）
石附喜三男「北海道考古学からみた蝦夷（エミシ）」
　　　　　　　　　　　　　菊池徹夫（第17号）
「『渡来石器』考」　　　　　　栗島義明（第18号）
「縄文時代『集石遺構』に関する試論」
　　　　　　　　　　　　　谷口康浩（第18号）
「銅鐸の重層構造的分布とその移動」
　　　　　　　　　　　　　竹内尚武（第18号）
「地下式壙瞥見」　　　　　　　池上　悟（第18号）
「平安時代火葬墓の性格とその背景」
　　　　　　　　　　　　　小林　克（第18号）
「浅鉢形土器出現の背景」　　　古内　茂（第19号）
「日本稲作受容期の大陸系磨製石器の展開」
　　　　　　　　　　　　　下條信行（第19号）
「日本における横穴式石室の出現とその系譜」
　　　　　　　　　　　　　森下浩行（第19号）
「東日本出土の飛鳥・奈良時代の畿内産土師器」
　　　　　　　　　　　　　林部　均（第19号）
「関東型式宝篋印塔の研究」　　斎木　勝（第19号）
「土地と縄文人」　　　　　　　宮崎　博（第20号）
「初期農耕集落の立地条件とその背景」
　　　　　　　　　　　　　小島敦子（第20号）
「東アジアにおける神籠石系山城の位置」
　　　　　　　　　　　　　門田誠一（第20号）
「10・11世紀の土器・陶磁器」　宇野隆夫（第20号）
「オホーツク文化のイヌの装飾肢骨について」
　　　　　　　　　　　　　枡本　哲（第20号）
「殿山技法と国府型ナイフ形石器」
　　　　　　　　　　　　　織笠　昭（第21号）
「敷石住居終焉のもつ意味」　　山本暉久（第21号）
「日本古代の鉄製鍬先，鋤先について」
　　　　　　　　　　　　　松井和幸（第21号）
「中世城館の発生と展開」　　　中井　均（第21号）
「中世陶器の生産経営形態」　　吉岡康暢（第21号）
御堂島正・砂田佳弘・長岡史起「石器使用痕分析の有
　効性」　　　　　　　　　御堂島　正（第22号）
「縄文時代特殊住居論批判」　　菅谷通保（第22号）
「東日本における弥生文化の受容」
　　　　　　　　　　　　　須藤　隆（第22号）
「平城宮・京跡出土の物品付札について」
　　　　　　　　　　　　　高島英之（第22号）
「養老厩牧令の考古学的考察」　松井　章（第22号）
「東北地方における『国府系石器群』」
　　　　　　　　　　　　　会田容弘（第23号）
「先土器・縄文時代の時期区分と時代区分」
　　　　　　　　　　　　　戸沢充則（第23号）
「山陰古式土師器の型式学的研究」
　　　　　　　　　　　　　花谷めぐむ（第23号）
「歴史時代墳墓の成立と展開㈡」
　　　　　　　　　　　　　長谷川　厚（第23号）
「江戸へ流通した陶磁器とその背景」
　　　　　　　　　　　　　佐々木達夫（第23号）
「初期農耕集落の構造」　　　　出原恵三（第24号）
「所謂『小銅鐸』について」　　中井貞夫（第24号）
「弥生時代における甕形土器の煮沸方法と熱効率」
　　　　　　　　　　　　　中村倉司（第24号）
「九州型横穴式石室考」　　　　森下浩行（第24号）
土井義夫・渋江芳浩「平安時代の居住形態」
　　　　　　　　　　　　　土井義夫（第24号）
「台形様石器研究序論」　　　　佐藤宏之（第25号）
「竪穴住居に住む人々」　　　　大村　直（第25号）
「器財埴輪の編年と古墳祭祀」　高橋克壽（第25号）
「山上多重塔の基礎的研究」　　柏瀬和彦（第25号）
「中世末期における居館の様相」太田三喜（第25号）
「縄文時代前期諸磯期の遺跡における竪穴住居の数」
　　　　　　　　　　　　　羽生淳子（第26号）
「加曽利B様式土器の変遷と年代（上）」
　　　　　　　　　　　　　安孫子昭二（第26号）
「農耕化過程に関する土俗考古学的進化的モデル」
　　　　　　　　　　　　　渡辺　仁（第26号）
「地下式板石積石室墓の基礎的研究」
　　　　　　　　　　　　　西　健一郎（第26号）
「中世村落の形成と展開」　　　広瀬和雄（第26号）
「礫群の機能と用途」　　　　　金山喜昭（第27号）
「花輪台式土器論」　　　　　　原田昌幸（第27号）
「古墳出現前後の土器様相」　　溝口孝司（第27号）
「伊那谷の横穴式石室」　　　　白石太一郎（第27号）
「横穴墓の造墓技術」　　　　　花田勝広（第27号）
「遺物の地表面移動」
　　　　　　　　　　御堂島　正・上本進二（第28号）
「定形的集落の成立と墓域の確立」
　　　　　　　　　　　　　鈴木保彦（第28号）
「古代鞍の系譜」　　　　　　　増田精一（第28号）
「心葉形鏡板付轡・杏葉の編年」岡安光彦（第28号）
「日本出土の統一新羅系土器とその背景」
　　　　　　　　　　　　　江浦　洋（第28号）
「住居址間土器接合資料の捉え方」
　　　　　　　　　　　　　桐生直彦（第29号）
「弥生時代の石製武器の発達と地域性」
　　　　　　　　　　　　　松木武彦（第29号）
「碧玉製腕飾の成立」　　　　　河村好光（第29号）
「経塚と墳墓」　　　　　　　　杉原荘雄（第29号）
「日本のキリスト教考古学」　　坂詰秀一（第29号）
「南関東における縄文時代中期の石器」
　　　　　　　　　　　　　上敷領　久（第30号）
「北部九州出土の畿内系二重口縁壺」

	蒲原宏行（第30号）
「古墳時代の竪穴住居集落にみる単位集団の移動」	
	小笠原好彦（第30号）
「北東日本海域における中世陶磁の流通」	
	吉岡康暢（第30号）
「地震考古学の展望」	寒川　旭（第30号）
「王莽銭の流入と流通」	高倉洋彰（第31号）
「三角縁神獣鏡製作の工人群」	岸本直文（第31号）
「東国における埴輪樹立の展開とその消滅」	
	右島和夫（第31号）
「タカドノ考」	辰巳和弘（第31号）
「装飾付須恵器の分類と編年」	山田邦和（第31号）
「船野型細石核のバリエイション」	
	橘　昌信（第32号）
「群集貯蔵穴と打製石斧」	今村啓爾（第32号）
「縁帯文系土器群の成立と展開」	千葉　豊（第32号）
「台付甕の出現」	森　泰通（第32号）
「古墳時代前史考」	川西宏幸（第32号）
「旧石器時代の石斧」	白石浩之（第33号）
「記号としての土器」	山本典幸（第33号）
「青銅器の副葬と王墓の形成」	寺沢　薫（第33号）
「石棺研究への一提言」	
	髙木恭二・渡辺一徳（第33号）
「加賀能登における中世集落遺跡の農業経済基盤」	
	山本直人（第33号）
「土偶の形式と系統について」	植木　弘（第34号）
「北部九州弥生社会における政治組織の検討」	
	西　健一郎（第34号）
「九州須恵器研究の課題」	
	高橋　徹・小林昭彦（第34号）
「畿内横穴墓の特質」	花田勝広（第34号）
「奈良時代赤色塗彩土師器の様相とその意味」	
	鶴間正昭（第34号）
「後期旧石器時代における北陸の地域性」	
	奥村吉信（第35号）
「竪穴住居址の系統について」	都築恵美子（第35号）
「銅鐸の型持たせ孔の考察」	久野邦雄（第35号）
「石製模造品の出現」	寺沢知子（第35号）
「国衙工房にみる鉄器生産について」	
	阿久津　久（第35号）
「縄文時代の『石槍』から見た旧石器時代の『槍先形尖頭器』」	
	平口哲夫（第36号）
「勝坂式土器様式の個性と多様性」	
	今福利恵（第36号）
「畿内弥生社会の時代的枠組」	酒井龍一（第36号）
「腕輪形石製品の成立」	北條芳隆（第36号）
「鉱山臼からみた中・近世貴金属鉱業の技術系統」	
	今村啓爾（第36号）
「武蔵台Ｘｂ文化層の系譜」	砂田佳弘（第37号）
「縄文時代のシカ・イノシシ狩猟」	
	西本豊弘（第37号）
「弥生時代における祭祀の重層性とその系譜」	
	黒沢　浩（第37号）
「古墳における儀礼の研究」	土生田純之（第37号）
「軒平瓦の創作」	山本忠尚（第37号）
「第二の道具としての石」	鈴木保彦（第38号）
「三角縁神獣鏡の系譜と性格」	福永伸哉（第38号）
「東アジアにおける古墳の変遷」	岡内三眞（第38号）
「西日本の古代山城遺跡」	向井一雄（第38号）
「考古学における動物遺存体の研究の歩み」	
	松井　章（第38号）
「縄文時代の仮面」	磯前順一（第39号）
「方形周溝墓平面形態考」	前田清彦（第39号）
「墳墓にあらわれた意味」	中園　聡（第39号）
「古代集落の食生活と生業」	小林公治（第39号）
「大和頭塔復原案の一つ」	杉山信三（第39号）
山下秀樹・林昭三「岩宿時代の堅果類利用に関わる古植物学的背景」	山下秀樹（第40号）
雨宮瑞生・松永幸男「縄文早期前半・南九州貝殻文円筒形土器期の定住的様相」	雨宮瑞生（第40号）
「弥生時代集落群の動態」	安藤広道（第40号）
「鍬形石の系譜と流通」	櫻井久之（第40号）
「日本列島における都城形成」	阿部義平（第40号）
「後期旧石器時代に於ける集落・集団研究の現状認識」	
	岩崎泰一（第41号）
「縄文土瓶」	西田泰民（第41号）
「中部高地縄文時代後晩期の遺跡立地について」	
	小宮山　隆（第41号）
「中九州における弥生時代鉄器の地域性」	
	村上恭通（第41号）
「古代条坊制論」	山中　章（第41号）
「茂呂系ナイフ形石器型式論」	織笠　昭（第42号）
「銅鐸埋納論　上・下」	寺沢　薫（第42号）
「古墳時代前半期における武器・武具の革新とその評価」	松木武彦（第42号）
「律令国家と畿内産土師器」	林部　均（第42号）
「風字硯をめぐるいくつかの問題」	
	伊藤　純（第42号）
「アルケーの学」	安斎正人（第43号）
「『埋甕』にみる動態について」	
	本橋恵美子（第43号）
「三角縁神獣鏡製作技法の検討」	福永伸哉（第43号）
「律令制下の塩生産」	岸本雅敏（第43号）
「『鷹匠』と『馬飼』」	塚田良道（第43号）
「北方系剥片系細石器石器群と定住化仮説」	
	佐藤宏之（第44号）
「土偶の破損」	浜野美代子（第44号）
「弥生時代水田の立地と面積」	安藤広道（第44号）
「吉備の中期古墳の動態」	宇垣匡雅（第44号）
「古代・中世の鋳鉄鋳物」	五十川伸矢（第44号）
「いわゆる砂川期の再検討」	白石浩之（第45号）
「縄文時代の再葬」	設楽博己（第45号）
「西日本における弥生人の埋葬姿勢」	
	乗安和二三（第45号）
「群集墳の断絶」	佐田　茂（第45号）
「中世西日本における貯蔵容器の生産」	

	荻野繁春	（第45号）
「湧別技法の波及」	栗島義明	（第46号）
「遺跡の叢集性と遺跡間の関係」	宮尾 亨	（第46号）
「竈の地域性とその背景」	杉井 健	（第46号）
「推古朝変革論」	宇野隆夫	（第46号）
「中世的土器生産の特質と成立過程」		
	森 隆	（第46号）
「縄文時代における竪穴住居の廃絶と出土遺物の評価」		
	山本暉久	（第47号）
「弥生から古墳へ」	出原恵三	（第47号）
「古墳時代後期の軍事組織と武器副葬」		
	水野敏典	（第47号）
「若草伽藍非焼失論」	山本忠尚	（第47号）
「銅板経雑攷」	三宅敏之	（第47号）
「土俗考古学の勧め」	渡辺 仁	（第48号）
「縄文時代前期における黒曜石交易の出現」		
	金山喜昭	（第48号）
「『大足』の再検討」	秋山浩三	（第48号）
「古墳出土の石製祭器」	中井正幸	（第48号）
「土師器焼成坑について」	上村安生	（第48号）
「竪穴式住居跡の分析について」	松本一男	（第49号）
「弥生時代中期以前の鋳造鉄斧」	村上恭通	（第49号）
「吉備型祭式の波及と変容」	菅原康夫	（第49号）
「法隆寺若草伽藍について」	菅谷文則	（第49号）
「初期平安京の造営と構造」	山中 章	（第49号）
「縄文前期前半期における轟B式土器群の様相」		
	李 相均	（第50号）
「勝坂式土器成立期の社会構造」	今福利恵	（第50号）
「戸張一番割遺跡の甕形」	大村 直	（第50号）
「古墳時代の武器・武具および軍事組織研究の動向」		
	松木武彦	（第50号）
「横穴式古墳構築過程の復元」	土生田純之	（第50号）

* 「報告書・会誌新刊一覧」と「考古学界ニュース」については毎号掲載しているため，省略した。

「季刊 考古学」別　冊

別冊1（1989年3月）
藤ノ木古墳が語るもの　（奈良県立橿原考古学研究所編）
第一部　調査
　古墳の形と石室・石棺㈠　　　　　　　松田眞一
　古墳の形と石室・石棺㈡　　　　　　　関川尚功
　開棺調査　　　　　　　　　　　　　　前園実知雄
第二部　藤ノ木古墳をめぐる課題
　騎馬の飾金具　　　　　　　　　　　　千賀 久
　藤ノ木古墳出土遺物の系譜をめぐって　東 潮
　文様の世界　　　　　　　　　　　　　勝部明生
　藤ノ木古墳の被葬者像　　　　　　　　河上邦彦
　筒形金銅製品のルーツ及びその意義　　王 巍
　石棺内副葬品の配置と特色　　　　　　泉森 皎

別冊2（1992年7月）
見瀬丸山古墳と天皇陵　　　　（猪熊兼勝編）
　見瀬丸山古墳の検討　坪井清足・坂田俊文・猪熊兼勝
　石室写真発見の経緯―近代史としての見瀬丸山古墳
　　　　　　　　　　　　　　　　　　　吉田健司
　座談会・見瀬丸山古墳と天皇陵
　　　水野正好・都出比呂志・和田晴吾・猪熊兼勝
　見瀬丸山古墳の石棺　　　　　　　　　和田晴吾
　見瀬丸山古墳の被葬者　　　　　　　　猪熊兼勝
　『絵図』にみる見瀬丸山古墳　　　　　堀田啓一

別冊3（1992年11月）
東国の古墳　　　　　　　　　（大塚初重編）
　東国古墳とは―東海・中部地方とのかかわりを含めて
　　　　　　　　　　　　　　　　　　　岩崎卓也
　毛野の古墳（群馬県・栃木県）　　　　梅沢重昭
　常陸の古墳（茨城県）　　　　　　　　茂木雅博
　総の古墳（千葉県）　　　　　　　　　杉山晋作
　相武の古墳（埼玉県・東京都・神奈川県）橋本博文
　シンポジウム「東国古墳の出現と終末」
　　　　岩崎卓也・梅沢重昭・茂木雅博・杉山晋作
　　　　橋本博文・大塚初重

別冊4（1993年12月）
考古学から古典を読む　　（斎藤 忠・坂詰秀一編）
古典考古学への招待
　日本古典考古学の提唱　　　　　　　　斎藤 忠
　古典を考古学する　　　　　　　　　　坂詰秀一
　出雲国風土記と勾玉　　　　　　　　　水野 祐
考古学と古典
　古事記と日本書紀　　　　　　　　　　佐野大和
　記紀と横穴式石室　　　　　　　　　　土生田純之
　埴輪の起源説話　　　　　　　　　　　辰巳和弘
　万葉集と玉　　　　　　　　　　　　　寺村光晴
　筑後国風土記逸文と岩戸山古墳　　　　森 貞次郎
　常陸国風土記の世界　　　　　　　　　佐野次男
　日本霊異記と山寺　　　　　　　　　　中島 正
　平家物語と以仁王　　　　　　　　　　江谷 寛
　吾妻鏡と中世鎌倉　　　　　　　　　　大三輪龍彦
文学・神話の世界
　文学と考古学　　　　　　　　　　　　斎藤静隆
　神話と考古学　　　　　　　　　　　　吉田敦彦

別冊5（1994年12月）
古代都市文化と考古学　　　　（町田 章編）
　難波宮　　　　　　　　　　　　　　　八木久栄
　藤原京　　　　　　　　　　　　　　　金子裕之
　平城京　　　　　　　　　　　　　　　高瀬要一
　日本都城の原型　　　　　　　　　　　町田 章
　シンポジウム「古代都城を掘る」
　　　　八木久栄・金子裕之・高瀬要一・町田 章

151

第51号予告

特集　倭人伝の国を掘る

1995年4月25日発売

邪馬台国への道……………………西谷　正
倭人伝の国ぐに
　対馬国………………………………安楽　勉
　一支国—原ノ辻遺跡………………副島和明
　一支国—カラカミ遺跡……………正林　護
　末盧国—桜馬場遺跡・天園遺跡…中島直幸
　伊都国—三雲遺跡群………………柳田康雄
　奴国—須玖岡本遺跡………………平田定幸
　奴国—比恵遺跡・那珂遺跡………下村　智
拠点集落と倭人伝
　福岡県吉武高木遺跡………………横山邦継
　福岡県平塚川添遺跡………………川端正夫
佐賀県柚比本村遺跡…………………渋谷　格
佐賀県吉野ヶ里遺跡…………………七田忠昭
奈良県唐古・鍵遺跡…………………藤田三郎
奈良県纒向遺跡………………………清水真一
滋賀県二ノ畦・横枕遺跡と伊勢遺跡
　………………………………………伴野幸一

〈連載講座〉　縄紋時代史　25………林　謙作
〈最近の発掘から〉　滋賀県正楽寺遺跡ほか
〈書　評〉　　　〈論文展望〉
〈報告書・会誌新刊一覧〉
〈学界ニュース〉

編集室より

◆新年おめでとうございます。社長長坂一雄，担当の宮島はじめ，私ども社員一同，心より斯界と読者の皆様にご挨拶申し上げます。加えて新年のお祝いばかりでなく，本誌が50号の節目を迎えたことをご報告申し上げ，心より感謝の言葉を捧げるものであります。本誌は季刊ですから創刊以来12年半を経たことになります。その間を見ただけでも考古学は長足の発展です。その内実は，次々と新しい発掘成果によって書き替えられてきました。今号の特集をみただけでもそれは一目瞭然であります。今後ともさらによろしくご指導とご鞭撻を賜わりますよう懇願いたすものであります。
　　　　　　　　　（芳賀）

◆本誌も早や50号を数え新年を迎えるとともに決意を新たにしているところです。巻末には50号分の総目次を掲載しましたが，860人以上もの多くの執筆者の先生方にご苦労いただいた勘定になります。ほかにも考古学界ニュースや写真・図版でお世話になった方は数えきれないと思われ，深く感謝いたしております。なお50号を機に大幅な刷新も考えましたが，専門的な雑誌では簡単にいかず，今後は少しずつ改変を加えていくつもりです。どうぞよろしくお願い申し上げます。
　　　　　　　　　（宮島）

本号の編集協力者——渡辺　誠（名古屋大学教授）
1938年福島県生まれ。慶応義塾大学卒業。「縄文時代の漁業」「縄文時代の植物食」「縄文時代の知識」「装身具と骨角製漁具の知識」（共）「縄文の神秘」（共）などの著書がある。

■本号の表紙■
女神の顔

　人面装飾付土器の女神の顔はいい表情をしている。豊饒の神，母なる神にふさわしい。作り手は十分に意識して作ったに違いない。近年これらを集中的に撮影してまわった。しかし報告書によっては稀に奇怪な容貌を掲載していることがある。それも神の一位相かもしれない。しかしファインダーのなかで眼線をあわせいい顔だなァと思った瞬間シャッターを押すが，その時はいずれも例外なくいい表情をしている。これは私の思い入れかもしれない。しかしそもそもそんな気持がなくて考古学ができるはずはない。そんな私の気持を知ってか知らずか，無限の心の幸，学問上の幸をもたらしてくれる女神は，私にとってまさに永遠の母である。（写真は山梨県須玉町津金御所前遺跡出土，須玉町教育委員会提供）

（渡辺　誠）

▶本誌直接購読のご案内◀

『季刊考古学』は一般書店の店頭で販売しております。なるべくお近くの書店で予約購読なさることをおすすめしますが，とくに手に入りにくいときには当社へ直接お申し込み下さい。その場合，1年分の代金（4冊，送料当社負担）を郵便振替（00130-5-1685）または現金書留にて，住所，氏名および『季刊考古学』第何号より第何号までと明記の上当社営業部まで送金下さい。

季刊　考古学　第50号　　1995年2月1日発行
ARCHAEOLOGY QUARTERLY
定価　2,800円
（本体2,718円）

編集人　芳賀章内
発行人　長坂一雄
印刷所　新日本印刷株式会社
発行所　雄山閣出版株式会社
〒102　東京都千代田区富士見2-6-9
電話 03-3262-3231　振替 00130-5-1685

◆本誌記事の無断転載は固くおことわりします
ISBN4-639-01266-7　printed in Japan

季刊 考古学　オンデマンド版　第50号	1995年2月1日　初版発行
ARCHAEOROGY　QUARTERLY	2018年6月10日　オンデマンド版発行
	定価（本体 2,400 円 + 税）

　　　編集人　芳賀章内
　　　発行人　宮田哲男
　　　印刷所　石川特殊特急製本株式会社
　　　発行所　株式会社　雄山閣　http://www.yuzankaku.co.jp
　　　　　　　〒102-0071　東京都千代田区富士見 2-6-9
　　　　　　　電話 03-3262-3231　FAX 03-3262-6938　振替 00130-5-1685

◆本誌記事の無断転載は固くおことわりします　　ISBN 978-4-639-13050-5　Printed in Japan

初期バックナンバー、待望の復刻‼

季刊 考古学OD 創刊号～第50号〈第一期〉

全50冊セット定価（本体120,000円＋税）　セットISBN：978-4-639-10532-9
各巻分売可　各巻定価（本体2,400円＋税）

号　数	刊行年	特集名	編　　者	ISBN（978-4-639-）
創刊号	1982年10月	縄文人は何を食べたか	渡辺　誠	13001-7
第2号	1983年1月	神々と仏を考古学する	坂詰 秀一	13002-4
第3号	1983年4月	古墳の謎を解剖する	大塚 初重	13003-1
第4号	1983年7月	日本旧石器人の生活と技術	加藤 晋平	13004-8
第5号	1983年10月	装身の考古学	町田 章・春成秀爾	13005-5
第6号	1984年1月	邪馬台国を考古学する	西谷　正	13006-2
第7号	1984年4月	縄文人のムラとくらし	林　謙作	13007-9
第8号	1984年7月	古代日本の鉄を科学する	佐々木 稔	13008-6
第9号	1984年10月	墳墓の形態とその思想	坂詰 秀一	13009-3
第10号	1985年1月	古墳の編年を総括する	石野 博信	13010-9
第11号	1985年4月	動物の骨が語る世界	金子 浩昌	13011-6
第12号	1985年7月	縄文時代のものと文化の交流	戸沢 充則	13012-3
第13号	1985年10月	江戸時代を掘る	加藤 晋平・古泉　弘	13013-0
第14号	1986年1月	弥生人は何を食べたか	甲元 真之	13014-7
第15号	1986年4月	日本海をめぐる環境と考古学	安田 喜憲	13015-4
第16号	1986年7月	古墳時代の社会と変革	岩崎 卓也	13016-1
第17号	1986年10月	縄文土器の編年	小林 達雄	13017-8
第18号	1987年1月	考古学と出土文字	坂詰 秀一	13018-5
第19号	1987年4月	弥生土器は語る	工楽 善通	13019-2
第20号	1987年7月	埴輪をめぐる古墳社会	水野 正好	13020-8
第21号	1987年10月	縄文文化の地域性	林　謙作	13021-5
第22号	1988年1月	古代の都城―飛鳥から平安京まで	町田　章	13022-2
第23号	1988年4月	縄文と弥生を比較する	乙益 重隆	13023-9
第24号	1988年7月	土器からよむ古墳社会	中村　浩・望月幹夫	13024-6
第25号	1988年10月	縄文・弥生の漁撈文化	渡辺　誠	13025-3
第26号	1989年1月	戦国考古学のイメージ	坂詰 秀一	13026-0
第27号	1989年4月	青銅器と弥生社会	西谷　正	13027-7
第28号	1989年7月	古墳には何が副葬されたか	泉森　皎	13028-4
第29号	1989年10月	旧石器時代の東アジアと日本	加藤 晋平	13029-1
第30号	1990年1月	縄文土偶の世界	小林 達雄	13030-7
第31号	1990年4月	環濠集落とクニのおこり	原口 正三	13031-4
第32号	1990年7月	古代の住居―縄文から古墳へ	宮本 長二郎・工楽 善通	13032-1
第33号	1990年10月	古墳時代の日本と中国・朝鮮	岩崎 卓也・中山 清隆	13033-8
第34号	1991年1月	古代仏教の考古学	坂詰 秀一・森 郁夫	13034-5
第35号	1991年4月	石器と人類の歴史	戸沢 充則	13035-2
第36号	1991年7月	古代の豪族居館	小笠原 好彦・阿部 義平	13036-9
第37号	1991年10月	稲作農耕と弥生文化	工楽 善通	13037-6
第38号	1992年1月	アジアのなかの縄文文化	西谷　正・木村 幾多郎	13038-3
第39号	1992年4月	中世を考古学する	坂詰 秀一	13039-0
第40号	1992年7月	古墳の形の謎を解く	石野 博信	13040-6
第41号	1992年10月	貝塚が語る縄文化	岡村 道雄	13041-3
第42号	1993年1月	須恵器の編年とその時代	中村　浩	13042-0
第43号	1993年4月	鏡の語る古代史	高倉 洋彰・車崎 正彦	13043-7
第44号	1993年7月	縄文時代の家と集落	小林 達雄	13044-4
第45号	1993年10月	横穴式石室の世界	河上 邦彦	13045-1
第46号	1994年1月	古代の道と考古学	木下　良・坂詰 秀一	13046-8
第47号	1994年4月	先史時代の木工文化	工楽 善通・黒崎　直	13047-5
第48号	1994年7月	縄文社会と土器	小林 達雄	13048-2
第49号	1994年10月	平安京跡発掘	江谷　寛・坂詰 秀一	13049-9
第50号	1995年1月	縄文時代の新展開	渡辺　誠	13050-5

※「季刊 考古学OD」は初版を底本とし、広告頁のみを除いてその他は原本そのままに復刻しております。初版との内容の差違はございません。

「季刊 考古学　OD」は全国の一般書店にて販売しております。なるべくお近くの書店でご注文なさることをおすすめしますが、とくに手に入りにくいときには当社へ直接お申込みください。